COLLECTION MICHEL LÉVY

LES
NUITS D'ORIENT

OUVRAGES DE MÉRY

PARUS DANS LA COLLECTION MICHEL LÉVY

LES NUITS ANGLAISES.	1 vol.
LES NUITS ITALIENNES.	1 —
LES NUITS D'ORIENT.	1 —
LES NUITS ESPAGNOLES.	1 —
UNE HISTOIRE DE FAMILLE.	1 —
ANDRÉ CHENIER.	1 —
SALONS ET SOUTERRAINS DE PARIS.	1 —
UN AMOUR DANS LE CRIME.	1 —

POISSY. — TYPOGRAPHIE ARBIEU.

LES
NUITS D'ORIENT

CONTES NOCTURNES

PAR

MÉRY

PARIS
MICHEL LEVY FRÈRES, LIBRAIRES-EDITEURS
RUE VIVIENNE, 2 BIS
—
1859

Reproduction et traduction réservées.

A M. GEORGES BELL

Qui m'avait envoyé le *Voyage en Chine* du capitaine Montfort.

Mon cher ami,

La civilisation a son flux et son reflux comme l'Océan ; elle remonte aujourd'hui vers le plateau de l'Asie, et franchit l'Hymalaïa sur les ailes de la vapeur. Coïncidence providentielle ! au moment où la traite des nègres est abolie, où les bras noirs laissent tomber leurs chaînes, la Chine crève sa grande muraille et lance ses rudes travailleurs sur tous les chantiers du monde. L'ouvrier chinois est patient, laborieux, sobre, docile, intelligent, et, quand la révolution des Mings sera accomplie, des millions de mains habituées au travail viendront remuer et féconder encore cette jachère infinie, ce monde en friche, qui s'étend des montagnes du Caboul au Van-Diemen, et jusqu'à cette Nouvelle-Calédonie, province française, née d'hier, et plus riche que la frontière du Rhin.

Il y a un curieux conte de Pan-Ho-Peï, surnommé la *Savante*, conte qui est une histoire peut-être, puisque tant d'histoires sont des contes, et qui fera sourire les graves mathématiciens de l'Observatoire. Le *Tien* créateur, dit cette savante, n'a pas fait un monde borgne; il a créé deux lunes pour la nuit, et si nous n'en voyons qu'une à présent, c'est que l'autre est tombée sur la terre, avec ses habitants, dans un tremblement du ciel. La Chine est cette autre lune qui empêchait le monde d'être borgne; mais elle n'a pas oublié son origine céleste; elle ne se mêlera jamais, comme sa sœur, aux affaires d'ici-bas; elle se contentera d'éclairer de loin, par sa lumière, les hommes des pays ténébreux.

Je ne crois pas aux savants, mais je crois aux savantes. Les vieux Gaulois étaient du même avis. Or, cette illustre Chinoise pourrait bien avoir raison, même contre M. Leverrier, l'inventeur des planètes invisibles. Jusqu'à ce moment la Chine a joué sur la terre le rôle de seconde lune : elle nous a lancé des aérolithes de porcelaine, mais sans nous montrer ses mains. Nous l'avons regardée de loin avec des télescopes; nous avons fait sur elle une foule de contes lunatiques; nous nous en sommes servis comme d'un hochet pour amuser notre vieille enfance, et voilà que tout à coup la planète murée s'ennuie de son rôle de lune cénobite, elle se gratifie d'un cinquième quartier, elle se fait terre et donne ainsi raison à ce verset du poëme de la Cigale, du même auteur femme :

Comme tu nous regardes, là haut, avec tes grands yeux de hibou, lune mélancolique! Je devine ta pensée. Tu t'ennuies toute seule;

*udrais descendre parmi nous pour assister à ces belles fêtes
ait qui incendient le grand fleuve Yangtsé-Kiang, dans le
riche pays de Kiang-Sou.* Ainsi, ce que l'autre lune n'a pu
faire, du moins jusqu'à présent, la Chine le fait; elle a trop
longtemps regardé la terre du haut des balcons de son céleste
empire; elle descend toutes les marches de son grand escalier
de porcelaine, elle vient assister à nos fêtes de nuit. Qu'elle
soit donc la bienvenue! Nous avions besoin de cent millions
de travailleurs vierges pour labourer plusieurs autres petites
lunes qui sont à l'ancre sur les océans du soleil.

Dans les circonstances présentes, telles que l'insurrection
chrétienne des Mings les a faites, un livre qui nous parle de la
Chine doit être accueilli avec une faveur universelle; aussi à
peine publié, le *Voyage en Chine* du capitaine Montfort marche
à sa seconde édition. M. Montfort a visité cinq fois le Céleste-
Empire; homme cinq fois heureux! Il connaît ce pays inconnu
mieux que personne; il a franchi plus de fleuves en Chine que
de ruisseaux en France; il a failli se marier à Canton, à Macao,
à l'embouchure du fleuve Jaune; plus adroit, il a vu marier
chinoisement son ami Sidore Vidal, un de ces Marseillais qui
se marient partout, comme les Arthurs des comédies; il a
vendu et acheté des marchandises sur toutes les échelles de
l'Océan du sud; il a bravé l'ombre mortelle des mancenilliers;
il a passé mèche allumée, à travers les pirates de la Malaisie;
il a vu de près les forbans de Bornéo; il a serré les mains des
cannibales philanthropes; il s'est assis à toutes les tables hospi-
talières des gouverneurs anglais; il a aimé platoniquement
toutes les créoles; il a visité la grotte de Camoëns en pèlerin
pieux et s'est attendri sur le sort de cet Homère, qui, après

avoir subi toutes les infortunes, reçut une pension de 100 fr. par an de la munificence de Sébastien, roi de Portugal. Après le voyage de Levaillant, je ne connais rien de plus curieux que le livre du capitaine Montfort.

Deux choses m'ont surtout frappé dans ce voyage, deux choses qui entrent au plus vif de mes sympathies et mêlent leur réalité à tous mes rêves indiens traités de paradoxes par les hommes sérieux. M. Montfort a vu à l'œuvre cet intrépide français, Donnadieu, un de mes meilleurs amis, dont le docteur Yvan m'avait déjà donné des nouvelles dans son voyage si curieux, si émouvant, si instructif. Donnadieu compose à lui seul l'avant-garde des défricheurs français dans les Indes. Il a obtenu une concession à Pulo-Pinang. Il ne s'agit pas ici d'arpents et d'hectares, il s'agit de toute une province grande comme la Touraine. On taille dans le large sur l'étoffe des déserts. Donnadieu change les marais en rivières, les landes stériles en jardins, les arbres inutiles en cannes à sucre ; il va, il marche, il court, il sème, coupe, brûle, renverse, féconde : partout il met la vie à la place de la mort, de la stérilité, du néant ;—et son héroïque femme l'accompagne dans ses courses brûlantes à travers les domaines de l'inconnu, et souvent la nuit, sous une tente de coutil rayé, elle entend mugir dans le voisinage des bêtes fauves qui se révoltent contre les pionniers de la France et défendent, avec un tapage nocturne digne d'un orchestre parisien, les forêts vierges qu'Adam leur donna lorsqu'il était seul. Nous sommes beaucoup aujourd'hui ; il est temps de dire aux tigres, aux éléphants, aux rhinocéros, aux lions : Pardon, Messieurs, un peu de place au soleil pour les hommes ; voilà soixante siècles que vous jouissez du ınd air, et nous habitons la rue Guérin-Boisseau, nous rétiens baptisés ! *Veteres migrate coloni!* Place à la civisation !

Dans ce même Eden, nommé Pulo-Pinang, le capitaine Montfort a vu un collége où des prêtres catholiques élèvent deux cents enfants indiens, et leur enseignent la langue latine comme une langue vivante, et ces élèves la parlent avec une grande facilité.

Je fus réellement enchanté, dit M. Montfort, *de ces dignes ouvriers évangéliques, qui, reprenant la civilisation à son antique base, introduisent la langue de Cicéron et de Virgile dans les contrées les plus voisines de l'aurore.* Certes, l'avenir a des secrets impénétrables, mais il nous permet quelquefois de faire un trou à sa toile, et alors on distingue confusément, dans des lointains vaporeux, quelque chose de mieux qu'une conjecture. Ainsi, à propos de ce collége, où des prêtres élèvent de jeunes Indiens, et mêlent les harmonieuses désinences du *Ramaïana* aux mélodies de la langue de Virgile, on peut entrevoir, dans l'avenir, un monde asiatique nouveau : le latin est le germe de la civilisation chrétienne. Le germe est déposé, l'arbre viendra. Un autre fait bien plus grave vient à l'appui de ce raisonnement, et ce fait, mon ami, vous l'avez développé dans l'appendice que vous avez ajouté à ce livre, avec un rare talent de style et une grande lucidité d'appréciations. Il y a un élément civilisateur et chrétien au fond de cette mystérieuse insurrection chinoise, qui veut anéantir la puissance tartare, et rétablir l'antique dynastie des Mings. La religion de Fo s'écroule ; les grandes idoles des dieux sont renversées ; le nom du Dieu nouveau n'est pas encore prononcé par les révolutionnaires iconoclastes, mais attendons encore un peu; ce nom retentira au dernier coup de foudre. Le père Valette enseigna le nom de ce Dieu à l'Amérique, quand il traversa le premier les forêts vierges du Mississipi. François Xavier a dit le même nom aux deux rives de la mer Jaune, et ce nom n'a pas été oublié, il n'a été qu'enseveli. Il ressuscitera le troisième jour. Un siècle n'a que vingt-quatre heures sur le cadran de la civilisation chrétienne. Après l'Amérique, l'Asie aura son tour de communion. Un pauvre petit Indien a salué le capitaine Montfort en ces termes : *Ave, domine viator, quomodo vales?* Cet enfant saluait un monde nouveau qui va venir dans le pays du soleil, et résoudre la véritable question du véritable Orient.

Telles sont les réflexions qui m'ont été inspirées par la lecture du livre oriental auquel vous avez pris une part de collaborateur si grande, et je vous envoie en échange mon livre des *Nuits d'Orient, les petits Cadeaux,* etc.

MÉRY.

LES NUITS D'ORIENT

AVANT L'HISTOIRE

Un jour, ainsi que me le conseille un de nos plus spirituels et de nos plus charmants écrivains, M. Jules Lecomte, un jour je publierai un livre sous ce titre, *Mes nuits de fièvre*. Ces nuits ont une spécialité de rêves, ont une fantasmagorie d'ombres chinoises, qui manque aux autres nuits. L'*œgri somnia* est plus fantaisiste que le *bene valentis somnium*. La fièvre est la mère de l'imagination.

En attendant, voici une succession de rêves, fils de la santé. Il faut vous dire que j'ai un privilége; je me flatte peut-être; mais le mot est écrit, je n'ai pas le temps d'effacer; mon infatigable et intelligent éditeur, Michel Lévy, attend. Tout le monde a peut-être mon privilége, alors il n'existe plus. Vous allez en juger :

Quand j'ai commencé un rêve intéressant, je le continue; si deux nuits ne suffisent pas, j'en mets quatre, cinq, dix. Je le divise par livraisons; je mets un signet sur l'oreiller du lit. La suite au prochain numéro. Ces sortes de rêves ont une physionomie raisonnable, et me font voir les objets tels qu'ils sont : il n'y a pas cette incohérence folle qui vous fait conduire à l'autel de l'hymen une jeune fille blonde, et vous laisse, dans la chambre nuptiale, avec une vieillarde à cheveux blancs, qui vous sourit. Ces rêves, par livraisons, ne vous jouent pas de ces tours infâmes; ils ont un bon sens acharné; leur milieu procède du commencement et vous conduit, par de logiques déductions, jusqu'à la fin.

Cependant, il ne faudrait pas trop abuser de ces rêves sensés; autant vaudrait ne pas s'endormir. On ne rêve pas pour continuer le réveil. L'absurde a son charme, et on n'épouse pas de vieilles femmes toutes les nuits.

Un jour, je vis défiler, sur le boulevard du Temple, un régiment d'artillerie, qui rentrait à Vincennes avec ses canons.

Les artilleurs étaient jeunes, vigoureux, bien équipés. Les canons luisaient au soleil comme de l'or. Je ne sais pas pourquoi je dis à M. Féraud cette phrase :

— Si Bonaparte avait eu ces hommes et ces canons à Saint-Jean-d'Acre, ah !

M. Féraud est un industriel, et licencié comme garde national.

Il me regarda fixement, et me dit : — Eh bien?

Je compris la faute que j'avais faite, en communiquant ma réflexion à un homme pacifique, et peu soucieux de Saint-Jean-d'Acre, et je refusai toute explication.

Heureusement l'omnibus qui laboure le boulevard

passa incomplet devant nous, et M. Féraud s'y précipita.

Ainsi commencent les rêves par livraisons.

Resté seul je me communiquai à moi-même l'explication refusée à M. Féraud; si elle se fût évaporée dans l'atmosphère du boulevard frivole, à l'oreille sourde d'un interlocuteur trop pacifique, elle aurait perdu ce degré de concentration qui agite les nerfs du cerveau, et les prédispose au vagabondage de l'imagination. Ceci est obscur; si j'avais le temps, je le rendrais plus clair; mais alors cela paraîtrait moins profond devant les hommes sérieux.

Bonaparte, en 1799, me disais-je, a livré soixante assauts à Saint-Jean-d'Acre, et ne l'a pas pris! Il y avait là une vieille tour, surnommée la *Maudite*, une tour d'enfer, qui arrêtait tout. Les Français avaient de mauvais canons turcs, pris à Jaffa; les Anglais nous avaient pris les nôtres; ces canons turcs se faisaient des brèches, et n'en faisaient pas; un ingénieur français renégat dirigeait les opérations de la ville; Sidney-Smith, qui depuis est devenu philanthrope et a inventé le semoir mécanique à la gare de Saint-Ouen, Sidney-Smith commandait deux vaisseaux, *Tiger* et *Thesœus*, et mitraillait le rivage avec une inépuisable prodigalité de biscaïens; bref, il fallut lever le siége après le soixantième assaut, et Bonaparte prononça ces paroles, que personne autour de lui ne comprit : *Le sort du monde était dans cette tour.*

Bonaparte avait désespéré de l'Occident... comme Alexandre de Macédoine, et comme lui aussi il voulait réveiller la civilisation endormie dans ce pays fabuleux; ce grand domaine indien, qui s'étend de l'Hymalaïa au cap de Ceylan, et qui fut, aux premiers âges, le berceau

1.

des arts, des sciences, de la poésie, parce qu'il est le berceau du soleil. En 1799, une lutte était engagée entre les sultans de l'Inde et l'Angleterre ; Typpoo-Saïb appelait Bonaparte à son secours, et Bonaparte, retenu par Saint-Jean-d'Acre, ne descendit pas au Bengale, et laissa, malgré lui, le cri de détresse de l'Inde expirer dans ses déserts.

Si Saint-Jean-d'Acre eût été pris, une autre histoire commençait évidemment, et rien de ce que nous avons lu ou vu n'arrivait. Bonaparte devenait l'empereur de l'Inde, et lord Cornwallis n'envahissait pas le Mysore. L'histoire n'enregistrait ni Marengo, ni Austerlitz, ni Friedland. Moscou ne brûlait pas. Waterloo gardait l'anonyme. Sainte-Hélène ne connaissait pas le Prométhée impérial. La tour maudite de Saint-Jean-d'Acre était la tour du destin, *Turris fatidica*.

Or, ce jour-là, m'étant entretenu de toutes ces choses sans les communiquer expansivement à un interlocuteur, je rentrai chez moi, avec un véritable désespoir au cœur. Il y a des professeurs d'humanités qui exhalent, en chaire, des regrets poignants, à l'idée qu'Annibal n'a pas marché sur Rome, après la bataille de Cannes. Ces professeurs ne s'en consolent pas : on dirait qu'ils eussent gagné quelque chose à cette marche d'Annibal, et que leurs appointements universitaires auraient été doublés. Je ressemble un peu à ces professeurs, moi ; mes regrets toutefois me paraissent plus légitimes. Je n'ai jamais versé des larmes sur les délices de Capoue, mais je me suis attristé profondément sur l'échec de Saint-Jean-d'Acre, la perte de l'Inde et la défaite de notre héroïque allié, le sultan du Mysore. Un coup de soleil indien m'a endormi dans ces pensées, et, dans une série de rêves éclairés aux flammes de Bengale, j'ai vu toute une autre histoire française, commençant au soixante et unième assaut victorieux de Saint-Jean-d'Acre, et finissant à l'entrée triomphale de Bonaparte dans la capitale de Typpoo-Saïb. On se console avec des rêves, et les mensonges de nos nuits nous dédommagent souvent des vérités de nos jours.

HISTOIRE

DE CE QUI N'EST PAS ARRIVÉ

> Le sort du monde est dans cette tour.
> (BONAPARTE, *Question d'Orient.*)

I

Le sergent Lamanon, prisonnier dans Saint-Jean-'Acre, avait obtenu la permission de se promener, une eure, tous les jours sur les remparts. Le lendemain du oixantième assaut, Lamanon, désespérant de sa délirance, mesura de l'œil la hauteur du mur, elle était de oixante et dix pieds environ au-dessus du niveau du ossé, il avait peu de chance de trouver son salut dans ne pareille chute. L'hésitation était permise comme ur la plate-forme du baron des Adrets.

Au même instant deux sentinelles turques s'avancèrent ur le bord même du rempart, pour regarder les manœures des deux vaisseaux anglais *Tiger* et *Thesœus*, comandés par Sidney-Smith. Une idée subite illumina le risonnier sergent, et il fit mentalement ce calcul de proportion patriotique : *Ils sont deux, je suis un : il y a donc cinquante pour cent de bénéfice pour la France.* Cela pensé, le sergent embrassa vigoureusement les deux sentinelles, les entraîna dans sa chute, et trois corps tombèrent en bloc au pied du rempart. Deux ne se relevèrent plus; Lamanon en fut quitte pour une entorse légère, et il regagna le camp de Bonaparte avec assez de facilité, sous une grêle de balles qui l'escortèrent harmonieusement et ne l'atteignirent pas.

Le bruit de cette évasion et du calcul mathématique qui l'avait déterminée se répandit bientôt partout.

Le jeune Joachim Murat, vivement touché de l'héroïque action du sergent, le conduisit à la tente du général en chef, et là le brave Lamanon, tout en racontant avec simplicité son évasion, donna beaucoup de détails précieux sur l'état de la place assiégée; il affirma que l'ingénieur Phélippeaux avait été blessé la veille, que le commodore Sidney-Smith, à force de prodiguer sur la plage les boulets de ses vaisseaux, n'avait plus une seule gargousse; que la garnison, affaiblie par les nombreuses pertes de chaque jour, n'était plus soutenue que par la terreur qu'inspirait le féroce Djezzar-Pacha; enfin que la Tour-Maudite, percée à jour, devait s'écrouler sous un dernier effort des artilleurs.

Le sergent Lamanon reçut les félicitations du général Bonaparte, et en sortant de la tente il fut entouré de ses camarades, tous empressés d'entendre le même récit et les mêmes détails.

En ce moment, Kléber, Murat, Eugène Beauharnais et Lannes étaient à côté de Bonaparte, et ils faisaient mentalement vingt conjectures sur le silence méditatif que gardait le jeune général, après le récit de Lamanon.

Tout à coup Junot entra et dit :

— Général, mes hommes d'avant-garde sont prêts. A la première étoile levée, nous serons ce soir sur la route de Jaffa.

Bonaparte fit un mouvement brusque, et étendit sa main droite, comme s'il eût voulu arrêter cette avant-garde.

— Junot, dit-il, vous ne partirez pas.

Un murmure d'étonnement courut dans la tente.

— Cela vous surprend, mes amis, ajouta Bonaparte ; on change d'avis quelquefois à la guerre. Nous ne partons pas.

Murat bondit de joie et s'écria :

— Très-bien, Bonaparte ! voilà une idée superbe ! Moi, l'autre jour, j'ai failli, tout seul, prendre Saint-Jean-d'Acre ; nous sommes quinze mille, nous le prendrons.

— Je l'espère bien, — ajouta Bonaparte avec un sourire sérieux, — c'est pourquoi nous ne partons pas.

Puis montrant l'ouest :

— Nos affaires ne sont plus de ce côté, le destin nous pousse vers d'autres pays. Notre flotte a été anéantie à Aboukir. Mustapha-Pacha est arrivé de Constantinople avec une armée toute fraîche, et il fait sa jonction avec Mourad-Bey, que Desaix ne peut arrêter longtemps dans la haute Égypte ; le chemin de France est fermé ; Nelson tient la mer ; le commodore Sidney-Smith lui sert d'éclaireur. On nous a brûlé nos vaisseaux. Alexandre le Grand et Fernand Cortès avaient brûlé eux-mêmes les leurs. Aussi l'un a été forcé de vaincre Porus et de prendre

Lahore : l'autre a vaincu Montezuma et pris Mexico. Les flottes sont un obstacle aux grandes conquêtes ; elles vous enchaînent sur un littoral. Nos pieds sont libres. Nous n'avons pas à trouver, comme les Athéniens de Thémistocle, *notre salut dans des murailles de bois.* Prenons Saint-Jean-d'Acre, et cherchons ensuite les traces d'Alexandre ; elles sont imprimées au désert. Je vous l'ai dit en vous montrant la Tour-Maudite, *le sort du monde est dans cette tour !* L'Orient appelle l'Occident, le souverain du Mysore, Hyder-Ali, les Mahrattes, les peuples du Décan appellent la France, depuis la prise de Pondichéry par les Anglais en 1761, Typpoo-Saïb, fils d'Hyder-Ali, a continué son père et formé les mêmes vœux. Allons visiter le berceau du soleil, nous rentrerons en France quand les avocats du Directoire ne parleront plus.

Un enthousiasme inouï éclata parmi les jeunes lieutenants de Bonaparte ; leurs mains héroïques se crispèrent sur les pommeaux des sabres ; leurs regards lancèrent des flammes vers l'Orient promis. Junot s'écria :

— C'est maintenant qu'il nous faut mon escadron de dromadaires que j'ai essayé à la bataille du Mont-Thabor ; il y a des dromadaires de remonte, dans les environs, je remplirai les vides, et vous demande, général, d'être maintenu dans mon commandement.

Le sage Berthier garda seul une attitude froide, qui n'échappa point à l'œil pénétrant de Bonaparte.

— Mon cher Berthier, lui dit-il avec une douceur charmante, je crois deviner votre pensée : vous en êtes aux calculs. Je vois des lignes de mathématiques sur votre front. Eh bien ! rassurez-vous. Nous avons l'unité, nous trouverons les zéros. Notre armée se compose de quinze mille hommes. Vous croyez qu'on ne va pas loin avec ce chiffre. Erreur ! On va partout. Les zéros nous attendent. Mithridate, dans son plan de campagne, comptait sur les Daces, les Pannoniens et les Germains. Annibal avait à peine vingt mille Africains, à Sagonte ; il avait quatre-vingt mille hommes à Cannes. Les Ibères, les Gaulois, les Liguriens, les Étrusques, s'étaient joints aux Carthaginois. Fernand Cortès n'avait que six cents Espagnols et quinze chevaux, et avec ses auxiliaires de Uacala, il battit quatre-vingt mille Mexicains, à la bataille d'Ottumba, qui lui ouvrit les portes de Mexico.

Berthier inclina la tête en souriant, et parut se rendre à ces démonstrations historiques.

— Eugène, dit Bonaparte, allez tout de suite donner mes ordres aux ingénieurs, il faut qu'après le coucher du soleil on répare avec la plus grande activité la batterie Dufalga et la batterie Rampon. Le coup décisif doit partir de là... Vous, mes amis, pénétrez-vous bien de mes pensées, et préparez l'esprit des soldats aux grandes choses que nous devons accomplir.

Le jeune héros, resté seul, et voulant se préparer à une nuit de veille, se coucha sur un amas de feuilles sèches de maïs, et s'endormit bientôt, pour continuer son beau rêve d'Orient.

Le lendemain, à l'aube, deux batteries démasquées commencèrent un feu terrible contre la tour, qui s'écroula comme une pièce d'échiquier, entraîna dans sa chute un lambeau de rempart, et ouvrit ainsi une brèche très-vaste impossible à combler. Lorsque les rafales du sud chassaient vers la mer l'épaisse fumée de l'artillerie, on apercevait l'intérieur de la ville et le parvis de la grande mosquée tout inondé de femmes et d'enfants. Au même instant, les tambours et les clairons sonnèrent la charge ; Murat, Kléber, Lannes, Junot, Eugène Beauharnais, se mirent à la tête des colonnes d'assaut ; le simoun semblait emporter nos soldats sur ses ailes de flamme ; l'écluse était enfin rompue ; un flot vivant escaladait une colline de ruines ; il éteignait tous les feux : il déracinait les obstacles, il faisait tomber les armes des mains des plus forts. Ainsi, la vieille cité fut envahie en quelques heures, et Bonaparte tenait enfin cette clef d'Orient, si longtemps disputée par une sorte de pouvoir infernal.

Bonaparte s'installe dans le palais de Djezzar, dont les terrasses dominent le port et la mer. On voyait de là les deux vaisseaux de Sidney-Smith gagnant le large à toutes voiles, pour éviter le feu de nos artilleurs, déjà postés aux batteries des forts.

Djezzar-Pacha s'était fait tuer sur la brèche ; Phélippeaux et quelques autres renégats avaient disparu. Les habitants, rassurés par une proclamation de Bonaparte, se montrèrent hospitaliers envers les vainqueurs. Les musulmans, qui, après un si long siége, s'attendaient à subir toutes les horreurs destinées aux villes prises d'assaut, bénirent le jeune général chrétien qui ordonnait le respect des mosquées et des harems, et protégeait leurs maisons et leurs femmes. Le bruit d'une générosité si magnanime ne devait pas expirer dans l'enceinte de Saint-Jean-d'Acre ; il devait s'étendre partout et préparer des résultats favorables à l'expédition.

Bonaparte avait en ce moment sous les yeux les deux vénérables tours d'un palais beaucoup plus ancien que celui de Djezzar, et les désignant du doigt à ses lieutenants, il leur dit :

— Louis IX nous a précédés ici ; voilà le palais que le héros de Damiette et de Mansourah a habité, il y a cinq cent cinquante ans environ. C'est là qu'il attendait un vaisseau pout rentrer en France, après sa première captivité. Quelle glorieuse histoire, la nôtre ! Louis IX avait aussi rêvé la conquête de l'Orient. Depuis l'an 1095, où la première croisade fut prêchée à Clermont en Auvergne par le pape Urbain VI, jusqu'en 1270, six fois les efforts de la France se sont tournés sur l'Orient. Le temps est venu de récolter la moisson semée par nos anciens et arrosée de leur sang. Joinville raconte que le soudan accorda à Louis IX la permission de faire un pèlerinage de Saint-Jean-d'Acre à Jérusalem. Nous ferons le nôtre aussi, et tant pis pour les enfants de Voltaire qui nous blâmeront ! Un Bonaparte, mon aïeul, s'est courageusement battu pour le pape Clément VII, pendant le siége de Rome ; il ne sera pas dit que son petit-fils passe en Terre-Sainte sans visiter Jérusalem. Nous commencerons notre voyage par là ; ce sera notre première étape. Après, l'étoile des mages sera la nôtre ; elle nous conduira sur la grande route de l'Orient. Je crois à mon étoile plus que jamais (1).

Les jeunes lieutenants de Bonaparte ne pénétraient pas profondément la vaste pensée orientale de leur chef, mais ils l'auraient suivi au bout du monde, sans s'inquiéter du but, tant leur confiance donnée était grande. Bonaparte acheva d'exalter leur imagination en ajoutant ceci :

---

(1) *Vidimus enim stellam ejus in oriente* (Évangile de l'Épiphanie).

— Le lendemain de la bataille des Pyramides, vous vous en souvenez, nous sortîmes à cheval du Caire, Murat, Eugène, Kléber, Junot, Lannes, Desaix et moi; la chaleur était excessive; vos uniformes de gros drap et vos chapeaux de lourd castor vous gênaient beaucoup, car il s'agissait de gravir jusqu'au sommet la pyramide de Chéops. Arrivés à mi-côte du monument, vous vous habillâtes, ou, pour mieux dire, vous vous déshabillâtes à la légère; il vous eût été impossible, disiez-vous, de monter plus haut avec vos équipements du nord. Nous fîmes une halte.

Desaix prit la parole et dit :

— Alexandre le Grand, Parménion, Ephestion, Clitus ont gravi, comme nous, cette pyramide, trois cent trente ans avant l'ère chrétienne. Les cuirasses et les casques macédoniens étaient bien plus lourds que nos uniformes, et je voudrais bien savoir s'ils se sont mis à la légère comme nous,

— Alors je dis à Desaix : Alexandre est monté beaucoup plus haut avec l'uniforme macédonien, il est arrivé sur l'Indus.

— Nous ne monterons pas si haut, reprit Desaix.

— Pourquoi pas ? lui dis-je.

— Eh bien ! alors, ajouta-t-il, nous prendrons le costume de l'Indus.

— Certainement, nous le prendrons, dit Kléber; Alexandre le Grand était né dans un pays chaud ; s'il fût né à Strasbourg, comme moi, il n'aurait pas abordé l'Indus, avec le casque d'or et la cuirasse qu'il portait au siége d'Oxidraka…

— Aujourd'hui, mes amis, ajouta Bonaparte, je vous

remets en mémoire cet entretien de la pyramide pour vous engager à discuter, entre vous, la réforme du costume et de la coiffure. Vous adopterez ce qui vous paraîtra convenable pour cette longue et ardente expédition ; ne nous arrêtons pas au milieu de la pyramide : allons jusqu'au sommet.

Dès ce moment, on déploya dans Saint-Jean-d'Acre une grande activité de préparatifs. Les soldats, initiés dans le secret de la nouvelle expédition, redoublaient d'ardeur et de travail, chacun dans la spécialité de sa profession première, pour hâter le moment d'un départ qui devait les lancer sur le chemin de l'inconnu indien. On rétablissait aussi avec beaucoup de soin les fortifications, démantelées par un long siége, car tous ne devaient pas suivre Bonaparte; quinze cents hommes, choisis parmi les moins jeunes et les moins alertes, furent réservés pour occuper Saint-Jean-d'Acre et la défendre contre toute attaque du côté de la terre ou de la mer. Les nouveaux costumes des soldats n'avaient aucun rapport avec les vêtements des Macédoniens; ils rappelaient l'Albanais et le Palicare. Chaque homme portait un léger manteau roulé, qui devait servir au passage des montagnes, et devait souvent aussi être utile dans les nuits humides des climats brûlants.

On attendait pour partir l'arrivée des chrétiens de la vallée du Liban et l'arrivée des chrétiens de la division que Desaix ramenait de la haute Égypte. Ces deux renforts furent accueillis avec une joie égale. Denon accompagnait Desaix et apportait avec lui son trésor d'antiquités égyptiennes.

— Mon cher Denon, lui dit Bonaparte, votre travail

est magnifique, mais je vais vous conduire dans un pays où vous trouverez mieux que Tentyris et Luxor.

Desaix manifesta seul un peu d'hésitation, ou du moins quelque scrupule; il voulait savoir si le Directoire approuvait l'expédition nouvelle. Bonaparte le prit à part et lui dit :

—Le Directoire me traite comme le sénat de Carthage traitait Annibal. Le Directoire ne m'enverrait ni un soldat, ni un vaisseau. Si Annibal, au lieu de se trouver à Tarente, ayant devant lui la Sicile ou la Grèce, se fût trouvé comme moi aux portes du monde indien, il ne serait pas allé mourir stupidement chez Prusias, roi de Bythinie, auquel il avait demandé l'hospitalité du proscrit. L'Europe est vieille; la terre orientale est toujours jeune; la gloire est partout : allons donner à la France le département du soleil. Le Directoire nous tressera des couronnes quand nous aurons réussi.

L'austère Desaix fit un signe d'adhésion et dit à Bonaparte :

— Tu commandes en chef, je t'obéis. J'ai même déjà trop raisonné.

Le lendemain, l'armée française forte de vingt mille hommes et approvisionnée de toute sorte de munitions et de vivres, se mit en marche pour Jérusalem; les fanfares envoyaient l'air triomphal de la *Caravane* de Grétry, aux échos des montagnes du Garizim et du Carmel. On s'arrêta quelque temps à Samarie, où expire la dernière crête du Carmel, et à Emmaüs, immortalisé par tous les peintres immortels. On franchit ensuite les derniers sommets qui séparent l'antique Nicopolis de Jérusalem, et au lever du soleil, Bonaparte salua, en s'inclinant, la

ille sainte qui se révélait à l'horizon. Aussitôt les fils des
oldats de Godefroy et de Louis IX crièrent *Jérusalem !*
omme leurs aïeux, et présentèrent les armes à la cou-
ole du Saint-Sépulcre et à la cime lointaine du Gol-
gotha !

II

L'expédition venait d'être bénie à Jérusalem ; le saint
éperon de Godefroy avait touché le cheval de Bonaparte ;
on quittait les vestiges des croisades ; on suivait les traces
d'Alexandre, qui, lui aussi, s'était incliné devant Jérusalem.

Enrichis par les immenses trésors de Djezzar, pacha
de Saint-Jean-d'Acre, nos soldats, en arrivant à Damas,
achetèrent des armes superbes, dont cette ville est l'arsenal éternel. Murat et Junot éprouvèrent la joie d'Achille
à Scyros, et ajoutèrent à leurs panoplies de voyage ces
sabres recourbés qui coupent en deux tronçons le coussin de soie et la lance de fer.

Les habitants de Damas, ravis de la générosité d'une
armée qui pouvait tout prendre, et qui achetait tout,
accompagnèrent Bonaparte jusque sur le chemin pavé
qui mène à Éphèse, sous des voûtes d'arbres et de fleurs.
D'Éphèse, où l'armée se reposa, Bonaparte partit, avec
Desaix, Denon et quelques cavaliers, pour saluer le no-

ble cadavre de Palmyre. A la vue de cette plaine silencieuse qui fut la bruyante cité de Zénobie, Bonaparte dit à Desaix :

— Il est triste de penser qu'on s'étouffe dans nos villes d'Europe, où le peuple s'insurge pour demander de l'air et du soleil, et qu'il y a ici assez de pierres oisives pour bâtir un Paris neuf dans un pays délicieux ! Nous repeuplerons ce néant.

L'armée traversa ensuite l'Euphrate, près de Circesium, et entra sur la terre de Mésopotamie. Ninive se révéla bientôt avec ses collines de ruines et sa désolation solennelle. Toutes les fois qu'on arrivait sur un terrain auguste, immortalisé par la Bible ou l'histoire, Bonaparte dictait à Berthier une page qui, soudainement imprimée et distribuée aux soldats comme un chant de leur poëme, leur apprenait les choses accomplies autrefois sur les mêmes lieux. Devant Ninive, l'armée fut attendrie en lisant, au bas de l'ordre du jour héroïque, la citation de la prophétie de Jonas : *Encore quarante jours, et Ninive sera détruite !* De Ninive, on se mit en marche pour Arbelles, et là, nos soldats saluèrent avec enthousiasme le champ de bataille d'Alexandre et de Darius.

On descendit en Assyrie, et on suivit les rives de l'Euphrate jusqu'aux ruines de Babylone. Depuis le départ de Jérusalem, on n'avait que des haltes d'un jour et d'une nuit ; on s'arrêta trois jours entre le Tigre et l'Euphrate, pour visiter religieusement les antiques domaines de Sémiramis. Le bulletin dicté à Berthier avait pour épigraphe ce verset de la Bible : *Super flumina Babylonis sedimus...*

A la veillée, Bonaparte, Murat, Junot, Desaix et De-

ion étaient assis sous la même tente, ouverte aux brises
de l'Euphrate, et Murat, obéissant à un signe de Junot,
secoua sa belle chevelure comme un lion sa crinière, et
dit à Bonaparte :

— Général, nous traversons, depuis longtemps, des
pays où l'on s'est beaucoup battu, et nous n'y trou-
vons rien pour nous. Notre armée est une simple caravane; nous ne sommes plus des soldats, mais des voyageurs. Que sont devenus les fils de ces pères qui se
battaient si bien ici ?

— Mon cher Murat, dit Bonaparte, prenez patience;
vos armes de Damas vous serviront. Les voyageurs re-
deviendront soldats.

— C'est qu'il est cruel, dit Junot, de suivre les traces
d'Alexandre et de ne pas trouver l'ombre d'un Darius.
Quand on m'a annoncé Arbelles, j'ai mis la main sur la
poignée de mon sabre, car il semble impossible de traverser Arbelles sans exécuter une charge de cavalerie, au
moins.

— Mes amis, dit Bonaparte, nous avons suivi depuis
Damas, Alexandre le Grand, mais nous ne sommes pas
arrivés à ses colonnes d'Hercule.

— Mais s'il est mort à Babylone, là où nous sommes
arrivés! dit Junot.

— Oui, reprit Bonaparte, il est mort à Babylone, mais
au retour. Nous le suivons dans sa campagne, dans les
vieux royaumes de Taxile et de Porus.

— Ces gens-là, dit Murat, m'ont encore bien l'air de
ne pas avoir laissé d'enfants, comme Darius.

— Demandez à Denon, ajouta Bonaparte. Denon, vous
avez la parole sur Alexandre.

— Taxile et Porus ont laissé au contraire d'innombrables enfants, dit Denon ; autrefois leurs pays s'appelaient les Oxidraques, les Ossadiens, les Sibes, les Cathéens, les Assacéniens ; aujourd'hui, c'est l'Afghanistan, le Caboul, le Penjaub, le royaume de Lahore. Tous ces pays de Taxile et de Porus sont plus peuplés qu'autrefois : les hommes y sont braves et forts.

— Ah ! tant mieux ! dit Junot.

— Et si nous allons, poursuivit Denon, jusqu'à la limite appelée les douze autels d'Alexandre, je crois qu'il faudra guerroyer, comme sous Taxile et Porus.

— A la bonne heure ! dit Junot, maintenant, je voudrais savoir pourquoi Alexandre s'est arrêté à ses douze autels ?

— Ce fut le grand désespoir de ce jeune héros, reprit Denon ; il paraît que ses soldats refusèrent d'aller plus loin. A coup sûr ce n'est pas lui qui s'est arrêté volontairement aux limites de son beau rêve oriental. Il avait trente-deux ans ; il était ambitieux ; il devinait le Bengale et les îles de l'Océan de l'Inde ; son ardente imagination soupçonnait l'existence d'un monde nouveau dont il voulait être le conquérant et le roi. Il regardait avec mépris la maigre péninsule italique, le Péloponèse étroit, les pâles rivages de l'Euxin, il entrevoyait l'Asie Majeure, et pour un côté du globe il devançait Christophe Colomb. Ce qui manquait à Alexandre, c'était une armée digne de lui ; il ne voulut pas survivre à l'extinction de son rêve ; il tourna contre lui des mains violentes et mourut à Babylone comme Sardanapale, dans la flamme des orgies et des festins.

— Nous le suivrons, nous, dit Junot.

Bonaparte remercia Junot d'une flatterie si bien déguisée, et, lui serrant la main, il lui dit :

— Si Alexandre avait eu les soldats et les généraux des Pyramides et du Thabor, il changeait la face du monde et ne laissait rien à faire de grand après lui. Ses Macédoniens étaient d'assez bons soldats contre les Perses efféminés. Alexandre, n'en déplaise à Denon, tourna un jour ses regards du côté de l'Italie; c'était au temps du consulat de Papirius Cursor; mais il changea bientôt d'idée, et comprit que Darius était plus facile à vaincre que ce consul romain.

Denon persista dans son opinion et ajouta :

— Jugez-en par vous-même, général Bonaparte; vous avez fait une brillante campagne en Italie; vous avez ennobli par vos victoires quelques noms de la géographie vulgaire de la carte bourgeoise; vous avez passé des fleuves lombards, que cent généraux, nos compatriotes, ont passés : eh bien ! votre gloire orientale éclipse déjà vos rayons d'Occident. Le Nil, les Pyramides, le Mont-Thabor, vous donnent une auréole antique et sainte, et font du héros un demi-dieu. Et maintenant voyez ce qui vous attend sur la terre indienne ! que sont les ruisseaux de l'Italie auprès de l'Indus et du Gange ! que sont Venise et son Adriatique auprès de Calcutta et de son Océan ! voilà ce qu'Alexandre avait compris, ce qu'il a rêvé, ce que vous acomplirez vous seul !

— Seul... avec mon armée, dit Bonaparte en souriant, et j'adopte votre opinion.

C'est avec ces sortes d'entretien qu'on occupait les loisirs des étapes. Une foule de soldats et de jeunes officiers entouraient, dans ces occasions, la tente du général, ils écoutaient religieusement, et rien ensuite n'était perdu pour l'armée de tout ce qu'avaient dit Bonaparte et ses lieutenants.

Le quatrième jour, avant le lever du soleil, les moines catholiques du Mont-Liban célébraient l'office divin sur les ruines du temple de Bélus, et l'armée se remit en marche, et se dirigea vers Suze.

Alexandre avait, en partant de Suze, longé le fleuve Eulœus, jusqu'au lac de Chaldée. Le roi de Macédoine se connaissait en chemins ; il savait profiter de tous les accidents du sol, pour ne pas fatiguer son armée, et à force d'intelligence, il devinait toujours le sentier favorable, en abordant une terre inconnue. Aussi Bonaparte, qui possédait admirablement l'itinéraire d'Alexandre, n'hésita pas à prendre pour guide ce fleuve Eulœus, qui devait le conduire au golfe Persique, sur les limites de l'antique Chaldée. Ce voyage réjouit les soldats, qui goûtèrent ainsi, sans interruption, la fraîcheur des arbres et des eaux, et trouvèrent des campements délicieux. Denon ne manqua pas de faire remarquer sur cette route l'admirable limpidité des nuits et le ciel splendidement étoilé qui avait révélé l'astronomie aux premiers pasteurs chaldéens.

Xénophon, en racontant avec tant de charme la retraite des Dix-Mille, parle de la joie délirante qui éclata parmi les Grecs, lorsque, après avoir traversé tant de pays barbares, et surtout les défilés formidables des Chalybes, ils découvrirent enfin la mer, du haut de la crête de Têches et des montagnes de la Colchide. Il y a dans les armées intelligentes et voyageuses des traditions d'enthousiasme que la série des siècles ne peut interrompre.

Ainsi, le 6ᵉ régiment de hussards, qui avait battu des mains devant les colosses de Memnon, comme avaient fait, sous Dioclétien, les Romains de la 10ᵉ légion de Mutius, ce brave 6ᵉ, se trouvant à l'avant-garde sur la route de l'Inde, salua d'un immense cri de joie le golfe Persique, comme avaient fait les soldats de Xénophon en découvrant l'Euxin.

A ce cri, Junot, avec son escadron de dromadaires de Syrie, Murat, avec ses cavaliers, gravirent la dernière colline du cours de l'Eulœus ; toute l'armée suivit, et vingt mille voix saluèrent la splendide nappe d'azur et d'or qui étincelait à l'horizon comme le miroir des cieux indiens.

Bonaparte, entouré de ses lieutenants, leur dit avec une émotion toute nouvelle :

— Mes amis, voilà le chemin du Malabar et du Mysore ; là, depuis trente ans, des cris de détresse montent vers la France et le bruit de nos discordes civiles les a étouffés. Les colonies et les principes ont péri. A gauche, nous avons les antiques royaumes de Taxile et de Porus. Vis-à-vis est le port auquel Alexandre a donné son nom. Sur nous luit un soleil qui a fait éclore les grandes civilisations du Carnatic et de Java, les aïeules de l'Egypte et de la Grèce ! Voilà devant vous le berceau de la sagesse du monde, et la France, qui depuis cinq siècles a ouvert six fois les portes de l'Orient, la France a mérité de conquérir ces plaines, ces archipels, ces océans, ces golfes, où la civilisation s'est éteinte, où le soleil seul a conservé sa lumière, où la vie partout va reparaître, au souffle arrivé de l'Occident.

Toute l'armée comprit alors la grande mission dont

elle était chargée, et il fut évident pour chacun, le sens de cette mémorable parole, prononcée devant Saint-Jean-d'Acre : *Le sort du monde est dans cette tour !*

On se remit aussitôt en marche, avec une ardeur que la proximité du but semblait accroître, et après de nouvelles fatigues héroïquement subies, on arriva un soir à l'ancien port d'Apostona, devant l'île d'Alexandre.

Ce lieu était à peu près désert ; quelques maisons et des cabanes éparses fixèrent d'abord les regards ; mais les soldats d'avant-garde, en examinant le port, découvrirent avec une surprise sans pareille, un drapeau tricolore qui s'élevait au milieu des antennes de quelques barques de pêcheurs. On apporta tout de suite cette curieuse nouvelle à Bonaparte, qui ne manifesta aucun étonnement, comme s'il eût attendu une pareille rencontre. En effet, il n'y avait là rien d'extraordinaire. Les mers indiennes voyaient passer, à cette époque, beaucoup de corsaires français qui prenaient toujours leurs relâches loin des possessions ennemies. C'était donc un corsaire compatriote, abrité dans le port désert d'Apostona.

Un instant après le doute s'éclaircissait.

Trois jeunes marins, dont l'attitude exprimait une stupéfaction sans égale, marchèrent vers l'avant-garde, et la saluèrent dans une langue qui fut comprise de tous. On s'embrassa d'abord, en attendant de se connaître, et le nom de Bonaparte ayant été prononcé, les trois marins poussèrent un cri de joie, et celui qui paraissait le chef s'écria :

— Nous l'attendions ! nous l'attendions tous, et depuis longtemps ! Je savais bien moi qu'il arriverait ! Où est-il, montrez-le moi ; j'ai beaucoup de choses à lui dire. Nous arrivons de là-bas.

Et il montrait l'horizon du Malabar.

On conduisit le corsaire à Bonaparte, qui lui fit un accueil très-affable et lui demanda des renseignements sur la situation du Bengale.

— Ah ! mon général, dit le marin, les affaires ne vont pas très-bien. Pourquoi n'êtes-vous pas venu quand le bailli de Suffren a demandé à Versailles des secours, au nom de Typpoo-Saïb ? On dit que vous vous êtes amusés à faire des révolutions ; c'est ici qu'il fallait venir en faire, des révolutions ! Enfin, le mal est fait, n'en parlons plus. Nous avions pour nous, au Bengale, les Mahrattes ; ils nous ont abandonnés. Que voulez-vous ? les Mahrattes n'ont pas tort. On leur disait : Les Français vont venir, les Français vont venir, et les Français n'arrivaient pas. Ils faisaient des révolutions. Alors les Mahrattes n'ont plus voulu entendre parler de nous. Il nous faut pourtant des alliés dans l'Inde. Où les prendre ? Je crois que le sultan du Caboul ou le roi des Sikes pourraient aisément devenir nos auxiliaires. Ils ont de bons soldats, et, si nous les avions avec nous, nous ne regretterions pas les Mahrattes, et nos anciens alliés du Décan.

Bonaparte remercia le corsaire et lui dit :

— Nous aurons beaucoup de choses à vous demander ; mais ce que vous venez de m'apprendre m'intéresse. Restez auprès de moi.

Junot secoua la tête et dit à Bonaparte :

— Si Taxile et Porus veulent être de nos amis, avec qui nous battrons-nous ?

Bonaparte étendit la main droite vers Junot, et lui fit faire le mouvement qui veut dire : Attendez !

III

En arrivant à Tarse, Alexandre le Grand, haletant de sueur et de fatigue, se précipita dans les eaux glacées du Cydnus, et cette imprudence lui aurait coûté la vie, sans le breuvage sauveur que son médecin Philippe lui donna. Le roi de Macédoine ne courut pas le même danger devant l'île Persique, qui porte le nom de *Bains d'Alexandre.* Les mers des belles zones ne blessent pas les héros et les soldats avec des pleurésies, comme les eaux du Cydnus ; elles donnent au contraire cette vigueur bitumineuse, si favorable dans les longues expéditions. En chauffant la mer pour les voyageurs et les soldats, en prodiguant les bains tièdes autour des continents et des presqu'îles de l'Asie, Dieu a montré sa prédilection pour le grand Orient, et semble inviter l'homme aux merveilleux pèlerinages qui doivent fonder ou reconstruire les civilisations dans les pays du soleil. Les peuples qui ont méconnu cette attention de la Providence, et qui ont étourdîment bâti des villes au bord des mers polaires ou sur des fleuves glacés, reconnaissent, tôt ou tard, leurs fautes stupides ; alors les potentats septentrionaux font des rêves de soleil et de bains tièdes, s'agitent fiévreusement sur leurs couches de neige et cherchent des prétextes impossibles pour tracasser les peuples sages du Midi, qui ont refusé de se chausser de givre, de se vêtir de peaux de monstre et de se coiffer de glaçons.

Sans avoir lu l'histoire d'Alexandre, les soldats de Bonaparte savourèrent, le premier soir, les délices des bains macédoniens, et remercièrent la Providence, qui avait allongé le Bengale entre deux Thermes hygiéniques, ornés de perles et de corail, et chauffés gratuitement par le soleil. Dioclétien, Titus, Antonin Caracalla, ces trois illustres baigneurs du peuple romain, n'ont jamais égalé, avec leurs magnificences de marbres et de mosaïques, les Thermes du Neptune indien.

Bonaparte, qui savait par cœur l'histoire d'Alexandre, se rappela naturellement alors l'anecdote de Philippe, devant les bains macédoniens, et appelant Desgenettes :

— Mon cher docteur, lui dit-il, tâchez de vous mettre d'accord avec Denon. Il s'agit d'un trait médical d'histoire. Nos soldats, à leur première halte au bord de la mer, viennent d'imiter les guerriers d'Alexandre. Y a-t-il quelque danger pour cette armée de tritons ?

— Aucun, général, dit Desgenettes ; si Alexandre le Grand ne se fût baigné que dans le golfe Persique, il n'aurait pas gagné sa fameuse fluxion de poitrine, dont parlent tous les historiens.

— Un héros qui prend une fluxion de poitrine ! dit Bonaparte : c'est humiliant !

— Un héros, reprit Desgenettes, est un homme qui craint les bains glacés, quand il est couvert de sueur. Jean Bart est mort d'une pleurésie.

— Bien ! dit Denon, voilà un fait qui nous ramène à notre première discussion avec le général... Pourquoi, docteur Desgenettes, la science a-t-elle fait si peu de progrès? Jean Bart meurt d'une pleurésie, sans pouvoir trouver un Philippe, et, vingt siècles avant Jean Bart, Philippe, docteur macédonien, guérissait Alexandre avec un breuvage!... Quel était ce breuvage? Pourquoi a-t-on perdu la recette de ce breuvage qui mettait un malade sur pied, et subitement?

— Ah! dit Desgenettes, l'histoire n'a pas donné la recette de ce médicament.

— L'histoire est bien coupable, reprit Denon; toutes les victoires d'Alexandre ne valent pas ce breuvage, qui guérit une fluxion de poitrine en un clin d'œil. Nous connaissons la recette pour faire une phalange macédonienne, voilà tout; j'aimerais mieux l'autre. Les médecins sont bien coupables de ne pas nous l'avoir transmise, de faculté en faculté, par tradition.

— Mais, docteur Desgenettes, dit Bonaparte, Denon n'ajoute pas qu'il a découvert, lui, ce fameux remède de la faculté macédonienne contre les fluxions de poitrine.

— Ah! voyons! dit le médecin; je suis tout disposé à vous applaudir, mon cher confrère Denon.

— Je ne voulais pas le confier à un médecin, dit Denon, mais puisque le général l'ordonne, j'obéis... Tous les puissants remèdes viennent de l'Inde. Le breuvage qui guérit Alexandre était un remède indien, une infusion d'*yapana*.

— Il a raison! s'écria Desgenettes; c'est l'*yapana* qui a guéri le roi de Macédoine! *Dignus es intrare!* Justement nous voici dans le pays de l'*yapana*; il faut en envoyer une cargaison en France. Il est déplorable qu'il n'y ait pas une feuille d'*yapana* dans un herbier pharmaceutique de Paris !

— Si cela est adopté à l'unanimité, dit Bonaparte, nous ferons imprimer, à nos frais, à Lahore, une édition de Quinte Curce, avec un chapitre nouveau sur le remède de Philippe. Denon nous écrira cela en bon latin.

— Allons en Lahore d'abord, dit Denon.

— Je vais vous en préparer le chemin, dit Bonaparte.

Le jour était à sa fin ; mais la nuit avec ses grandes constellations, semblait devoir continuer le jour en l'absence du soleil. Bonaparte monta à cheval, escorté de Murat, de Desaix et de quelques hussards du 6e, pour reconnaître le terrain sur l'extrême rive du golfe Persique. On devait, disait-on, se remettre en marche le lendemain, trois heures avant le jour.

La veillée du bivouac fut très-joyeuse ; les soldats ne regrettaient pas la terre d'Égypte comme les anciens Hébreux : ils désiraient la terre inconnue, et bâtissaient déjà des châteaux en Inde, sur toute la ligne des régiments.

Parmi tant de groupes où l'entretien du soir était fort animé, on en remarquait un beaucoup plus nombreux en auditeurs ; on y faisait de l'histoire contemporaine, et ceux qui écoutaient gardaient les récits soigneusement dans leur mémoire, pour les transmettre à leurs camarades le lendemain.

Le corsaire français et le sergent Lamanon donnaient, sans le savoir, une curieuse leçon d'histoire aux soldats, sur le bord de ce golfe, qui est la première vague de l'Océan indien.

— Moi, disait le corsaire, je connais mieux que personne toute cette histoire; je navigue en mer indienne, depuis quatorze ans : j'ai quitté Paris en 1785.

— Ah! tu es Parisien! dit Lamanon.

— Eh! oui, je suis Parisien, puisque je m'appelle Honoré Lefebvre, dit le corsaire!

— C'est juste! fit Lamanon..... Voyons, continue.

— Je te disais donc, Lamanon, que ce serait ta faute, si un jour les Anglais venaient à s'emparer des Indes.

— Ma faute! s'écria le sergent.

— Je veux dire la faute de Paris, continua le corsaire. Heureusement Bonaparte arrive tout juste assez à temps pour réparer toutes vos sottises : car, une chose certaine, c'est celle-ci. Lamanon écoute. Si les Anglais viennent un jour à s'emparer de l'Inde, le diable ne la leur arracherait pas. Aujourd'hui, on peut encore lutter avec eux, quoique ce soit déjà un peu tard. Ah! si nos six ambassadeurs avaient réussi!

— Tu as envoyé six ambassadeurs, toi! demanda Lamanon.

— Allons donc! reprit le corsaire; c'est Typpoo-Saïb qui les a envoyés à Louis XVI, par trois routes différentes en 1787; un seul arriva, les autres restèrent en chemin.

— Un suffisait, dit Lamanon; que fit-il?

— Il ne fit rien; est-ce qu'on peut parler colonies dans Paris? Il y a toujours des philosophes, des avocats, des poëtes, des rêveurs qui inventent des mots creux, et qui étouffent les bonnes choses! Cependant ce pauvre ambassadeur, recommandé par M. Léger, notre commissaire français dans l'Inde, fut présenté à Louis XVI par le ministre Bertrand de Molleville. Le roi reçut très-bien l'ambassadeur de Typpoo, et il s'entretint quatre heures avec lui.

— Et après? dit Lamanon.

— Eh bien! après, vous commençâtes une révolution pour faire les affaires de l'Anglais dans l'Inde. Nous, ici, réduits à nos seules ressources, nous avons soutenu Typpoo-Saïb. Mais voyez ce qu'on aurait pu gagner si Paris eût envoyé des secours! avec vingt-cinq mille Indiens et mille Français, Typpoo-Saïb a obtenu des avantages à Bedmor et à Bangalor, contre le général Harris, le brigadier-général Mathews, et le marquis de Wesllesley (Wellington). Si le sultan de Mysore avait eu les vingt mille hommes qu'il demandait à Louis XVI, et que Bonaparte lui apporte un peu tard, peut-être l'Inde serait française aujourd'hui, en 1799!

— Elle le sera, dit Lamanon.

— Elle le serait, reprit le corsaire; le présent est plus sûr que l'avenir.

— Mais nous n'avons pas perdu notre temps là-bas, dit Lamanon.

— Où? demanda Honoré Lefebvre.

— En Europe.

— Et qu'avez-vous fait en Europe?

— Nous avons battu les Allemands et les Russes.

— A quoi cela vous a-t-il servi?

— A ne pas être battus: c'est beaucoup, dit Lamanon.

— Ce n'est rien, reprit le corsaire; à quoi cela sert-il de battre des Russes? Que voulez-vous faire de la Russie? Je ne la prendrais pas si on me la donnait. Je suis né à Paris rue des *Filles-Dieu*... Connais-tu cette rue, Lamanon?

— Rue des Filles-Dieu? dit Lamanon en regardant les étoiles, je n'en ai jamais entendu parler.

— C'est une rue, poursuivit Lefebvre, qui commence à la rue Saint-Denis, près la porte, et aboutit, je crois, à la rue Bourbon-Villeneuve.

— Ah! j'y suis! dit Lamanon.

— Tant pis pour toi, si tu y étais! reprit Lefebvre; c'est une rue étroite comme ma main; je n'ai jamais pu y passer tout seul de front. Il y aurait un ruisseau, s'il y avait de la place pour lui; il y aurait de la lumière, si le soleil pouvait y mettre le nez; il y aurait de l'air, si les deux côtés de la rue ne s'embrassaient pas. J'ai quitté la rue des Filles-Dieu pour venir respirer dans l'Inde : eh bien! s'il fallait choisir par force, j'aimerais encore mieux ma rue natale qu'un palais à Saint-Pétersbourg. Voyez les Anglais, comme ils sont fins, eux! ils ont beaucoup de rues des Filles-Dieu, en Angleterre; je crois même que l'Angleterre n'est qu'une rue des Filles-Dieu, sans lumière, sans vie, sans soleil : eh bien! ils ne vont pas perdre leur temps à battre les Russes; ils songent à créer la nouvelle Angleterre du soleil, et grande comme la moitié du monde! Ils veulent avoir un Londres à Calcutta, ils sont ennuyés des ténèbres, ils veulent le jour; ils sont dégoûtés de la chasse au renard, ils veulent chasser le tigre; ils sont fatigués du cheval, ils veulent s'asseoir sur l'éléphant; ils sont aveuglés des brouillards de la Tamise, ils veulent ouvrir les yeux dans les rayons du Gange; et si le rempart du Mysore s'écroule, tous leurs beaux rêves seront réalisés, et ils laisseront les Russes se morfondre avec les ours blancs, dans les glacières de la Néva.

— Par malheur pour les Anglais, dit Lamanon, nous avons pris Saint-Jean-d'Acre.

— Et par bonheur pour nous, poursuivit le corsaire Honoré Lefebvre; si vous n'eussiez pas pris Saint-Jean-d'Acre, nous étions perdus pour jamais, nous, dans l'Inde.

— Je t'apprends, dit Lamanon d'un ton comiquement fier, que c'est moi qui ai fait prendre Saint-Jean-d'Acre.

— C'est vrai ! c'est vrai ! dirent plusieurs voix de soldats auditeurs.

— Comment ! c'est toi ! s'écria Lefebvre en levant les bras.

— Le général Bonaparte m'a prouvé mathématiquement que c'était moi, et je n'ai pas voulu le contrarier.

— Et quel grade avais-tu avant la prise de Saint-Jean-l'Acre? demanda Lefebvre.

— J'étais sergent.

— Et tu n'es pas officier ! Il n'y a donc pas eu de promotion !

— Ecoute, Lefebvre, dit Lamanon: le général Bonaparte m'a demandé de choisir ma récompense... Tu sauras que dans notre famille Lamanon, rue Perpignan, à Paris, nous sommes tous professeurs de mathématiques, de père en fils, depuis deux siècles... Or, j'ai tout de suite fait un calcul de proportion; si j'ai un peu pris Saint-Jean-d'Acre, me suis-je dit, comme ils le soutiennent tous, cela mérite une récompense solide; cela vaut mieux qu'une épaulette. Une ville vaut une ville; et puisque nous partons pour empoigner les Indes, si le général Bonaparte vient à prendre quelque petite ville de quaté inférieure, je la lui demanderai comme récompense.

Une ville comme Saint-Denis ou Melun me suffira : je l'administrerai en qualité de bailli, et j'enseignerai les mathématiques aux citoyens indiens, mes administrés... Je chercherai la récompense, ai-je répondu au général Bonaparte. Il m'a dit alors : Je te donne trois mois de réflexion. — Je les prends, lui ai-je répliqué ; et me voilà encore sergent.

— Tu feras ton chemin, je le vois, dit le corsaire; je te vois d'ici gouverneur de Columbo ou de Matura, ou de Nellore Sattarah, ou de Trivanderum...

— Ces villes sont-elles comme Saint-Denis ou Melun? demanda Lamanon.

— Allons donc ! dit Lefebvre dans un éclat de rire: on pêche des anguilles à Melun, et à Trivanderum, par exemple, on pêche du corail et des perles, dans un golfe couleur d'indigo.

— Très-bien ! cela me va, dit le sergent ; je retiendrai ce nom.

— Et tu nous donneras de bonnes places de pêcheurs, sergent ? crièrent plusieurs voix de soldats.

— Oui, oui, camarades, s'écria Lamanon en étendant les bras sur l'escouade; oui, je vous promets de bonnes matelotes de perles et de corail.

— Vive le bailli de Trivanderum ! crièrent les soldats. Le sergent se leva et s'inclina.

— Attendez, camarades, ajouta-t-il en reprenant sa place, attendez, nous ne sommes pas au bout... Voyons, réponds-nous franchement, capitaine Honoré Lefebvre, on nous a beaucoup parlé, sur la route, des veuves de Malabar... En as-tu vu, de ces veuves, toi ?

— J'en ai vu mille.

— Qui se brûlaient vives ? ajouta Lamanon.

— Qui se mariaient vives, reprit Lefebvre ; j'en ai épousé une, moi !

— Tu l'as épousée, pour rire ?

— Non, pour pleurer, comme on épouse à Londres, à Paris, à Melun, partout. Une superbe Bengali, grande comme moi, avec des cheveux noirs qui n'en finissent pas, et des yeux de velours fendus en amande, et qui vous parlent la langue de tous les pays !

— Alors, dit Lamanon, c'est donc un conte, cette histoire des veuves qui se brûlent ?

— Non, c'est très-vrai ; mais il y a toujours du faux dans le vrai. Ainsi nous livrâmes, un jour, un combat à Bangalor ; quatre cents Indiens, tous mariés, furent tués : tu comprends qu'il était impossible de faire brûler quatre cents veuves, à Bangalor surtout, pays où il n'y a pas une bûche de bois. Cependant quelques-unes se brûlèrent mal, par excès d'amour-propre ; les autres firent semblant de chercher des cotrets, rencontrèrent des Français et se marièrent au premier état civil venu. Je suis de cette fournée, moi ; les enfants de ces races croisées sont superbes : je ne vous parle pas des miens, ce sont les plus beaux.

— Ah ! tu es père de famille ? demanda Lamanon.

— Nous sommes tous pères de famille là-bas, et vous le serez aussi, vous autres, après trois ou quatre victoires de Bonaparte. L'avenir des Indes est là. Il faut croiser les races pour rajeunir le monde ; il faut marier le Nord avec le Midi, la lune avec le soleil. Si nous continuons à nous marier entre nous, entre voisins et voisines, nous serons bientôt un peuple de crétins ; c'est inévitable. L'expédition de Bonaparte dans l'Inde est un mariage. Quand personne ici ne se battra plus, tout le monde se mariera.

— Mais toutes ces veuves indiennes, demanda le sergent, ne sont pas de notre religion ?

— Bah! dit Lefebvre, les femmes embrassent toujours la religion de leurs maris. La mienne adorait Siva, Indra, Brama, Rama, elle adorait tout ; elle n'adore plus rien. Un missionnaire l'a baptisée à Madras ; elle est dévote comme une Espagnole, et elle enseigne le *Credo* à ses petits enfants.

— Ah ! dit Lamanon, que Bonaparte a bien fait de conduire dans l'Inde les moines catholiques du Mont-Liban ! Voilà une idée !

— Bonaparte connaît toujours la raison de ce qu'il fait, reprit Lefebvre, fions-nous à lui : il veut fonder une idée française et chrétienne. Nous l'aiderons tous.

Un roulement de tambour suspendit les entretiens de la veillée. On allait se remettre en marche à la faveur d'une nuit fraîche et pleine d'étoiles. Au retour de sa promenade, Bonaparte avait décidé que l'armée se reposerait dans les oasis, pendant les heures brûlantes du jour, et qu'elle marcherait pendant la moitié de la nuit.

Le corsaire Honoré Lefebvre était appelé au quartier général.

— Adieu ! dit-il à Lamanon, j'ai laissé le commandement de ma felouque à mon second ; je me débarque, moi. Assez de courses en mer.

— Je t'attends à Tri......... Comment appelles-tu ma ville ? dit Lamanon, en serrant les mains de Lefebvre.

— Trivanderum, reprit l'ex-corsaire; il y aura beaucoup de veuves, quand nous arriverons avec Bonaparte à cette pointe du Malabar, et pas une de ces veuves ne se brûlera.

IV

Avant de raconter les faits historiques d'une expédition, qui continue et achève, après vingt siècles, la pensée d'Alexandre le Grand, nous avons d'abord voulu donner une idée de la marche de nos soldats depuis Saint-Jean-d'Acre jusqu'au premier port d'Alexandre dans le golfe Persique. Maintenant nous laisserons l'armée suivre sa route jusqu'au port auquel le roi de Macédoine a donné son nom, en arrivant sur les frontières de l'Indo-Scythie, dans l'ancienne mer Erythrée. Nous retrouverons Bonaparte et ses soldats sur une terre où vont s'accomplir les grandes choses rêvées devant Saint-Jean-d'Acre; mais notre liberté d'historien nous permet de quitter un moment ce champ de bataille, tout près de s'embraser aux feux de notre artillerie, et de nous transporter au centre du Paris de 1799.

Le théâtre du Grand-Opéra est en fête. On y joue *Adrien*, de Méhul : le succès monte aux nues ; tous les connaisseurs et les critiques s'accordent pour dire qu'*Adrien* est le chef-d'œuvre des grands opéras, et qu'il traversera les siècles, toujours chanté, d'âge en âge, par les hautes-contre de la postérité. *Adrien* est monté avec un luxe inouï, et le concours de tous les talents dramatiques du jour. Lainez, le grand Lainez, chevrote avec une énergie admirable le rôle d'Adrien; Dufresne joue le consul Flaminius; Moreau joue Rutile, tribun militaire; Laforêt joue Cosroës, roi des Parthes. La célèbre Maillard chante le rôle de Sabine. Au ballet du 3ᵉ acte, Vestris, le dieu de la danse, exécute un pas de deux avec la citoyenne Gardel. Les citoyennes Clotilde, Saulnier, Chevigny, Chameroy, Pérignon, complètent l'ensemble du ballet. Dans un entr'acte, on doit applaudir Rode et Garat.

Au foyer des artistes, Mallet-Dupan, citoyen de Genève; le poëte Saint-Ange, qui traduit Ovide; Ducray-Duminil, le plus illustre des romanciers connus, et Clairval, chanteur au Théâtre-Italien, entourent Hoffmann, l'auteur du libretto d'*Adrien*.

— Es-tu bien sûr qu'Adrien soit allé en guerre chez les Parthes, mon cher Hoffmann? demanda le poëte Saint-Ange.

— Sûr comme si je l'avais vu, dit Hoffmann, avec un bégaiement très-prolongé; Adrien a fait la guerre partout.

— Excepté chez Cosroës, roi des Parthes, dit Saint-Ange.

— Eh bien! reprit Hoffmann, de quoi te mêles-tu? Va traduire Ovide. Tu as écorché Pyrame et Thisbé, comme leur lion; tes vers sont durs comme des griffes. Il n'y en a qu'un seul qui m'ait fait rire, celui-ci :

Les paroles passaient, mais c'était peu de chose.

Cette dispute, fruit des mœurs de l'époque, fut soudainement interrompue par l'entrée de mademoiselle Saulnier.

C'était une superbe danseuse blonde, en costume transparent d'esclave parthe ; elle perça lestement, avec ses coudes d'ivoire et l'envergure de sa gaze, le bataillon sacré des poëtes, des écrivains, des journalistes, et, s'emparant de la barre chorégraphique, elle dit :

— Pardon, citoyens, je me suis décrété deux cents battements avant le troisième acte ; laissez-moi travailler.

— Vous avez une salle superbe ce soir, dit Mallet-Dupan, citoyen de Genève, en offrant des pralines à la jeune Parthe.

— Et encore ! dit la danseuse en lançant la pointe de son pied sur le front du journaliste, — et encore ! le théâtre des Amis-des-Arts nous enlève quatre cents écus au moins avec sa pièce de ce soir.

— Quelle pièce ? demanda Saint-Ange.

— Oui, je sais, dit le Génevois ; c'est un drame en cinq actes et en vers, l'*Auberge allemande ou le Traître démasqué*.

— Voilà un titre ! dit la danseuse ; si je n'étais pas de service, je n'aurais pas manqué cette auberge allemande. Au théâtre, il n'y a que deux choses que j'aime, les auberges et les traîtres. Si on ne les siffle pas ce soir j'irai les voir demain, avec mon ex-duc... Ce soir, nous sommes honorés, nous, de la présence du président du Directoire exécutif... Je lui dédie cette pirouette, au citoyen Siéyes.

— Ah ! dit Saint-Ange, Siéyes est au théâtre ?

— Il y est toujours, dit Hoffmann.

— Hoffmann, dit la danseuse, tu te feras fructidoriser !

— Saint-Ange, ajouta Hoffmann, tu devrais profiter de la présence de Siéyes, pour lui offrir un exemplaire de tes *Métamorphoses d'Ovide*.

— *Bon! ajoute cela!* comme dit Racine, dans les *Plaideurs*, s'écria Saint-Ange.

— Il choisit bien son jour, dit la danseuse, pour décocher ses traits malins à Siéyes, on dit qu'il est d'une humeur épouvantable; s'il ne me donne pas un applaudissement, j'accorde tous mes plus tendres sourires au parterre, au tiers état.

— Que lui est-il donc arrivé, au président de l'exécutif? demanda Mallet-Dupan.

— Tiens! — dit la danseuse, un journaliste qui ne connaît pas la grande nouvelle du jour.

— Mais je ne suis journaliste que quatre fois par mois! dit Mallet-Dupan.

— Je savais la nouvelle à cinq heures, répliqua la danseuse; mon ci-devant me l'a apprise à mon petit lever.

— Eh bien! voyons! dites-nous la nouvelle! chantèrent en chœur tous les écrivains du foyer.

— Ah çà! me prenez-vous pour un *Mercure?* reprit la danseuse... Tenez, adressez-vous à la source. Voilà deux exécutifs, les citoyens Lagarde et Moulin... Avec vos enfantillages, vous m'avez fait perdre quatre-vingt-quatre battements... Laissez-moi travailler.

Le foyer des artistes de l'Opéra était, à cette époque, fréquenté par les hommes sérieux, les penseurs graves et les orateurs politiques; ils venaient chercher là un peu de distraction après les soucis du jour, et, comme ils le disaient eux-mêmes en style mythologique du Directoire, ils venaient prier Terpsichore de leur faire oublier Minerve jusqu'au lendemain.

Le lendemain, tous ces hommes graves reprenaient Minerve, et les rouages du Directoire fonctionnaient très-bien.

Donc, en voyant entrer Lagarde et Moulin, les lettrés du foyer s'empressèrent autour d'eux pour demander si Souvaroff, vainqueur de Masséna, était entré en France par la frontière suisse, après une revanche de Zurich.

— Ah! c'est plus grave! dit Moulin.

— Beaucoup plus grave! dit Lagarde.

Et ils saluèrent mademoiselle Saulnier, qui leur répondit par une arabesque.

— Comment! dit Saint-Ange, plus grave qu'une défaite! mais qu'est-il donc arrivé?

— Une séance des plus orageuses, dit Lagarde.

— Oh! nous sommes habitués aux séances orageuses depuis dix ans; vous n'en faites pas d'autres, remarqua Mallet-Dupan.

— Celle-ci est plus orageuse que les autres, reprit Lagarde. On a donné lecture d'une dépêche qui annonce... devinez?... qui annonce que le général Bonaparte va s'emparer des Indes.

— Eh bien! tant mieux, dirent les lettrés frivoles.

— Le cachemire se vendra au prix de l'indienne, dit la danseuse; ça m'arrange.

— Ah! vous prenez la chose ainsi, dit Moulin; vous ne voyez donc pas les conséquences? Les principes périssent!

— Mais les colonies ne périssent pas, dit Saint-Ange.

— Comprend-on cet excès d'audace, poursuivit Moulin; un général qui s'avise de prendre les Indes sans y être préalablement autorisé par le Directoire!

— Bon! dit Mallet-Dupan, Moulin ne parle pas sérieusement.

— Tu vois juste, reprit Moulin; nous avons soutenu le général Bonaparte, Lagarde et moi. On nous a traités de réactionnaires. Le plus furieux, c'est Gohier.

— Ah! parlez-nous de Gohier, dit le chœur des lettrés.

— Gohier a fait un discours superbe! ajouta Moulin.

— Etre suprême! s'écria comiquement Mallet : on fait donc encore des discours?

— Oui, c'est une mode anglaise que les émissaires de Pitt et Cobourg ont fait naturaliser en France. A Londres, les discours sont innocents, le peuple ne les écoute pas; à Paris, il les écoute trop.

— Et qu'a dit Gohier dans son discours? demanda Mallet.

— Il a prouvé que le général Bonaparte n'a pas le droit de prendre les Indes; que le général Bonaparte n'a pas le droit de dire que le sort du monde est dans la tour de Saint-Jean-d'Acre, le sort du monde étant exclusivement dans les mains du Directoire exécutif, et non ailleurs. (Vifs applaudissements.) Nous n'avons pas applaudi, nous. Gohier a essayé ensuite de prouver que les Indes étaient un préjugé; qu'il n'y avait aucune espèce d'Inde; qu'il n'existait, sur la terre, que les frontières du Rhin. (Applaudissements prolongés.) Enfin, il fallait conclure...

— Ah! oui, voyons! Qu'a-t-il conclu? demanda le chœur.

— On n'a rien conclu, poursuivit Moulin; une proposition a été faite; il s'agit d'envoyer deux commissaires à Madras, à Lahore, à Calcutta, à Bombay, pour arrêter le général Bonaparte.

— Je ne voudrais pas être ces deux commissaires, remarqua Saint-Ange.

— Moi, poursuivit Moulin, j'ai proposé à Gohier de se nommer lui-même commissaire, et d'aller arrêter Bonaparte à Ceylan. C'est si aisé!

— Et que dit Siéyes? demanda Mallet.

— Il attend.

— Oh! lui, il attend toujours!

— Siéyes, reprit Moulin, est étourdi du coup; c'est une tuile de pagode qui lui tombe sur la tête. Siéyes prend des airs distraits; il ouvre souvent son mouchoir et sa tabatière; il prise symétriquement; il a l'air de s'occuper beaucoup d'un rhume qu'il n'a pas. Bonaparte aux Indes! se dit-il dans un monologue; y a-t-il chance de succès? Si j'étais sûr de la réussite, je célèbrerais aujourd'hui même l'entreprise; mais il y a un grand doute; abstenons-nous, et soyons enrhumé.

— Ah! c'est un grand politique, Siéyes! dit Mallet; tout le monde connaît son procédé; personne n'est dupe, et pourtant il réussit toujours, ce grand politique...

Le roi des Parthes, Cosroës, entra au foyer en fredonnant:

Je brave ta puissance, ennemi téméraire.

— Citoyen Laforêt, lui dit l'*avertisseur*, vous avez dix bonnes minutes.

— Bon ! dit le roi des Parthes.

> Je brave ta puissance, ennemi...

Citoyen Hoffmann, un savant m'a dit ce matin que mon costume n'était pas parthe.

— Ce savant est un imbécile, dit Hoffmann ; jamais Parthe n'a été plus ressemblant que toi.

— Vous avez vu des Parthes, vous ? demanda la danseuse.

— Il y en a deux au jardin des Plantes, empaillés et représentés au moment où ils décochent un trait mortel en fuyant.

— Je ne puis pas me mettre dans la bouche ce vers, dit Laforêt ;

> Je brave ta puissance, ennemi...

Citoyen Hoffmann, n'aimeriez-vous pas mieux me faire dire, comme dans *Venceslas* :

> Tu braves ma puissance, ennemi....

Ça me gênerait moins.

— Mon siége est fait, répliqua le librettiste.

— Au reste, ajouta le roi des Parthes, cela m'est bien égal, ce soir. On fait un tapage d'enfer aux avant-scènes. Personne n'écoute ; on ouvre et on ferme les portes de toutes les loges, sans ménager les serrures ; à chaque instant des députés entrent dans l'avant-scène de Siéyes, et lèvent les bras au plafond. Cela me rappelle le 13 vendémiaire ; je jouais Polynice.

Une voix chevrotante retentit à l'extérieur, et Lainez parut en fredonnant :

Quel est donc l'ennemi qui brave ma colère ?

— Ils bravent tous quelque chose dans les opéras ! remarqua la danseuse en *à parte*.

— Citoyen Hoffmann, dit Lainez, est-ce que l'empereur Adrien portait un casque dans sa chambre ?

— Toujours, mon cher Lainez, un Romain sans casque n'est pas un Romain.

— C'est égal, c'est bien gênant, lorsqu'on n'est pas Romain, ajouta le grand artiste ; quand je jouerai Adrien à Madras, je jouerai tête nue.

— A Madras ! s'écria le chœur des lettrés ; vous allez à Madras ?

— Je viens de signer mon engagement...

— Et moi aussi,—dit Vestris, qui entrait sur la pointe d'une pirouette.

— Et moi aussi ! dit la citoyenne Gardel, dans une attitude de Renommée.

— On me paie mon voyage, dit Lainez, et on me donne dix mille piastres par an, un bénéfice, vingt piastres de feux, trois mois de congé pour exploiter la banlieue de l'Inde.

— J'ai un engagement superbe aussi, moi ! dirent les autres artistes.

— Et vous venez tous de signer ? demanda Hoffmann.

— Tous, à présent, dit Vestris : c'est le citoyen Sabatier de Cavaillon qui vient de s'improviser agent des théâtres de l'Inde et qui engage tous les sujets. Il paie les *dédits*.

— Mais on m'a oubliée ! moi, dit la danseuse Saulnier ; où est-il le citoyen Sabatier de Cavaillon ? où perche-t-il en ce moment ?

— Vous le trouverez chez lui, demain, rue Sainte-Anne, 69, dit Vestris : il n'y a pas de temps à perdre. Toute la troupe italienne est déjà engagée. On veut faire une surprise au général Bonaparte. C'est une excellente idée, à ce que dit Sabatier de Cavaillon.

— Rien n'est plus vrai, dit le célèbre chanteur italien Clairval, qui rentrait au foyer en ce moment ; j'ai signé le premier ; nous partons dans huit jours. Troupe complète. Nous débutons à Madras par *I Zingari in Fiera*.

— Mais y a-t-il un théâtre à Madras ? demanda Mallet.

— Il y a le terrain, dit Clairval ; cela suffit dans les pays chauds. On peut jouer *I Zingari* sous une tente, entre deux coulisses de cocotiers. Ce sont des Bohémiens.

— Ma foi ! dit Lainez, je ne suis pas fâché de m'éloigner un peu des discours du Directoire.

— C'est superbe ! s'écria Clairval avec enthousiasme ; nous sommes les missionnaires de l'art : nous allons naturaliser la grande musique chez les barbares ; nous allons tout civiliser avec des cavatines ! Et ce n'est que le commencement d'une longue histoire ; nous sommes l'avant-garde, nous ; Bonaparte le sait bien ! Tout ce qui chante, déclame et danse, s'envolera vers l'Inde ; c'est le pays des perles, du corail et des diamants, trois choses inventées pour les artistes. Partons.

Le foyer retentit d'un long cri d'enthousiasme ; la voix

du régisseur vint à propos réclamer le silence; ce tumulte de joie portait le trouble dans la représentation d'*Adrien*.

Presque au même moment, une armée multicolore descendue des monts Soleïman, de Khordan, de Gundava et des frontières méridionales du Penjaub, au secours de ses religions menacées, se hérissait comme une barrière de bronze devant les soldats de Bonaparte. On allait engager une bataille inouïe, auprès de laquelle toutes les vieilles batailles du Nord, avec leurs sites froids, leurs stratégies compassées, leurs uniformes absurdes, leurs terrains de neige ou de seigles mûrs, sont des jeux d'enfants féroces où la poésie absente ne laisse que l'horreur plate du tableau.

V

Dans ces pays, les grandes nouvelles suivent le cours des fleuves et la ligne des vallées, et traversent, d'échos en échos, des espaces immenses avec une mystérieuse rapidité.

Les peuples s'émurent en apprenant qu'une armée d'Occident, faible de nombre et forte d'audace, s'avançait vers l'Inde pour détruire et conquérir. On prêcha la guerre sainte depuis le mont Imaüs jusqu'au golfe de Canthy, sur toute cette ligne de montagnes, qui sont les racines de la presqu'île du Bengale. Les défenseurs arrivèrent de partout; il en vint des bords de l'Indus, du

Caboul, du Lora, du Ravi, du Serledy, de l'Helmend, de tous les fleuves où s'abreuvaient les soldats d'Alexandre, au siècle de Taxile et de Porus; ces peuplades guerrières, toujours divisées, mais réunies cette fois par des intérêts communs, composaient la plus étrange et la plus formidable des armées. Presque tous ces guerriers avaient conservé l'arc et la flèche, comme aux batailles de Noor-Jehan et de Jehangire, et ces armes étaient terribles dans leurs mains (1). On les voyait descendre comme des torrents de bronze fluide, du haut des montagnes, sur les vallées et les plaines, avec l'intention évidente de couper à l'armée française les routes d'Hyderabad et de la refouler à la mer. Les chefs, montés sur des éléphants, régularisaient le désordre de cette multitude, en agitant des guidons rouges au sommet de ces animaux. Derrière les premières lignes, le gros de l'armée, fidèle sans doute à d'antiques instructions de guerre, se dessinait en phalange macédonienne, et ressemblait de loin à une immense pyramide d'airain, renversée sous le choc des éléphants, qui la tenaient immobile sous leurs pieds, arrondis comme des tours.

Le paysage de cette solitude avait gardé le caractère sauvage et sublime des premiers jours de la création. Les montagnes, les collines, les plaines, les torrents, les rivières, se confondaient, sous des perspectives infinies, en faisant éclater partout de gigantesques massifs d'arbres séculaires, ou en s'émaillant sur les terrains unis, d'un tapis éblouissant de fleurs inconnues ou d'euphor-

---

(1) On peut lire ces guerres du Penjaub et de l'Afghanistan dans l'histoire si curieuse d'Hugh Murray, *Historical account of british India*.

bes, de cactus, d'aloës, de nopals, de roseaux et d'une foule de plantes vigoureuses, que le soleil d'un jour dessèche et que la rosée d'une nuit rend au soleil du lendemain, avec une prodigalité inépuisable, pour embellir un désert.

Un large torrent tombé des cimes du Néhoul, stagne dans la plaine et forme une vaste presqu'île dont le terrain rocailleux domine sur trois points des berges escarpées, et trois fossés naturels remplis d'une eau profonde. C'est là que Bonaparte a retranché ses soldats comme dans une place forte. La langue de terre qui lie cette presqu'île à la campagne est défendue par une batterie toute couverte de feuilles d'aloës. Murat est à la tête de la cavalerie; Junot commande son escadron de dromadaires : Kléber et Desaix doivent diriger les mouvements des fantassins. Eugène et Berthier chevauchent à côté de Bonaparte. Le soleil indien se lève et révèle aux soldats d'Occident toutes les merveilles de cette nature puissante, qui va devenir, après la victoire, leur mère d'adoption.

« Soldats, dit Bonaparte, à la nouvelle de notre expédition, le roi du Mysore, notre ami, a espéré en nous, et ses ennemis marchent à travers le Bengale pour nous combattre et nous arrêter; il faut d'abord vaincre cette horde de barbares, et, dans quelques jours, nous serons à Hyder-Abad, sur la riche terre de Golconde. Cette journée verra la bataille de la barbarie contre la civilisation; notre canon va faire écrouler les portes de bronze de l'Inde; elles ont résisté à la lance d'Alexandre, elles tomberont devant vous. Sous vos regards, Dieu étale en ce moment un splendide échantillon des richesses du monde nouveau qu'il vous destine. Soldats, faites encore une œuvre digne de ce soleil qui vous regarde, et l'Orient est à vous! »

Et appelant Eugène, Bonaparte lui dit :

— Donnez mes ordres partout aux chefs de corps. Ces Indiens défendent leur pays. Ils sont dans leur droit. Nous sommes dans le nôtre aussi en nous défendant. Laissons-nous attaquer par eux. Ne faisons pas feu les premiers.

Eugène partit, et Murat accourut au galop et dit à Bonaparte :

— J'attends vos ordres pour prendre la charge; ce ne sera pas long. Ces Indiens sont dans l'enfance de l'art...

— Joachim, lui dit Bonaparte, le nombre est toujours une force. Ils sont là plus de cent mille, tous braves et fanatiques. Cent mille hommes résolus à se faire tuer pour leur pays et leur religion sont toujours dangereux. Si nous voulons les vaincre, ne les méprisons pas. Attendez mes ordres, Joachim.

Murat s'inclina devant cette parole de sagesse et courut reprendre son rang de bataille. En passant devant Kléber, il lui dit :

— Décidément ce Bonaparte est plus grand que nous.

— Je te l'ai déjà dit, répondit Kléber; son plan de bataille est compris. Un général ordinaire se serait laissé envelopper. Il connaît toujours son terrain, lui, même dans les pays qu'il ne connaît pas. On dirait qu'il a fait construire cette presqu'île, la nuit dernière, par des ingénieurs.

— Quel beau champ de bataille! reprit Murat; on dirait qu'il l'a fait construire aussi ; voilà des ennemis superbes à voir ! des monstres demi-nus, avec toutes les nuances du bronze ; il semble que nous allons nous battre avec les gens de l'enfer ! A la bonne heure ! voilà du nouveau ! J'étais ennuyé des uniformes grotesques de nos ennemis du Nord ; avec leurs habits absurdes, un tableau de bataille est une caricature épique passée au sang. Nous avons un jeune peintre, qui me disait tout à l'heure : — Enfin, me voilà délivré des gibernes, des shakos, des buffleteries, des briquets et des guêtres ! Ces atroces noms sont aussi durs à la bouche qu'au pinceau. Quel est le barbare qui les a inventés ! ce n'est ni un peintre, ni un poëte, à coup sûr ! ce doit être un savant.

Une tempête de cris semblables aux rugissements de tous les tigres du Bengale suspendit l'entretien frivole de Murat et de Kléber.

C'était le prélude de l'attaque ; on vit aussitôt des nuées d'Indiens se ruer sur les bords de la presqu'île, et l'air, jusqu'à ce moment silencieux, fut déchiré par les flèches et les balles des carabines. L'armée française resta immobile et ne répondit pas. Les soldats étaient protégés par un massif rempart de chênes tropicaux, de baobabs et de palmiers ; aucun ordre n'arrivant du chef, les artilleurs tenaient la lance haute, les cavaliers laissaient les sabres au fourreau, les fantassins gardaient le port d'armes. Flèches et balles sifflaient toujours, au milieu d'un ouragan de cris fauves et de huées stridentes, qui, d'échos en échos, se perdaient dans les profondes vallées, en réveillant les monstres de l'Inde endormis depuis le lever du soleil.

Le silence de notre armée répondait toujours à ce fracas de l'Asie-Majeure insurgée contre l'Occident, et les soldats ne donnaient aucun signe d'impatience, quoique cette bataille leur parût étrange dans toutes ses dispositions; ils avaient foi en leur chef; cela suffisait; la victoire était au bout. Jamais, d'ailleurs, Bonaparte n'avait montré aux siens une figure plus sereine et plus calme; le jeune héros abordait enfin la réalité de son grand rêve oriental. Né dans les rayons du midi, comme Alexandre, Annibal et César, il vivait dans son atmosphère, il s'entourait de ses paysages, il respirait l'air de sa vie; car ce n'était point pour les pâles et froides batailles du Nord que l'aiglon s'était élancé du tiède vallon natal d'Ajaccio; il aurait épuisé bientôt sa force militaire dans les marches à travers les neiges, dans les veilles des nuits humides, dans les froides aurores des bivouacs, dans les revues pluvieuses, dans tous ces prosaïques fléaux qui donnent à la guerre une physionomie stupide, éteignent ses auréoles et enrhument ses héros. Ce qu'il fallait au jeune Bonaparte, c'était bien ce ciel bleu de l'Inde, ce soleil de la vie, ces ombres de grandes solitudes, ces fleuves remplis d'étincelles, ces océans splendides, cette puissante nature qui entoure l'homme d'un vêtement lumineux, et infuse en lui un peu de cette généreuse sève qui coule dans la tige du palmier et les veines du lion.

Le cercle de bronze vivant se rétrécissait devant la presqu'île, où l'armée de Bonaparte était retranchée, comme dans une citadelle. Les chefs indiens s'avançaient sur les berges, et leurs éléphants donnaient des signes d'inquiétude, et refusaient de traverser à la nage une eau profonde, qui cachait des piéges et protégeait un ennemi redoutable, parce qu'il était inconnu à leurs instincs et à leurs traditions de famille. Le soleil, presque arrivée au zénith, incendiait la plaine et changeait en fournaise ardente le creux des vallons ; l'armée des barbares épuisait ses forces dans ses attaques inutiles contre un invisible ennemi, et cherchait, sur un terrain arrosé de ses sueurs, la brèche ou l'issue que les eaux profondes ne défendaient pas. Un immense cri de joie annonça enfin la découverte ; le secret de la presqu'île était trahi ; une phalange massive dirigea sa pointe vers la langue de terre, et le sol tremblait sous les pas réguliers de tant d'hommes, précédés par une légion d'éléphants, qui ouvraient un passage, en trouant avec leurs défenses et leurs trompes, les masses inextricables de verdure dont se hérissait le désert. Bientôt le seul chemin de la presqu'île fut envahi et disparut sous une marée montante de bronze animé ; une confiance superbe entraînait les Indiens vers ce mystère irritant, couvert par les grands arbres et redoutable encore par son silence ; les premiers éléphants allongeaient déjà leurs trompes sur le premier retranchement, que voilait un amas ténébreux de tiges et de feuilles d'aloës. Les cris avaient cessé. On entendait un bruit sourd, semblable à l'ondulation d'un tremblement de terre et le chant d'une multitude d'oiseaux, seuls habitants de ces déserts depuis le jour de la création.

Tout à coup l'artillerie éclate comme le tonnerre de l'Occident et enseigne un fracas inconnu aux échos de cette solitude ; les premiers éléphants répondent par des mugissements sourds, et, saisis d'une terreur folle, ils se replient sur la phalange indienne et roulant, comme des blocs de rocher, écrasent tout sur leur passage et portent le désordre dans les rangs. Les clairons sonnent la charge. Murat se dresse de toute sa hauteur sur son cheval, fait tournoyer son damas, fait luire mille éclairs au soleil, se précipite sur les brèches ouvertes par les éléphants, et entraîne ses cavaliers, comme un vol d'hippogriffes ; les tambours battent ; les fanfares jouent l'air de la *Caravane;* l'armée crie *Vive la France !* aux fontières de l'Inde ; les artilleurs emportent les canons au galop ; Junot s'élance avec son escadron de Syrie, comme au Mont-Thabor ; Kléber et Desaix ébranlent les bataillons des fantassins : Bonaparte rayonne partout, et montre, de la pointe de son épée, les deux plus grandes choses de l'Asie : le soleil et le Bengale, comme pour dire à tous : Votre guide est là-haut, et votre conquête est là !

Il y eut sans doute, — et Bonaparte l'avait prévu, — quelque chose de surnaturel dans cette presqu'île endormie sous son ombre et son silence, et qui, soudainement réveillée, vomissait sur la route de l'Inde, ces bataillons, ces cavaliers, ces artilleurs qui renversaient les éléphants sur les angles des phalanges, et couvraient de cadavres cette solitude où le sang humain n'avait jamais coulé. On aurait dit que l'armée d'Occident avait le pouvoir d'emprunter au ciel le secret de ses orages en se voilant d'une nuée sombre et morne, pendant quelques heures, en la déchirant ensuite avec ses éclairs pour laisser tomber partout la foudre et la mort. Les Indiens fuyaient en désordre du côté des montagnes, et leurs chefs, emportés par leurs éléphants vers les forêts de l'horizon, ne pouvaient plus donner leurs ordres ou arborer les signaux. L'artillerie légère suivait dans son vol tous les sillons de terrain uni, et remplissait le désert de ses éclats et de son épouvante; Murat et Junot, lancés à la poursuite des Indiens, auraient franchi les limites des antiques royaumes de Porus, si le tambour ne les eût rappelés sur les rives de la presqu'île, au moment où Bonaparte disait à ses généraux :

— Nous ne demandons pas une victoire complète, mais un passage libre. Il faut prodiguer la terreur et épargner le sang. Ces ennemis, nous ne les reverrons plus. La route du Bengale est dégagée. En avant, soldats! nous nous reposerons dans Hyder-Abad!

La formidable armée avait disparu derrière les crêtes, dans les profondeurs des bois et le creux des vallons; on apercevait encore, dans des massifs de roseaux troués par l'artillerie, quelques éléphants libres qui semblaient réfléchir avant une détermination, et paraissaient disposés à changer de maîtres. Sur les hautes cimes des arbres, on voyait passer des nuées d'oiseaux multicolores, qui, pour la première fois, cherchaient des abris contre un danger inconnu; et, aux approches de la nuit, on entendit, dans les jungles, des murmures rauques, qui étaient comme les protestations des races félines contre les envahisseurs de l'Occident. De nouveaux maîtres arrivant sur le domaine des bêtes fauves, la solitude allait se peupler; la terre féconde allait s'ouvrir aux semences; le soleil promettait ses sourires à la moisson. Un drapeau tricolore flottait sur la cime du plus haut palmier, comme sur la tour d'une citadelle, et annonçait que la France prenait possession de l'Asie et que Bonaparte par une victoire, obtenue sans verser une goutte de sang chrétien, venait de fonder l'empire du soleil!

On ne s'arrêta pas sur ce champ de bataille; on se

remit en marche le même jour, après l'obstacle vaincu. Nos soldats trouvèrent bientôt devant eux une de ces anciennes routes indiennes, pavées de briques, œuvre d'une civilisation inconnue; ils marchaient, d'un pas résolu, sous des voûtes de baobabs, aux bords d'un fleuve sans nom, tous heureux et fiers d'avoir franchi la zone d'Alexandre, et de conquérir un monde convoité par le plus intrépide et le plus intelligent des rois. Grâce aux entretiens de Bonaparte et de ses généraux, entretiens toujours recueillis avec avidité par les soldats, le plus ignorant connaissait la grandeur de l'entreprise, et savait les antiques histoires qui se rattachaient aux grandes conquêtes et aux illustres noms.

Alexandre, disait-on, a mérité le titre de Grand, non par ce qu'il a fait, mais parce qu'il a tenté de faire, et par les exemples laissés. Annibal a noblement accompli une guerre de vengeance; César a combattu pour le peuple contre les grands; Alexandre seul n'a pas fait le rêve d'un homme, il a fait le rêve d'un demi-dieu. Annibal et César ont des proportions héroïques, mais humaines; ils sont les premiers chez les grands vulgaires. L'un n'a vu que l'Italie, l'autre n'a vu que les Gaules; ils ont beaucoup détruit, et n'ont rien bâti. Alexandre a créé trente villes; il a creusé des ports; il a dompté le Nil et l'a soumis à l'irrigation; il s'est donné, dans l'oasis d'Ammon, l'auréole de fils de Jupiter pour s'élever au-dessus du reste des hommes, et mériter cette confiance surnaturelle qui lui était si nécessaire dans l'accomplissement de ses travaux divins. Arrêté sur les bords de l'Indus, il a laissé à la porte de l'Inde bien plus qu'une victoire : il a laissé une idée, une idée féconde, l'espérance de l'Occident; et vingt siècles après, Bonaparte recueille cette idée, après la prise de Saint-Jean-d'Acre, et traitant de hochet le globe vide de Charlemagne, il lui préfère le disque du soleil, épanoui en rayons sur les villes du grand Orient.

VI

L'armée continua sans obstacle sa marche dans le Bengale, avec l'espoir d'arriver au Mysore avant la chute de Typpoo-Saïb.

De fâcheuses nouvelles remontaient du sud ; on disait que lord Cornwallis, avec ses nouveaux auxiliaires, les Mahrattes, avait mis le siége devant Seringapatnam, et que l'artillerie descendue de ses vaisseaux battait en brèche les remparts de la capitale du Mysore. Il fallait donc se hâter pour défendre le fils d'Hyder-Ali, le noble allié de la France, l'ami de Louis XVI, le vaillant Typpoo-Saïb. Le but principal de l'expédition était là. Le Mysore sauvé donnait ensuite toute l'Inde à la France.

Comme il arrive toujours, les nouvelles, transmises de bouche en bouche, n'étaient pas complétement vraies. Lord Cornwallis, secondé par un jeune colonel de haute espérance, le marquis de Wesllesley (Wellington), ayant appris que l'armée de Saint-Jean-d'Acre marchait sur l'Inde, avait abandonné le siége de la capitale du Mysore pour défendre à Bonaparte le passage du fleuve de Godavery dans le Dékan.

Typpoo-Saïb se trouva donc tout à coup délivré, à la

veille d'un siége, par le seul retentissement du nom de Bonaparte, qui semblait descendre des montagnes de Poonah. C'est qu'il y avait autour de ce grand nom quelque chose d'émouvant et de surnaturel qui effrayait les imaginations. Bonaparte ne se révélait pas comme un conquérant vulgaire débarqué sur la côte du Malabar ou du Coromandel; c'était comme un génie providentiel parti des confins du monde, échappé aux flottes d'Angleterre, écrasant les cavaleries d'Egypte entre les Pyramides et le Thabor, la montagne de l'homme et la montagne de Dieu, et, toujours poussé par le souffle divin, arrivant à travers des solitudes immenses sur la terre de l'Inde pour y accomplir une œuvre mystérieuse de civilisation, qui serait la renaissance de l'Orient indien.

Aussi les anciens amis du nom français et de l'héroïque Dupleix accouraient pour voir passer Bonaparte et le saluer comme le messie de l'Occident; les pèlerins arrivaient en foule de Delhi, d'Agra, de Jésulmir, de Joudpoor, d'Oojein, d'Indoor, et, demandant des armes et un drapeau, ils se faisaient les auxiliaires de la France, avec le même fanatisme qui avait éclaté chez les mamelucks d'Egypte, quand ils chantaient la gloire du sultan Kébir. Au même moment, le roi du Mysore soulevait en notre faveur les peuples de Belgaum, de Balhary, de Nellore, de Salem, de Tanjore, et même les insulaires de Ceylan, endormis depuis les antiques batailles chantées dans le *Ramaïana*, par l'Homère des Indiens.

Bonaparte avait bien raison de compter sur l'enthousiasme des enfants du Bengale, et il était trop juste pour s'en attribuer tout l'honneur.

Quand le jeune héros arriva sur le terrain où Dupleix

fonda la ville, nommée par les Indiens *Dupleix-Fateabad*, *la ville de la victoire de Dupleix*, une proclamation révéla à l'armée la gloire récente de ce vaillant précurseur qui avait si bien préparé les voies à l'expédition des Indes. La gloire a de très-singulières destinées : bien peu, dans cette armée française, connaissaient le nom et les services de Dupleix; mais tout le Bengale s'en souvenait. Dupleix n'avait à Paris ni statue, ni tableau, ni buste, ni bas-relief; son nom n'était inscrit à l'angle d'aucune rue, mais ce nom honorait une ville de l'Asie, et les barbares l'apprenaient à leurs enfants. Jamais plus noble vie ne fut employée à de plus grandes choses ! Dupleix a combattu trente ans sur la terre du Bengale; il a nommé les Soubabs comme un roi de l'Inde; il a donné de mortels déplaisirs à nos ennemis de ce temps; il a régné sur deux cents lieues de côtes; il a rallié à la cause française les peuples du Dékan, et le généreux Mouzaferzingue, le plus puissant des souverains Mahrattes; il a dépensé, pour cette œuvre immense, quatorze millions, sa fortune et celle de ses amis, et il est mort, en France, indigent, abreuvé de dégoûts et oublié, comme Cortez et Colomb, comme tous ceux qui, par de trop grands services rendus, excitent, à la cour des rois, la jalousie vengeresse de ceux qui n'en rendent jamais ! Aujourd'hui, en présence du tableau de la puissance anglaise de l'Inde, œuvre gigantesque et indestructible, accomplie avec l'acharnement du patriotisme insulaire, on demeure confondu d'admiration devant le génie de ce Dupleix, qui avait rêvé pour la France ce que l'Angleterre a réalisé; de ce Dupleix, qui a fait créer une compagnie française des Indes; qui a compris avant tout le monde la véritable question d'Orient; qui voulait sauver la monarchie en péril, et distraire patriotiquement les esprits par l'émouvante diversion des conquêtes du Bengale.

A cette admiration pour Dupleix vient, par malheur, se mêler aussi un profond sentiment de tristesse rétrospective, lorsqu'on songe aux obstacles, aux injustices, aux jalousies que ce grand homme a rencontrés sur son chemin, depuis le jour où il entrait triomphalement à Madras, comme le roi du Coromandel. Cette conquête, qui ébranlait le Bengale et consternait nos ennemis d'alors, effleurait à peine les oreilles des hommes d'Etat de Paris; on avait bien autre chose à faire ! On lisait *Candide*, on apprenait par cœur les vingt-quatre chants du poëme anti-national, qui flétrit la vierge d'Orléans, victorieuse des Anglais, et les Titans philosophes bâtissaient les assises in-folio de l'Encyclopédie pour monter au ciel et détrôner Dieu ! Quant à la compagnie française des Indes, elle tracassait Dupleix en toute occasion ; elle enchaînait ses mains, elle l'abreuvait de calomnies, elle le forçait à quitter l'Inde pour venir se défendre à Paris; enfin, elle se tuait elle-même pour ôter généreusement toute concurrence à sa naissante rivale la compagnie anglaise, qui s'apprêtait à fonder à Calcutta le Londres de l'Inde, à canaliser la Tamise dans le Gange, à fonder l'Angleterre du soleil, depuis les cimes de l'Himalaïa jusqu'à Ceylan, depuis la terre australienne de Carpentarie jusqu'à l'île de Diemen !

Devant Saint-Jean-d'Acre, Bonaparte songeait à toutes ces choses, et son ambition était de réparer tant de fautes commises, et de continuer l'œuvre de Dupleix, avec une armée puissante, seule véritable compagnie française des

Indes ; le jeune héros comprenait ainsi la question d'Orient, et l'étendant sur les échelles du monde : comme Dupleix, il voyait clair dans l'avenir, et il tenait dans ses mains une épée qui mettait en lambeaux tous les protocoles de la diplomatie, feuilles sibyllines emportées par le vent. Bonaparte est arrivé comme un légataire légitime pour recueillir l'héritage de Dupleix ; il montre à ses soldats la jeune ville indienne, avec ses rues de jardins, hérissées de palmiers ; ses places publiques, habitées par les fleurs colossales ; ses avenues solitaires où les sources d'eaux vives imitent la voix d'un peuple absent. C'est la ville de la victoire de Dupleix ; elle attendait au désert la France voyageuse, et ses ruines, étalées au soleil, depuis le départ du fondateur, semblaient se réjouir à l'ombre du drapeau d'Occident. On se met à l'œuvre ; on remue ces pierres oisives ; on creuse des canaux à ces sources ; on couvre de toits ces murs crevassés ; on chasse les bêtes fauves, locataires usurpateurs ; en moins de temps qu'il n'en faut pour planter un camp, on bâtit une ville, grande hôtellerie française du Bengale, à l'enseigne de Dupleix.

Pendant cette halte, un de ces courriers indiens qui traversent le Bengale, en s'abandonnant au cours des fleuves, arriva devant Fateabad, et remit à Bonaparte une lettre de Typpoo-Saïb ; elle était ainsi conçue :

« Vaillant saïd des chrétiens,

» Il y a quatorze ans aujourd'hui, j'écrivis une lettre
» au roi Louis XVI ; je disais à ce puissant monarque,
» mon ami, que mon empire du Mysore était en danger,
» si ses soldats, toujours promis, n'arrivaient pas. Mon
» ami le bailli de Suffren me répondit que la France ne

» pouvait pas me secourir contre l'Angleterre, parce
» que les philosophes, les poëtes et les avocats niaient
» l'existence des Indes et demandaient la convocation
» des états généraux. Je ne compris pas bien cette lettre
» de mon ami de Suffren, et j'attendis toujours. Dieu
» m'a donné la patience, et je m'en réjouis aujourd'hui.
» La France croit à l'existence des Indes, et les états gé-
» néraux ont enfin entendu ma voix. Est-il vrai que mon
» ami, le puissant roi Louis XVI, soit mort sur l'écha-
» faud, un roi qui m'a envoyé Lapeyrouse et Suffren,
» un roi qui voulait fonder tant de colonies françaises
» aux Indes ? Cela est impossible. Je ne l'ai jamais cru.
» L'éloignement est toujours menteur. Arrivez, vaillant
» Saïd des chrétiens. Mon glorieux père Hyder-Ali est
» mort sans avoir vu le réveil du Bengale, je serai plus
» heureux que mon père. A quoi tiennent les destinées
» d'un pays ! Si vous eussiez tardé un mois encore,
» tout était perdu. Ne me répondez pas : marchez, et
» soyez béni ! »

L'armée française se remit en marche et arriva le soir sur les rives de Godavery. Rien n'annonçait encore la présence de lord Cornwallis, du marquis de Wellesley et de l'armée anglo-mahratte. La rivière coulait dans la solitude et le silence, entre deux haies d'arbres séculaires, dont les branches couvraient les tiges et flottaient sur les eaux. Le lieu du passage avait été bien choisi ; une île de verdure y partageait la rivière en deux courants étroits, qui furent franchis sur deux ponts, formés avec des abatis d'arbres géants. Les Indiens auxiliaires marchaient en avant-garde ; ils avaient la connaissance du pays et des terrains, et nous rendaient ainsi les mêmes services, que leurs pères avaient rendus aux soldats de Dupleix. Rien n'était perdu, pour la France, des bonnes traditions indiennes. Le Bengale semblait ressusciter nos vieux amis du Dékan.

On gravit ensuite une colline qui est comme un orteil des hautes montagnes de Golconde, et on établit le campement de nuit sur un plateau qui domine les vastes et fertiles plaines de Kurnool.

Au lever du soleil, Bonaparte, plus grand qu'Annibal montrant l'Italie du haut des Alpes, montra aux Français les magnifiques domaines étalés sur la pointe de la presqu'île.

« Nous sommes entre deux mers, leur disait-il ; à
» notre gauche, le golfe du Bengale, à notre droite, la
» mer Arabique. Ici, Mazulipatnam et Madras ; là, Su-
» rate et Goa ; vis-à-vis le Mysore, à nos pieds les mines
» de pierreries ; autour de nous les réservoirs de corail
» et de perles ; le soleil partout ! »

Et l'armée française, plus heureuse que l'armée carthaginoise, saluait par des cris et des fanfares cette Italie de l'Inde, dont les peuples étaient déjà ses amis. On ne voyait pas, en ce moment, ce froid enthousiasme qui éclate dans les conquêtes vulgaires, aux bords des sables glacés du Rhin, ou sur les steppes moscovites, ou sur les sites plats du Danube ; nos soldats respiraient un air puissant, l'air d'un monde nouveau ; ils entendaient les voix des deux mers, qui baignaient de caresses les lèvres du Malabar et du Coromandel ; ils voyaient surgir, du milieu des arbres et des fleurs, les coupoles des temples, les tours des pagodes, les montagnes sculptées, les monuments d'une civilisation superbe, enfouie dans des abîmes de verdure, avec ses dieux de granit, ses portes de bronze, ses poëmes de marbre, et les sculptures émouvantes de ses mystères et de ses dix incarnations.

Voilà des conquêtes dignes de l'homme ! Devant ces merveilles de la nature et des arts, l'épée sort d'elle-même du fourreau, le soldat se sent fier de sa profession, le conquérant met à son front une auréole, la bataille est une œuvre sanctifiée par le Dieu des armées, la vie est une récompense du ciel, la mort est le glorieux martyre de la civilisation !

Bonaparte avait dit :

« Si mes calculs sont exacts, nous rencontrerons l'armée anglo-mahratte une heure après le lever du soleil. »

Les calculs étaient justes. Du haut de la colline où elle avait campé quelques heures de nuit, l'armée française vit luire des armes dans les clairières des bois de Kisnash, et bientôt toutes les forces de lord Cornwallis se révélèrent à l'horizon.

Cet obstacle attendu couvrait la route du Mysore, il fallait le vaincre pour sauver Typpoo-Saïb. Les Anglais hasardaient, à cette époque, une tentative pour conquérir l'Inde, mais, quoique leurs marins soient excellents et intrépides, on ne pouvait s'emparer du centre d'un continent avec des marins. Lord Cornwallis avait à peine réuni, sous ses drapeaux de l'Inde, deux mille soldats nationaux ; l'armée de terre a toujours été négligée à Londres. Il est vrai que presque toujours, un vaisseau vaut mieux qu'un régiment, pour l'Angleterre surtout. Quinze mille cipayes mahrattes formaient le gros de l'armée du Mysore, et, comme l'artillerie destinée au siège de Seringapatnam ne pouvait entrer en campagne, les canons manquaient à lord Cornwallis. Quelques mois plus tard, les batteries volantes ne lui auraient pas manqué. A la guerre, il faut savoir choisir son moment, et Bonaparte avait bien choisi le sien. La victoire est une question d'à propos. Ce qui est gagné le matin aurait été perdu le soir. Vingt jours passés encore devant Saint-Jean-d'Acre, et lord Cornwallis nous arrêtait à Hyder-Abad.

L'armée anglo-mahratte se rangea en bataille sur la lisière du bois. Au centre, les nationaux se placèrent sur deux lignes; les Mahrattes s'étendirent aux deux ailes, sous le commandement du jeune colonel Harris et du marquis de Wellesley (Wellington).

VII

Parmi nos préjugés nationaux, tous honorables d'ailleurs, nous en avons un très-curieux : nous affirmons que les Français sont aimés dans tous les pays du monde, à cause de leur esprit, de leur grâce, de leur gaieté, de leurs qualités brillantes et surtout de leurs brillants défauts.

Cette ubiquité de séduction par privilége est sans doute fort contestable; on s'est souvent révolté contre nous, chez les peuples où nous apportions les chansons et la fraternité, depuis les *Vêpres Siciliennes* jusqu'aux insurrections récentes de Rome, de Ronciglione et d'autres villes du nord de l'Italie. Les fleurs que les peuples ont semées pour nous, à notre approche, n'ont pas toujours été renouvelées un mois plus tard, et les pavés ont été durs après les fleurs. Nous avons rencontré çà et là, sur notre passage, des antipathies invincibles, des caractères graves qui ne voulaient pas s'accommoder de nos mœurs légères et s'obstinaient à ne pas rire de notre gaieté.

Ainsi, par exemple, si nous eussions couru militairement le monde, au temps de Périclès et de Sésostris, nous aurions été fort bien reçus à Athènes et fort mal à Memphis. Nos vaudevilles auraient été applaudis par les Grecs rieurs, et sifflés par les austères Égyptiens. Les tempéraments varient selon les temps, les mœurs, les latitudes, et tous les peuples ne sont pas admis à comprendre également le français.

Toutefois, nous pouvons le dire, les compensations historiques sont à notre avantage; au moment où un petit village italien, situé entre Viterbe et Baccano, s'insurgeait contre un régiment de la France républicaine, toute l'Inde se déclarait en notre faveur. Nous excitions les sympathies les plus passionnées chez les fils d'Aureng-Zeb et les adorateurs de Brama. On aimait avec enthousiasme les Français depuis les bouches du Gange jusqu'à Ceylan, et, malgré leur éloignement géographique et la différence de leur religion, les deux peuples semblaient être nés pour vivre ensemble, en parfait accord. Les soldats de Dupleix et nos braves corsaires fondèrent cette harmonie. Les Indiens comprenaient tout ce qu'il y avait de charmant et de sérieux dans la frivolité de ces hommes de France, qui faisaient trembler le Bengale un jour de bataille, glissaient en riant sur l'écume de leurs golfes, jouaient avec les tigres dans les jungles, et donnaient un bal le lendemain d'un combat ou la veille d'un assaut.

Cette appréciation du caractère des deux peuples explique nos succès dans l'Inde sous Dupleix, et démontre tout le parti qu'un conquérant habile pouvait tirer de l'alliance d'un peuple qui voulait être notre ami.

Les Mahrattes qui s'étaient réunis à lord Cornwallis, après avoir perdu tout espoir d'être secourus par la France, revinrent subitement à leurs premières affections, quand ils se trouvèrent en présence de leurs anciens amis d'Occident et de leurs frères indiens ralliés à la cause de Bonaparte. Le combat devenait impossible, car les peuples du Décan enrôlés dans les deux armées, se réunirent fraternellement dès qu'ils se reconnurent sur le champ de bataille. Deux mille Anglais isolés en plaine, après cette défection, n'étaient plus un obstacle sérieux; ils se retirèrent en bon ordre dans la direction de Nellore, suivirent les rives du Pennar jusqu'à l'embouchure de ce fleuve, et longeant la côte, ils gagnèrent Madras et leurs vaisseaux ancrés dans ce port.

L'armée française continua sans obstacle sa marche jusque sur les rives du Palaur; là elle s'arrêta une nuit, pour préparer son entrée triomphale dans la capitale du Mysore. On vit alors une seconde fois, au Bengale, mais dans des proportions bien plus vastes, ce qu'on avait vu, trente années auparavant, lorsque tout le peuple de Madras sortit pour recevoir Dupleix et jeter sur son passage toutes les fleurs et toutes les palmes du Coromandel.

Entrer en vainqueur dans une capitale d'Europe, c'est

humilier un peuple, et préparer des représailles ; c'est se faire le débiteur de l'avenir : voilà ce qu'on n'a point vu, dans ces deux grands jours, à trente années d'intervalle, devant Madras et Seringapatnam. Typpoo-Saïb, sa famille, sa cour, ses nababs, montés sur des éléphants superbes, sortirent de la capitale du Mysore pour recevoir les Français au pont du fleuve Palaur. Un peuple immense formait le cortége du roi ou s'échelonnait sur les remparts, les toits, les pagodes, les arbres, en faisant retentir l'air des sons ou du bruit des mille instruments de l'orchestre indien. Le soleil, éternel invité de toutes les fêtes de l'Asie, couvrait de rayons les grands paysages du Mysore, et des voûtes infinies d'arbres, de lianes, de guirlandes, donnaient une ombre douce aux soldats de l'Occident qui s'avançaient vers la ville, en agitant les drapeaux des Pyramides et du Mont-Thabor.

Ce prodigieux voyage militaire, sans exemple depuis Alexandre, n'avait point ralenti le pas de nos soldats : ils marchaient tous avec l'allure joyeuse qu'on avait admirée à l'autre bout du monde, le jour qu'ils sortirent du val d'Ollioules pour s'embarquer au môle de Toulon. Les corps de musique ouvraient la marche et apprenaient au Mysore les marches triomphales de Grétry et de Méhul, et les indiens tressaillaient d'enthousiasme, en écoutant ces éclatantes symphonies d'un monde nouveau, ces airs ardents ou suaves qui semblaient verser partout les mélodieuses semences de la concorde et de la civilisation. La musique française était digne de former l'avant-garde, et sa puissante voix, langue universelle, comprise de tous les cœurs, annonçait au vieux Bengale artiste l'arrivée d'un peuple qui n'avait pas besoin de ses armes pour séduire et conquérir. A ce spectacle inouï, les Indiens semblaient se réveiller après un long sommeil, et ils retrouvaient en eux ces germes féconds d'art, de poésie, d'enthousiasme, qui ont fait leurs ancêtres si grands, lorsqu'ils matérialisèrent sur le granit de Golconde, de Java, de Delhi, de Ceylan, tous les rêves gigantesques de leur imagination sublime; lorsqu'ils écrivirent l'histoire des amours divins, sous la dictée du soleil, sur les arêtes des montagnes et dans les souterrains d'Ellora.

Et l'armée s'avançait toujours, elle aussi, bien justement fière de la conquête d'un monde qui se donnait à elle, sans se rougir d'une goutte de sang. Pour la première fois, depuis la création de la mort, la vertu militaire triomphait et n'ouvrait pas une tombe; cette dernière campagne de nos soldats commençait par la paix, et deux peuples inconnus s'embrassaient, en se rencontrant sur un champ de bataille de fleurs. Bientôt l'illustre cité se découvrit à l'horizon, avec ses tours aiguës, ses dômes d'or, ses pagodes massives, ses panaches de palmiers; avec cette émouvante physionomie indienne, qui donne à une création matérielle le caractère idéal d'un rêve pétrifié.

A cet aspect, l'Occident poussa un cri d'enthousiasme entendu par les deux mers voisines; l'Orient répondit par un hymne religieux, dans cette langue harmonieuse, faite avec des notes d'or, des bruits de perles, des mélodies de vagues, des murmures de palmiers, des rayons de soleil. Tous les rangs se confondirent bientôt : peuple et soldats, conquérants et conquis, mêlèrent leurs mains, leurs armes, leurs bannières, leurs drapeaux; il n'y avait ni victoire, ni vainqueurs. Tous entrèrent ainsi dans la ville capitale à l'heure où tombait la nuit, et le jour fut aussitôt rallumé par des milliers de gerbes de feux de Bengale, qui permirent encore à tout un peuple de contempler le jeune héros français, comme dans l'auréole d'une apothéose, sur l'horizon du ciel indien.

Nous voici au terme de cette expédition. Le résultat de la conquête est facile à deviner. Toute la presqu'île de Bengale est acquise à la France : les peuples du Carnatic et du Décan sont nos alliés; les flottes ne nous manqueront pas; on va se mettre à l'œuvre sur tous les chantiers voisins, au Coromandel, au Malabar, à Matura. Les peuples des presqu'îles sont tous marins de naissance; les marins abonderont, comme les vaisseaux. Le Bengale est un navire ancré dans l'océan Indien ; sa poupe est l'Hymalaïa, sa proue le cap Comorin.

On descendra de si haut pour étendre encore le domaine de la France, et agrandir son glorieux empire du soleil.

L'armée pacifique des arts, cette compagne de la France conquérante, fera aussi son entrée triomphale dans toutes ces villes mortes, autrefois si grandes par les arts; on fera bien plus et bien mieux que coloniser cette vieille Asie : on lui rendra sa civilisation. Pourquoi ne reviendrait-elle pas encore ce qu'elle fut autrefois? Son soleil ne s'est pas refroidi, son Océan a toujours son lit de perles, sa terre est toujours féconde, son ciel est toujours bleu, son fleuve toujours grand. Que lui manque-t-il donc à ce pays, berceau de la sagesse et de la poésie du monde? Il lui manque le souffle intelligent qui réveille.

La France garde ce souffle sur ses lèvres; elle l'exhalera partout.

Il faudra bien enfin exhumer de ses ténèbres cette lumineuse Java, qui a tant de mystères à nous dire, et qui s'obstine à se taire depuis les âges inconnus; il faudra bien que cette Sicile indienne, avec son volcan de *Mara-Api,* nous raconte les idylles de son Théocrite, nous révèle ses villes enfouies, nous explique l'origine de ses temples, nous dise les noms des puissants architectes et sculpteurs qui ont bâti et ciselé ses monuments merveilleux, à une époque où la Grèce n'avait pas trouvé son nom. Cette île généreuse, berceau de toutes les grandes choses, n'est pas destinée à tenir éternellement comptoir de denrées coloniales, elle a un passé très-noble pour mériter un avenir si vulgaire; comme la Sicile a été la grande Grèce, Java a été la grande Asie; et quand on aura fouillé profondément ses abîmes de verdure massive, qui s'étendent autour de ses cratères éteints, on en verra sortir des Herculanum inconnues, toutes pleines de surprises et d'émouvantes révélations.

Les conquêtes de la paix et des arts s'étendront plus loin encore.

Il faudra bien aussi féconder Bornéo, cet immense écrin avare, qui garde tant d'or et de jachères; Sumatra, qui coupe en deux tronçons la ligne de l'équateur, comme une lame d'acier flottante sur l'Océan; l'archipel embaumé des Moluques et des Philippines, terrestre constellation, voie lactée d'îles, qui ne demandent qu'à briller au soleil; et toutes ces régions océaniques, labourées par le vaisseau de Lapeyrouse et le génie du grand Louis XVI; la presqu'île de Segalin, Bengale en miniature, toute pleine de bois et d'escadres en herbe; Segalin, où Lapeyrouse avait fondé l'avenir de la France, entre la mer Tarrakaï et la mer du Japon; les îles de Jesso et de Nippon qui excitaient la convoitise nationale de Louis XVI, pendant qu'on lui préparait un échafaud; et sur des zones opposées, tout l'empire du Japon, conquis par la croix de François-Xavier; tout l'empire de Siam, qui recevait les ambassades de Louis XIV; et ces landes infinies qui s'étendent de l'embouchure du Gange jusqu'aux extrêmes limites du Penjaub, et qui voient s'élever à leur gauche, sur les bords du fleuve saint, Almora et Benarès; à leur droite, les montagnes d'Assam, de Bhotam et du Népaul. C'est le réveil de tout un monde; c'est la renaissance du premier univers; c'est la création du globe, après la création de Dieu; c'est le second travail de Sem, Cham et Japhet, après le déluge de la barbarie; immense et noble travail confié à la France, et que Bonaparte seul avait compris, lorsqu'il prononça devant Saint-Jean-d'Acre ces mémorables paroles : « *Le sort du monde est dans cette tour!* »

LA TAMISE

I

L'Angleterre, en sa qualité de fille de l'Océan, obtient tout de son père, même un grand fleuve lorsqu'elle en a besoin. Ainsi, par sa situation topographique, éloignée de tous les grands courants d'eau douce, Londres ne pouvait avoir sa Seine comme Paris; alors le vieux Océan, trouvant un large espace aux atterrages du Gravesend, a envahi le sol, et remontant jusqu'au val de Richmond, il a absorbé un filet de naïade qui suintait à travers les roseaux, et a créé cette Tamise salée qui est le port mobile le plus vaste de l'univers. La Tamise proprement dite n'existe pas; Londres commerçant reçoit à domicile, entre autres échantillons, un échantillon de l'Océan, et il s'en sert comme fleuve pour décorer ses ponts. Si la Tamise était une Seine, Londres retentirait de fontaines comme Calcutta; et il n'y a pas de fontaines dans cette planète anglaise; il n'y a que des statues altérées, demandant un abreuvoir toujours refusé. La Tamise est la seule rivière qui donne le mal de mer, dernière preuve souveraine à l'appui de mon opinion. Voyez à quoi tient pourtant la domination océanique ! Si l'Océan ne rencontrait pas, en aval de Rouen, un terrain ascensionnel, une écluse infranchissable, si le sol conservait un niveau peu accidenté à travers les vallées normandes, nous aurions une Tamise à Paris; Grenelle serait un port de mer; le Gros-Caillou serait un chantier de vaisseaux de ligne; et le peuple parisien, qui, dans les jours d'été, donne une si haute idée de sa vocation maritime de haut-bord, dans les archipels et les parages d'Asnières, le peuple parisien serait une pépinière de matelots sérieux, comme les jardiniers de Chatam, de Wolwich et de Rochester. Nous aurions les grandes Indes depuis les conquêtes de Dupleix. Hélas ! nous avons failli es posséder malgré le mauvais vouloir de l'Océan et les écluses des collines normandes ! C'est une histoire indienne et inédite à raconter ici.

Le 2 juillet 1838, sir William Bentinck, roi de l'Inde après le soleil, assis au kiosque de son cottage sur le Gange, ne voyait pas une lumière d'été comparable à celle qui dorait, par exception, les deux rives de la Tamise, soit du côté de Greenwich, soit du côté de Blake-Hall. Les vieux nababs de la compagnie des Indes, rentrés à Londres pour y mourir, et retirés des affaires, dans leurs châteaux de la Tamise, se croyaient aussi, ce jour là, en plein Gange, surtout lorsqu'ils regardaient ces fabriques d'architecture bengalienne, ces contrefaçons de chattirams, ces imitations de pagodes que les caprices millionnaires ont fait bâtir aux deux bords de la Tamise, en souvenir des doux rivages de Calcutta et de Madras. On est heureux une fois par an, c'est beaucoup ; le nabab Edmond Turnpike m'avait invité, le 2 juillet 1838, à son habitation de la Tamise, où l'*India fashion* brillait de tout son luxe, à la faveur d'un soleil complaisant, qui avait revêtu son costume indien. L'or intelligent est un métal assez utile ; on aime à le voir ruisseler entre les mains du nabab Edmond. Cet héca-millionnaire n'a pas dit à un maçon anglais : Bâtissez-moi un château comme tous les châteaux, avec une grande façade plate, un perron bourgeois, un toit pointu orné de trente cheminées ; il a pris les quatre in-folios de Solwyns et de l'*English India*, et il a dit à un architecte ingénieux : Prenez dans ces belles gravures ce qu'il y a de plus pittoresque et bâtissez-moi du pur indien, comme si Vitruve n'existait pas. Ma caisse est ouverte, *Hart-Street*, dans la Cité, de dix heures à deux ; ne la ménagez point.

Cette courte allocution a opéré des prodiges ; rien n'est charmant comme l'habitation du nabab Edmond ; en la voyant sur sa rive, la Tamise se donne des airs de Gange, et croit que le golfe de Bengale commence à Gravesend. Au fond d'une allée de sycomores s'élève le temple de *Dez-Avantar*, à deux étages, comme celui de *Ten-Tauly*; l'architecte n'a pas enlevé à ce monument une seule de ses grâces originales, de ses adorables fantaisies ; il n'y manque pas un détail sculpté des dix incarnations. L'intérieur, fait pour être habité par des hommes et non par des dieux indiens, est divisé bourgeoisement avec toutes les attentions exquises du confortable national. Le parc, qui entoure la pagode, devait rencontrer dans la nature même du climat d'Angleterre de grands obstacles de végétation. Malgré tout le pouvoir de l'or, il est impossible de faire pousser en plein air anglais des baobabs, des caquiers, des ébéniers, des nancléas, des érables, des mancenilliers, des aloës, des euphorbes, des cactus, des mimosas, des hibiscus, des yucus gloricsas, des palmiers, des bananiers, enfin toute la famille luxuriante et frileuse de la flore indienne. L'or inépuisable d'un nabab ne peut acheter un rayon de soleil du Coromandel. Eh bien! malgré cette impossibilité géologique, et grâce à l'or du nabab, on a planté derrière la pagode un merveilleux mensonge végétal, qui a pour les yeux tous les charmes de la réalité. L'artiste chargé de construire toute une famille d'arbres tropicaux en fer de fonte et en feuilles vertes et souples de zinc, est un horticulteur pépiniériste de *Wellington-Seminary;* il a dessiné son paysage métallique avec un art que la nature atteint rarement dans ses plus belles exhibitions virginales des allées de Solo et du Tinnevely. Il y a même de sombres fouillis de jungles peintes, où s'accroupissent en sphinx, la gueule béante et l'œil en feu, des tigres empaillés qui donnent un moment de terreur aux invités candides du nabab Edmond, et tiennent à distance ses chiens, toujours posés de loin comme des Œdipes quadrupèdes, devant ces sphinx jaunes rayés de noir.

La domesticité du nabab est vêtue à l'indienne; il serait de mauvais goût, dans une pagode, et sous ces arbres, quoique menteurs, d'étaler des cochers couverts d'un garrick, et ensevelis sous les étages d'une perruque poudrée; ou de se faire servir par des grooms habillés d'un énorme gilet rouge criard et chaussés de bottes à revers. Les pagodes ont horreur des graves mascarades domestiques du *West-End*. Notre intelligent nabab, en quittant l'Inde, a ramené un assortiment complet de serviteurs, libres par la loi anglaise, mais toujours teints de la couleur de l'esclavage ; ce qui laisse encore au maître une illusion autorisée par les abolitionistes. Ces douces carnations bengaliennes, assez semblables aux nuances du bronze florentin, font le meilleur effet dans le paysage et le complètent en lui rendant ses habitants naturels. Il y a surtout de jeunes filles de Ceylan, de Madras, d'Hyder-Abad, de vraies Bengalis, qui ne sont pas, comme le règne végétal de l'endroit, des imitations métalliques ou des bayadères de zinc, mais des servantes de Siva converties au christianisme par le zèle des méthodistes : elles ont toutes perdu la gaieté de leur âge en perdant les paysages paternels; et elles tournent sans cesse leurs grands yeux de velours d'iris vers l'horizon où se lève un vrai soleil qui n'éclaire pas des bananiers de fer-blanc.

Le nabab Edmond me ménageait une surprise plus grande, et de temps en temps il tirait son chronomètre infaillible du fond d'un vaste gilet chinois, et regardait la Tamise avec anxiété. Nous étions assis sous le toit d'un chattiram peint en bois d'érable, et ouvrant son escalier sur un embarcadère dallé de marbre lancastrien. Les esclaves libres nous servaient un déjeuner impossible; c'était le carick authentique, avec le riz *benafouli* couleur d'or; puis des conserves de nids d'hirondelles, extraits de la crevasse rocailleuse des Maldives; puis du jambon de Labiata, l'ours de l'île de Panay. Nous buvions les vins de Lalia, de Kerana, de Constance, dans des coupes de cristal taillées dans le granit diaphane de Theaomock. Le point de vue dont nous jouissions était admirable : devant nous la Tamise emportait à l'Océan ou lançait à Londres deux files de paquebots à vapeur, entremêlés de navires voiliers, décorés de la mousse de l'océan Indien; sur l'autre rive, nous distinguions, à travers un brouillard lumineux, les coupoles sombres, le parc et l'observatoire de Greenwich, et à notre droite, du côté de Londres, le Méandre de la Tamise, hérissé de mâts et de pavillons sans nombre, comme le port de l'univers.

Un petit courant latéral de la Tamise, voilé à nos regards par des masses de feuilles naturelles, lança soudainement au débarcadère un *fly* à vapeur, et le nabab fit un mouvement de joie et battit des mains, en disant : « C'est lui ! »

Le *fly* accosta l'escalier du chattiram, trois jeunes matelots descendirent et tendirent les mains à un homme vêtu à l'indienne, qui ne paraissait pas fort leste, à cause de son obésité.

Le nabab descendit l'escalier du chattiram pour recevoir l'étranger et lui faire les honneurs de son habitation. Aux marques de déférence accordées à cet Indien par le maître et les serviteurs, je compris qu'il occupait un rang suprême ou qu'il en était descendu, comme un Syphax ou un Jugurtha indien, trophée vivant amené à Londres :

Annibalis spolia et victi monumenta Syphacis.

Il paraissait âgé de quarante-cinq ans; sa figure exprimait une mélancolie incurable ou cette insensibilité profonde, seul remède que la nature donne aux infortunes suprêmes et sans consolation. Son teint avait perdu sa première nuance de cuivre poli, dans une décomposition subie sous les brumes du nord, et des reflets verdâtres plaqués sur ses joues molles annonçaient la dernière lutte de la vie contre un marasme mortel.

L'Indien donna quelques explications sur son retard d'une heure, car il avait été invité au déjeuner de l'habitation; des agents subalternes de la douane venaient de leur faire quelques difficultés au moment où le *fly* quittait le quai de la Tour, devant London-Bridge. Il s'exprimait lentement, avec des formes de langage très-distinguées et avec l'accent pur de Londres, ce qui acheva de compliquer pour moi cette énigme vivante, que je poursuivis, à travers mille conjectures, sans rien trouver de satisfaisant.

Le chattiram où nous étions ressemblait au cadre d'un songe; ce que je voyais ne pouvait pas exister. On entendait sonner midi dans un lointain mystérieux, et les vagues de la Tamise roulaient devant nous les douze échos d'une horloge invisible. Un soleil ardent couvrait les eaux d'atomes de feu et réjouissait les jeunes filles indiennes assises sur les marches du chattiram. Le nabab, en costume de planteur, fumait le *houka* et échangeait quelques syllabes malaises avec l'Indien. En ce moment, je me rappelai la France et *les bords fleuris qu'arrose la Seine*, et les existences bourgeoises des étés parisiens, et les maisons de Chatou, de Bougival et d'Asnières, et même les châteaux riverains, où rien, dans le programme des idées reçues, ne dépayse un visiteur, ne scandalise un voisin. Chez le nabab Edmond, absence complète des rurales délices chantées dans les poëmes des *Jardins* et de *l'Homme des champs*. Le piano, la romance et le billard, ces trois distractions françaises, n'y sont pas encore admises ; on n'y entend que les gammes et les notes d'or des perruches coloriées, filles des solitudes sans nom.

Selon l'usage anglais, le nabab m'avait présenté l'Indien : ce qui me donnait le droit de lui adresser la parole, mais que lui aurais-je dit? Son maintien d'ailleurs était répulsif à la familiarité; il paraissait plus à son aise avec le silence qu'avec la parole, et je n'étais pas assez fort sur la langue anglaise pour lui demander adroitement ce que j'aurais voulu savoir. Le nabab Edmond était heureux de mes embarras et il se gardait bien de commettre la moindre indiscrétion qui aurait pu m'éclairer. Cette scène de rêve s'éleva enfin à un degré de fantastique irritant. L'entretien, quoique formé de phrases très-courtes et intermittentes, cessa tout à coup, comme il arrive entre gens qui n'ont plus rien à se dire, ou qui auraient trop de choses à se raconter. L'Indien laissa tomber sa tête sur sa poitrine, et ses yeux s'éteignirent, comme si un nuage d'opium les eût voilés. Les jeunes filles bengalis s'endormirent au soleil, comme dans les bras de leur père, et le nabab, au lieu d'employer cette formule française, usitée dans nos ennuis champêtres : *Eh bien, que faisons-nous?* se renversa sur les coussins de sa natte, et, aspirant la fumée de sa pipe, il convoqua autour de lui, comme ses meilleurs amis, les innombrables souvenirs de sa jeunesse aventureuse, et il les accueillait par de mélancoliques sourires à mesure qu'ils défilaient, visibles pour lui seul. Ce que le nabab voyait en ce moment avait un charme qu'aucune conversation oisive n'aurait pu lui donner; il assistait à la conquête du Mysore; il entendait le canon mugir dans les solitudes du Malabar; il suivait aux assauts le jeune colonel, aujourd'hui duc de Wellington; il voguait sur le golfe Arabique, à bord de l'*India*, et à côté de Cornwallis, ce héros fabuleux d'immortelles expéditions; et la guerre finie, il se voyait maître et colonisateur dans une plantation conquise par les armes et défrichée par la charrue; il fondait un comté d'Angleterre aux limites du monde, et arrosait de ses sueurs le sol du désert indien, pour en extraire la fécondité européenne, avec cette intelligence active et cet acharnement intrépide de colon qui sont les vertus du génie anglais.

Oui, en compagnie de pareils souvenirs, un vieillard peut s'isoler dans une habitation, et n'appeler à son aide aucun auxiliaire bruyant comme remède à l'ennui. Cela se conçoit très-bien. Les entretiens froids du monde civilisé ne peuvent lui rendre une seule de ces vives émotions qu'il trouve dans l'échelle immense de ses souvenirs. Une jeunesse ardemment occupée est la meilleure provision des vieux jours; et ils obéissent à des instincts bien intelligents, ceux qui partent à l'aurore de l'âge, s'aventurent sur les océans, apprennent la vie à l'école de tous les peuples, feuillettent ce globe comme le livre de Dieu, et laissent une goutte de leur sueur ou de leur sang sur chaque grain de sable, qui peut un jour être fécondé et donner des épis à la table de l'indigent, du voyageur ou du naufragé!

J'avais grande envie de faire comme l'inconnu et les

jeunes filles bengaliennes, et de m'endormir en face de ce paysage indou pour trouver dans le sommeil les rêves que j'aime. Mais un attrait de curiosité, plus puissant que ma volonté, tint mes yeux ouverts et me força d'attendre la fin naturelle de cette étrange situation.

Je n'attendis pas longtemps.

Le nabab mit un signet à l'in-folio de ses souvenirs, et, prononçant quelques mots en malais, il se leva. L'Indien fit un signe de tête affirmatif, et quitta la table. Nous descendîmes un petit sentier de sable fin qui conduisait à la pagode, et je cherchais toujours une occasion pour demander au nabab le nom et l'état de l'Indien; mais l'occasion ne se présentait pas naturellement; le nabab avait offert son bras à son hôte qui marchait avec beaucoup de difficulté, quoique le terrain fût très-doux. Le décor extérieur de la pagode ne fit aucune impression sur l'Indien; ses regards se portèrent même avec indifférence sur la statue d'Indra, l'éléphant Irivalti, le bœuf Namdy, le manguier sacré, la déesse Ganesha, et les bas-reliefs des dix incarnations. Le nabab fit son devoir de propriétaire, et désigna du doigt, en passant, toutes ces merveilles; rien n'arracha l'Indien à sa mélancolie et à sa somnolence; peut-être aussi riait-il intérieurement de ces contrefaçons indiennes, parodies sacriléges des vénérables édifices d'Ellora. Le jeune sauvage Potaveri, amené en France par Bougainville, pleura de joie, dit-on, en voyant un palmier dans une serre; l'Indien invité chez le nabab Edmond ne donna aucun signe d'attendrissement au milieu de ce domaine qui lui rappelait le pays natal; il témoigna seulement une légère satisfaction en apercevant à l'angle du vestibule une natte bordée d'une pile de coussins : c'était bien tentateur à l'heure ardente de la sieste ; le nabab devina la pensée de son hôte, et l'invita du geste à goûter les douceurs du sommeil de midi. L'Indien n'attendit pas une seconde invitation ; il nous fit un léger salut de la main, comme pour nous congédier poliment et nous dire :

— *A bientôt !*

— Pauvre homme ! me dit à voix basse le nabab en m'entraînant[1] dans les jardins, laissons-le dormir ; le sommeil est son seul bonheur.

Alors, je voulus savoir le nom ou l'histoire de ce *pauvre homme*, traité en prince, et je priai instamment le nabab de satisfaire une curiosité poussée à bout. Aussitôt un nom fut prononcé à mon oreille... un nom qui aurait fait tressaillir sur leurs piédestaux les statues de la pagode, si elles eussent été sculptées par les mains pieuses autant qu'habiles des artistes sectateurs de Siva.

L'histoire promise se rattache à ce nom ; il est temps de la commencer ; mais je dois encore reprendre les choses d'un peu haut, avant d'arriver au nom de 'Indien.

Louis IX et Louis XVI sont peut-être les seuls rois ui aient eu de l'imagination. Ils ont cru tous les deux e le monde ne finissait pas aux limites de la Méditeranée ; ils ont cru tous les deux que la France devait être ne métropole de colonies lointaines, et une missionaire de civilisation catholique. Tous les deux ont dédaié les petites conquêtes de clochers voisins et l'envahisement des fleuves limitrophes ; ils pensaient au Nil et u Gange et ne se doutaient pas de l'existence du Rhin t de l'Escaut. Les mesquines ambitions n'allaient point à leur génie aventureux ; une province de plus ou de moins reliée à la carte française leur paraissait une superfétation bourgeoise, lorsque la mappemonde leur montrait des jachères immenses, les grands fleuves coulant au grand soleil, et les déserts féconds, les régions splendides, ces zones lointaines qui attendaient la charrue de la France et la parole de Dieu.

Louis IX a eu le temps de mettre deux fois en action ses rêves divins et de déposer dans les sillons de l'Orient les semences françaises. Le même bonheur n'a pas été accordé à son petit-fils. Au moment où ce malheureux roi, dans son cabinet de Versailles, traçait l'itinéraire de Lapeyrouse, et, tirant du néant une marine française, rêvait les colonies de l'Inde, quelques stupides financiers vinrent lui dire que tout était perdu, parce qu'il y avait un déficit dans le trésor. Louis XVI, à cette nouvelle, laissa tomber son atlas, son compas, ses plans, tout l'avenir colonial de la France, et convoqua les états généraux et les avocats des bailliages pour combler le déficit. Un mot à jamais mémorable fut bientôt prononcé : *Périssent les colonies plutôt qu'un principe !* Faute de français en tout genre, qui n'a pas comblé le déficit, ne nous a pas fait gagner un principe, et nous a fait perdre l'Océan.

Mais en France, on est souvent exposé à de semblables aberrations, et avec des gens qui veulent parler même quand ils n'ont rien à dire, on doit s'attendre à tout.

Au moment où Louis XVI recevait une lettre indienne qui pouvait sauver la France et lui donner la royauté du globe, on jouait pour la première fois, à la Comédie

Française, une calomnie en cinq actes contre Marie-Antoinette, on jouait *le Mariage de Figaro*. C'était le 27 avril 1784 ! et pendant qu'une partie de la noblesse aveugle se sifflait elle-même dans la personne du comte Almaviva, une partie du peuple éclairé applaudissait, le même soir, l'héroïque bailli de Suffren, arrivant des Indes et paraissant en loge à l'Opéra, 27 avril 1784, date leine d'un double avenir ! Était-il clairvoyant, cet illustre géographe Louis XVI, lorsqu'il repoussait Beaumarchais et serrait les mains glorieuses du bailli de Suffren ? lorsqu'il trouvait que la conquête du *Mariage de igaro* ne valait pas la conquête de l'Inde ? Et par une e ces fatalités qui ont si souvent pesé sur notre pays, cette fois ce n'était point le roi qui était aveugle, c'était a France ; chacun à son tour est aveugle chez nous. La oblesse enlevait Figaro à la Comédie-Française, et couait l'applaudir tous les soirs à Chanteloup, chez M. de hoiseul.

Le roi invitait à ses veillées de Versailles le bailli e Suffren, et pendant que la cour et la ville se pâmaient e bonheur aux lazzis du barbier philosophe et aux alanteries adultères du page et de la comtesse, le roi de rance et le héros de l'Inde avaient de sublimes entretiens ur les colonisations océaniques et formaient des plans dmirables pour éteindre l'étoile anglaise de Cornwallis, i se levait à l'horizon de Ceylan ! Oh ! qu'ils ont été ien inspirés ces hommes d'État, ces financiers, ces ourtisans, ces philosophes, ces avocats de 1784 ! Ils nt envoyé Beaumarchais au Panthéon, Suffren en exil, ouis XVI à l'échafaud, l'Anglais dans l'Inde. Chacun reçu sa récompense après le 27 avril 1784. Le vaudeville de Figaro chantait ce pauvre quatrain mal rimé :

> Or, messieurs, la comédie
> Que l'on joue en ce moment,
> *Sauf erreur*, nous peint la vie
> Du bon peuple qui l'entend.

Sauf erreur est admirable ! Nous allons voir bientôt où va nous conduire cette petite *erreur* annoncée si modestement.

II

Le nom de ce malheureux étranger, de ce *pauvre homme*, était retentissant comme l'écroulement d'un empire ; c'était le nom du dernier fils de Typpoo-Saïb ! Malgré mon admiration profonde pour les grands noms et les grandes choses de l'antiquité romaine, les malheurs de Syphax et des rois numides, amenés à Rome en trophées vivants, disparurent devant l'infortune moderne du prince de Mysore. Il est assez difficile, d'ailleurs, de se laisser émouvoir par des catastrophes accomplies depuis deux mille ans, quel que soit l'intérêt classique qu'on porte aux vainqueurs ou aux vaincus ; mais on éprouve un long serrement de cœur en voyant passer la ruine vivante d'un empire, d'un noble empire comme ce Mysore, qui, par sa religion, sa poésie, son éloignement, ses mœurs, son peuple, a pour nous tout le charme mystérieux de la chose antique, dans son intérêt contemporain. Si on ajoute ensuite que ce prince indien endormi dans une fausse pagode de la Tamise, est le fils de l'héroïque Typpoo-Saïb, le fidèle ami de la France et la victime de cette noble amitié, on comprendra mieux encore toute la sympathie émouvante que dut exciter un tel nom dans l'âme d'un Français voyageur, très-partisan de l'Inde et des Indiens.

Même cette fois, mon patriotisme ne put s'élever jusqu'à la haine contre les vainqueurs du Mysore. Les histoires de Typpoo-Saïb et de Wellington me paraissent aussi anciennes que les victoires gauloises de Jules César, et mon orgueil national n'est pas plus humilié par les vieilles victoires anglaises que par les défaites de Brennus et de Vercingétorix. Toute rancune patriotique a une prescription. Un demi-siècle a dans mon souvenir la valeur numérique de deux mille ans. Camille, le vainqueur de Brennus, et lord Cornwallis, le vainqueur de Typpoo-Saïb, paraissent contemporains. Si tout le monde embrassait ce paradoxe, après nos quarante ans de paix européenne, il n'y aurait plus de guerre, et tout le monde s'en porterait mieux. La guerre n'est belle que dans le passé.

Cependant il ne faut pas tout mettre en oubli avec les haines et les rancunes ; nous avons là une histoire ensevelie dans la tombe, qu'il faut exhumer comme leçon perdue et comme salutaire avertissement pour l'avenir.

Nous nous assîmes le nabab et moi, à peu de distance du vestibule où dormait le fils du sultan de Mysore, et je dis à mon hôte :

— Vous êtes cent fois millionnaire, Monsieur ; vous possédez une habitation splendide ; vous avez la royauté de l'or; votre vie a été un bonheur continuel; eh bien! vous ne devineriez peut-être jamais à qui vous êtes redevable de tant de choses. C'est une comédie en cinq actes, jouée à Paris le 27 avril 1784, qui vous a fait nabab indien.

Le nabab, qui parle et comprend très-bien le français, retira de ses lèvres l'ambre de son *houka*, et me regarda avec des yeux étincelants de points d'interrogation.

— Oui, seigneur nabab, continuai-je; ceci va être clair pour vous.

Et je m'exprimai ensuite à peu près en ces termes :

— Le roi Louis XVI avait donné au bailli de Suffren l'ordre de rétablir dans l'Inde les affaires de France. Cet intrépide marin remplit sa mission; aidé du comte de Forbin, Provençal lui aussi, il attaque les Anglais devant le cap de Bonne-Epérance et l'île de Ceylan, remporte six victoires navales, protége les établissements de Cap-Town, prend Trinquemale, délivre Gondelour, répare à Pondichéry les désastres subis par le marquis de Bellecombe, et fonde l'avenir des comptoirs français au Malabar et au Coromandel. Ce que je vous dis là, seigneur nabab, ne doit point blesser votre fierté de marin; la galerie maritime de Greenwich est remplie de tableaux de vos victoires navales; laissez-nous le peu que nous avons par la grâce de Louis XVI, si bien récompensé le 21 janvier, comme *traître à la nation*.

« Dans notre ville de Paris, ville de toutes les vertus, de tous les vices, de tous les héroïsmes, de tous les crimes, le bailli de Suffren devait trouver, à son retour de l'Inde, un monde enthousiaste, tout prêt à l'accueillir de ses acclamations; son triomphe dura un soir et fut éclairé par le lustre de l'Opéra. Malheureusement, à la même heure, un autre triomphe éclatait au théâtre de la Comédie-Française. Le vainqueur de l'Inde avait un concurrent : c'était M. Caron de Beaumarchais, auteur du *Mariage de Figaro*. Dans cette comédie, on prouvait qu'en 1784 la noblesse, le clergé, la magistrature étaient avilis et que la vertu s'était réfugiée chez les soubrettes, et la noblesse chez les perruquiers. Ainsi, le bailli de Suffren, le comte d'Estaing, le comte de Grasse, le marquis de Bellecombe, le comte de Forbin, ces héros de l'océan Indien, en leur qualité de nobles, descendirent, le même soir, sous les pieds de l'encyclopédiste Figaro. Il est vrai que ce barbier avait dignement soutenu la concurrence ; il avait attaqué aussi et battu les Anglais dans une tirade de comédie ; il les avait poursuivis jusqu'au bout de l'Inde, avec un *goddam* grégeois ; il avait prouvé que GODDAM ÉTAIT LE FOND DE LA LANGUE ANGLAISE ; qu'on ne trouvait que *goddam* dans la langue de Pope, de Shakspeare et de Milton. Le parterre venait d'applaudir avec frénésie cette victoire de *goddam*. L'Angleterre ne devait pas s'en relever, et le bailli de Suffren allait être mis à la retraite et céder son banc de quart à l'amiral Beaumarchais.

» Si vous connaissiez notre ville de Paris comme vous connaissez Madras ou Ceylan, vous sauriez qu'il y a des moments, chez nous, de folie fiévreuse, d'engoûment universel, où 500,000 bouches disent la même chose, poussent le même cri, chantent le même nom. Au mois d'avril surtout, Paris éprouve le besoin de se ruer sur une comédie, sur un homme, sur un monde, sur une pyramide ou sur un zéro, pour se soulager de l'hiver dans un enthousiasme de printemps. Or, le 27 avril 1784, on avait joué le *Mariage de Figaro*, et Dieu même, descendant sur la terre, aurait passé incognito à Paris le lendemain et pendant six mois. Paris est ainsi fait. Le mot bohémien de *Figaro* était sur toutes les lèvres, noircissait toutes les affiches, décorait toutes les enseignes, tapissait tous les murs, coiffait tous les fronts. *Figaro*-ci, *Figaro*-là, Figaro partout. Un seul homme, le 25 avril, se levait en tenant une lettre qui n'était pas une lettre sur Figaro. Cet homme était le roi.

» Cette lettre avait été apportée à Versailles par le vaisseau *le Héros*, ce glorieux facteur de la poste indienne; elle était tombée de la proue du navire comme de la main d'un géant; le sultan de Mysore l'avait écrite à Louis XVI, le sultan des Français (1).

» Le monarque indien, plein d'estime et de vénération pour la France et son roi, et déjà menacé dans ses possessions, comme Hyder-Aly son père, appelait Louis XVI à son secours; il se plaçait sous sa protection puissante; il lui demandait des soldats, des ouvriers, des agriculteurs pour défendre et cultiver ces beaux pays placés entre le 12e et le 20e degré de latitude : Nellor, sur le fleuve de Pennar; Hyder-Abad, la ville des diamants; Seringapatnam, si voisine de Madras, la reine du golfe de Bengale; Cochin, Calicut, Trivanderum, et les opulentes pêcheries du cap Comorin. Le Mysore, si bien placé

(1) Cette lettre n'est pas la seule que le sultan de Mysore ait écrite à Louis XVI. Un grand artiste et un homme d'esprit, M. Herman-Léon, a le bonheur de posséder toute la collection des lettres du sultan de Mysore à Louis XVI; je les ai vues chez lui, rue de Latour-d'Auvergne, 37. L'histoire n'a jamais parlé de cela!

à la pointe de la presqu'île entre le golfe Arabique et le golfe de Bengale, pouvait ainsi devenir une province française, avoir des ports sur deux mers, comme Corinthe, surnommée *Bimaris*, et envahir progressivement, comme influence ou comme conquête, tout le vaste domaine indien.

» Le cœur patriote de Louis XVI palpita de joie en lisant cette lettre. Qui pouvait, mieux que ce grand prince, comprendre un plan si beau? N'était-ce pas lui, d'ailleurs, qui en avait préparé la réussite dans sa haute sagesse? N'avait-il pas envoyé Lapeyrouse et Lamanon parler de la France pacifique au Mysore, et le bailli de Suffren parler de la France militante au commodore Johnston?

» Pendant que Louis XVI relisait cette merveilleuse lettre, une foule de gentilshommes attendaient le petit lever à l'Œil-de-Bœuf. M. d'Entraigue avait la parole et il racontait l'étourdissante soirée de la veille, le triomphe de Figaro.

» Il y avait là un homme qui attendait aussi le lever du roi : c'était le bailli de Suffren. Personne ne prenait garde à lui. On ne parlait que du barbier et de Bridoison.

» Le marin provençal lança un regard de foudroyant dédain sur ces gentilshommes et leur dit :

— *Sa dé darnagas é d'arléris.*

— Pardon, Monsieur, lui dit d'Entraigue, veuillez bien nous expliquer votre hébreu.

» L'amiral leur tourna les épaules et n'expliqua rien. Au reste, il est impossible de donner dans une langue quelconque le sens vrai de cette phrase provençale; elle renferme en élixir toute l'ironie et le mépris que l'amiral avait dans son cœur : c'était une bordée de syllabes fulminantes tirée à brûle-pourpoint, de bâbord et de tribord.

» La porte des appartements royaux s'ouvrit; on entra chez Louis XVI.

» La figure du roi rayonnait de bonheur et de fierté; il ne lut pas la lettre, mais il annonça qu'il venait de recevoir d'excellentes nouvelles de l'Inde, et il serra la main de l'héroïque amiral. Les paroles du roi ne trouvèrent que des oreilles distraites. Si on ne parlait pas *Figaro*, personne n'écoutait.

» Le frère du roi, le comte de Provence, philosophe, poëte de quatrains et patron de *Figaro*, entra et mit tout à coup la conversation sur la comédie nouvelle, en s'exprimant avec les termes du plus vif enthousiasme. Les gentilshommes, encouragés par le prince encyclopédiste, redirent en chœur son feuilleton dramatique; on célébra les vertus de Suzanne; on railla le comte Almaviva, qui *refusait le nécessaire* à sa femme; on s'extasia sur la *cruche qui se remplit*; enfin, on battit les Anglais à plate couture avec le *goddam* qui est le fond de leur langue. L'enthousiasme ne garda point de mesure; les premières effluves du printemps échauffaient toutes les têtes; le soleil d'avril changeait en or le cuivre des tritons, des dieux et des déesses mythologiques de Versailles et de Trianon; le déficit de M. de Calonne était comblé.

» Louis XVI présentait le bailli de Suffren à son frère, le comte de Provence, et aux sommités de sa cour; on leur répondit : *Sait-on gré du superflu à qui nous prive du nécessaire ?* ou bien : *De vingt rois que l'on encense le trépas brise l'autel, mais Voltaire est immortel !* ou encore : *Tout est mordu, hors l'amant qui l'a vendu.* Le bailli de Suffren, qui avait vu les mille variétés des fakirs et des jongleurs de l'Inde, qui avait livré six batailles navales, labouré toutes les mers, rencontré des sauvages de mille nuances, visité les Lapons nains et les Patagons géants, côtoyé tous les ouragans, et qui, certes, avait acquis le droit, comme lord Bolingbroke, *de ne s'étonner de rien*, était foudroyé de surprise par le délire de cette cour et l'épidémie de Figaro. Le noble amiral n'avait jamais rien vu de pareil sur les quatre coins de la mappemonde; il regardait le roi avec des yeux tristes, et le roi regardait la lettre du Mysore, et versait intérieurement toutes les larmes de son cœur.

» Et que devenaient les finances au milieu de cet étourdissement général ? Le mot de Trivulce se trouvait plus que jamais de circonstance; il fallait trois fois de l'argent pour envoyer Suffren au Mysore, et le déficit de 27 millions s'élargissait chaque jour! et personne ne songeait à le combler. Il s'agissait bien de si peu de chose ! On avait *Figaro! la profession de foi du vicaire savoyard, l'Épitre à Uranie, Candide, la Pucelle, le Contrat social.* Avec ces distractions, on bravait les menaces du déficit.

» A Paris, on se sert souvent de l'enthousiasme comme d'un moyen ingénieux et froid pour jouer un mauvais tour à quelque gloire voisine trop éclatante. Il y a souvent beaucoup d'adresse dans ce débordement d'admiration qui éclate chez des hommes dont le naturel jaloux et railleur à perpétuité semble exclure tous les nobles sentiments du cœur. Pour ceux-là, Figaro arrivait très à propos à Versailles le 27 avril; il dispensait de donner un coup d'œil au bailli de Suffren. On ne peut admirer deux grands hommes à la fois; tant pis pour le dernier venu, n'aurait-il sur l'autre que deux heures de retard. Il ne faut pas croire pourtant que le héros de l'Inde n'a rencontré aucune sympathie à la ville et à la cour; ce serait trop calomnier le Paris de 1784; bien des cœurs nobles et roturiers s'émurent du retour glorieux de l'amiral; bien des mains blanches et calleuses applaudirent le grand homme; mais ces ovations restèrent en minorité imperceptible au milieu du tourbillon d'enthousiasme qui emportait aux nues *le nom brillant de Figaro*. Les gazettes du temps consacrèrent à peine un quatrain à l'amiral, et furent inondées de prose et de poésie en l'honneur du barbier espagnol; rien ne lui manqua, pas même ces critiques et ces injures qui centuplent le succès lorsqu'elles arrivent, comme le cri de l'esclave, après le char du triomphateur. Comment songer alors aux Indes, aux colonisations, au Mysore? La révolution de 1789 commençait en 1784; il fallait déjà attaquer le trône et non la côte du Malabar; on chantait partout d'une voix fausse, mais menaçante, à l'oreille du roi, ces vers de Figaro :

> De vingt rois que l'on encense,
> Le trépas brise l'autel ;
> Et Voltaire est immortel !

» C'était le premier coup de canon tiré contre la Bastille ; c'était la philosophie de Voltaire et de Rousseau mise en comédie et en chanson pour l'intelligence de ceux qui ne savaient pas lire, et ils étaient nombreux en ce temps-là. Voltaire recevait son brevet public d'immortalité, non pas pour avoir écrit des chefs-d'œuvre de grâce et de style, mais pour avoir créé *Candide*, cette insulte à la dignité de l'homme, et *la Pucelle*, cette insulte à l'héroïsme d'une sainte. Quant aux rois, on avait admis désormais *que le trépas brisait leurs autels;* Louis XVI était averti : on attendait son trépas. Quant à la noblesse, il était reconnu qu'elle se *donnait la peine de naître,* voilà tout, et qu'après, elle n'était bonne qu'à séduire des soubrettes ; quant aux prêtres, il était prouvé que *notre crédulité faisait toute la science* de Bossuet, de Fléchier et de Massillon ; quant aux femmes, il était publié par toutes les bouches *que leurs instincts d'animaux les obligeaient à tromper;* enfin, quant à Dieu, il était démontré, selon Uranie, qu'à Jérusalem, Jésus-Christ avait exercé le VIL *métier d'ouvrier, et qu'il avait perdu ses beaux jours dans ce* LACHE *exercice.* Tous ces décrets, faciles à la mémoire, étaient popularisés par Figaro sur les ruines des autels des rois.

» Avec ces maximes courant les rues, essayez de combler un déficit, de conquérir les Indes et de reconstituer une société ! Que pouvait-il faire, Louis XVI, contre cette opposition organisée par les princes, la cour et la ville? Il était seul contre tous ! l'histoire s'est montrée bien injuste envers ce grand roi; son nom a toujours été précédé de l'épithète *faible* ; chaque historien a copié son devancier. La *faiblesse* de Louis XVI est passée en proverbe. L'histoire réfléchit rarement ; elle imite. Oui, il était faible ce roi qui a créé une marine formidable ; qui a mis en mers six amiraux de génie ; qui a soulevé l'Amérique ; qui a ouvert un chemin dans les airs avec Montgolfier ; qui a donné la solitude à la Bastille ; qui a aboli les lettres de cachet et la torture ; qui a rendu la vie au peuple avec Parmentier ; qui a découvert le grand chemin du monde avec Lapeyrouse ; qui a reconquis l'Inde

6.

avec de Suffren ; qui a dominé de sa voix la voix des tambours, le 21 janvier, seul ferme et tranquille, lorsque tout le monde, sur la place Louis XV, tremblait de froid et de peur ! Oui, ce roi était *faible*, l'histoire n'en démordra pas. Il n'était pas faible : il était seul !

» Quatorze ans plus tard, un jeune homme, le seul qui eût compris Louis XVI, regarda les Indes et écouta le cri de détresse de Typpoo-Saïb.

» Ce jeune homme était le même qui, officier à vingt-deux ans, assistait, dans le jardin des Tuileries, aux terribles scènes du 20 juin, et s'écriait, la main sur son épée : *Donnez-moi douze cents hommes et je délivre ce malheureux roi !* Il se nommait Bonaparte.

» En le voyant partir pour l'Egypte avec une armée, on ne se doutait pas qu'il marchait vers l'Inde, au secours de Typpoo-Saïb. Le souffle de Louis IX et de Louis XVI poussait Bonaparte en Orient, en lui annonçant une nouvelle terre promise. Ce héros avait l'âge d'Alexandre, lorsque lui partit aussi pour conquérir l'Inde. L'Egypte, ce vestibule de l'Inde, tressaillit encore sous les pieds de la France, et reconnut aux Pyramides les soldats de Mansourah et de Damiette, les fils des croisés de Louis IX. Mais Bonaparte ne venait pas pour prendre Alexandrie et battre Mourad-Bey : l'étoile des mages l'appelait en Syrie : il traversa le désert, prit Jaffa, et vint forcer la porte de l'Inde, nommée Ptolémaïs. En le voyant sur le chemin du golfe d'Ormus, l'Angleterre s'émut ; son commodore Sidney-Smith arriva dans les eaux de Saint-Jean-d'Acre avec ses vaisseaux, *Tiger* et *Thesœus*. Ce fut un moment sublime. Les peuples de l'Inde, les héroïques corsaires français, les rois du Penjaub et du Mysore, les colons de

Dupleix, les flibustiers des îles de la Sonde, les missionnaires intrépides, disciples de François-Xavier, toute la jeune France du Bengale prêta l'oreille au canon de Ptolémaïs, et attendit, l'épée ou la croix à la main, ce jeune Bonaparte que Dieu même venait de sacrer sous le Mont-Thabor avec l'eau du Jourdain. Une bataille de soixante jours et soixante assauts n'avaient cependant pas encore détruit la porte indienne de Saint-Jean-d'Acre; Bonaparte, désignant la *tour maudite*, criait cette parole sublime et mystérieuse : *Mes amis, le sort du monde est dans cette tour !* et tous les héros de son épopée, Murat, Marmont, Dufalga, Bon, Davoust, Lannes, Regnier, Kléber, Beauharnais, géants du Tasse, ressuscités sous d'autres noms, se précipitaient sur les murailles, et trouvaient devant la brèche une main invisible qui les arrêtait, comme une écluse d'airain. Un seul, qui semblait avoir des ailes, ou que le génie des batailles emportait sur les siennes, l'indomptable Murat s'élança par la crevasse d'une brèche, courut sur les cadavres comme sur des épis fauchés, traversa Ptolémaïs au vol, entraînant après lui tout un peuple de barbares, et arrivé sur le môle, il se jeta dans une barque, et passant sous le feu de l'artillerie anglaise, il reparut devant Bonaparte avec son damas rouge de sang, ses cheveux brûlés par la poudre, son brillant uniforme dévasté par une bataille qu'il avait livrée seul contre toute une ville, comme Alexandre à Oxidraka, sur la même route de l'océan Indien.

» *Le sort du monde était dans cette tour*, dit Bonaparte, une dernière fois, et il ramena ses soldats décimés par la peste et convalescents, du rivage de Saint-Jean-d'Acre au rivage et à la victoire d'Aboukir.

» *Le principe, les colonies* et Typpoo-Saïb périrent ensemble ; et pendant que nous parlions beaucoup, selon notre usage en France, les Anglais agissaient beaucoup selon leur usage aussi : nos avocats construisaient des discours, leurs marins construisaient des vaisseaux ; nous eûmes le Directoire et le conseil des Cinq-Cents ; ils eurent le Mysore et la compagnie des Indes. En 1800, tout était consommé. »

Et ce jour-là nous prolongeâmes longtemps encore notre entretien chez le nabab Edmond, pour attendre le réveil du prince de Mysore. Au milieu de tant de souvenirs évoqués par un nom, la présence du fils de Typpoo-Saïb avait quelque chose de surnaturel. Nous avons tous vu cette belle gravure qui représente la famille de Typpoo-Saïb livrée au pouvoir de lord Cornwallis après la conquête du Mysore; c'est lamentable comme le spectacle de la famille de Darius aux genoux d'Alexandre, et grâce aux costumes, aux paysages et aux teintes jaunâtres des deux gravures, on croirait que ces deux catastrophes appartiennent à la même antiquité. Aussi, lorsque le fils de Typpoo-Saïb se leva sur sa natte et s'avança vers nous avec son costume oriental, mon cœur battit aussi fort que si le fils de Darius se fût présenté à moi. Le prince échangea quelques paroles avec le nabab, et marcha d'un pas assuré vers l'embarcadère de la Tamise, où le fly était amarré. Un sourire et un geste lent furent son adieu : il s'embarqua et partit. Je suivis longtemps du regard cette petite barque à vapeur ramenant à Londres, le 2 juillet 1838, un prince indien, fils de cet héroïque Typpoo-Saïb qui avait voulu donner l'empire des Indes à Louis XVI et à Napoléon.

Ce pauvre prince est mort peu de temps après à Londres ; je bénis le hasard qui me l'a montré, une seule fois, et dans un paysage indien.

III

L'hôpital de Greenwich est posé comme un décor de théâtre sur la rive gauche ou droite de la Tamise, car, avec ma théorie sur cette fausse rivière, la rive droite serait la gauche, puisque la Tamise coule de l'Océan à Richmond.

Le nabab Edmond me conduisait, le lendemain, sur son yacht, à Greenwich ; il était bien aise de connaître cette galerie maritime dont je lui avais parlé. Je m'estimais heureux d'être le cicérone d'un Anglais en Angleterre. Au reste, peu de gens connaissent bien les petits détails curieux du pays où ils sont nés. Que de Parisiens sont morts sans avoir vu l'admirable musée de M. Lenoir, aux Petits-Augustins, et le musée d'Artillerie, et la chapelle expiatoire de la rue d'Anjou, et les Catacombes, et les souterrains du Panthéon ! Il y a même, à coup sûr, au Marais, des rentiers paisibles qui ne connaissent pas le Palais-Royal. La cour du Louvre est regardée comme un passage et une économie de temps pour aller de la rue du Coq-Saint-Honoré au faubourg Saint-Germain ; aussi plusieurs industriels ou propriétaires de la rue Croix-des-Petits-Champs sont morts, affirme-t-on, sans avoir vu la colonnade du Louvre et la façade de Saint-Germain-l'Auxerrois.

On ne sera donc point étonné si le nabab Edmond ne

connaissait pas le musée maritime de Greenwich. Cette ignorance me rendit un grand service, car il me fut permis de voir, ce jour-là, bien des choses nouvelles pour moi, grâce au nom et au crédit de ce puissant nabab, soldat indien du colonel marquis de Wellesley, depuis duc de Wellington.

Le yacht du nabab est un fin voilier; il a remporté le prix de la *coupe de la reine, queen's-cup*, à Plymouth, en 1838. De vrais matelots et un vrai *post-captain* font le service du bord et sont payés sur le budget de la marine du nabab. Je trouve admirable cette idée des millionnaires anglais d'avoir à leurs gages un petit vaisseau monté par des marins sérieux; il y a au fond de cette idée, en apparence futile, un but national. Le nombre de marins et d'officiers ainsi employés à cette bourgeoise marine de promenade est très-considérable; survienne une guerre, et tous ces marins d'agrément passent tout de suite, du service des millionnaires, au service de sa Majesté. Nous avons des tilburys, nous.

Nous arrivâmes à Greenwich en très-peu de temps, comme si la voile eût été la vapeur.

N'ayant jamais l'intention de décrire et de mesurer les monuments que cent voyageurs ont décrits et mesurés la toise à la main, je ne dirai rien ici des pierres sombres et des colonnes noires qui composent matériellement l'hôpital de la marine anglaise. J'aime mieux notre édifice des Invalides, cette immense tente de granit suspendue au ciel par la croix de sa coupole avec son inscription sublime écrite de la main de Louis XIV : *Militibus in æternum providens has ædes posuit!* Au reste, il n'y a que très-peu de marins anglais à l'hôtel des Invalides de

Greenwich ; en général, on n'y parle qu'allemand; j'y ai vu aussi des Espagnols et des Italiens. Ceux-là ne doivent pas être à leur aise dans l'atmosphère de Greenwich; l'hiver y dure un peu moins d'un an chaque année; le soleil a toujours le tort d'y être absent.

L'Angleterre est un pays qui étonne ou fait sourire; on la traverse en y semant les points d'admiration et les pointes d'épigramme; le géant s'y déguise souvent en nain. Après une exhibition de tableaux de peintres anglais à la galerie nationale de *Charing-Cross*, une des plus amusantes choses qu'on puisse voir est le musée maritime de Greenwich. Les Anglais sont si justement jaloux de leurs admirables gravures, qu'ils n'ont pas permis à leurs peintres d'être coloristes et dessinateurs. En 1838, Cimabuë n'était pas encore arrivé en Angleterre. J'éprouvais donc quelque embarras en montrant les tableaux des victoires anglaises au nabab Edmond. Heureusement pour moi le nabab n'avait pas eu le temps, dans ses voyages, de se faire connaisseur, et il me croyait toujours sur parole quand je lui désignais une toile avec un geste et une formule d'admiration. Ce geste et cette formule se ressemblaient toujours, parce que les tableaux de ce musée se rassemblent tous. Quelquefois je faisais admirer les cadres, qui sont très-beaux, il est vrai, presque tous brodés en point d'Angleterre. Il serait même facile de faire de cette galerie le musée le plus curieux de l'Europe si on en supprimait toutes les toiles en y laissant tous les cadres seulement. A chaque pas je joignais les mains, et je m'écriais à l'oreille du nabab :

— Mon Dieu ! quel beau cadre ! Et le nabab, dans sa juste fierté nationale, s'écriait après moi.

— *Indeed! what splendid masterpeace!* Et il joignait les mains aussi.

Les toiles représentaient invariablement les mêmes choses. On lisait au bas : *Victoire du vaisseau le..... sur le vaisseau le.....* Voici comment le peintre a traité ce sujet historique : il a pris du bleu et en a barbouillé toute la toile avec une grande prodigalité d'artiste; puis, sur cette couche de bleu qui prétend être l'Océan, il a semé, à l'infini, d'adroites éclaboussures de rouge criard qui représente les effets de l'artillerie, et plaqué d'énormes tourbillons d'un gris vert qui figurent la fumée des canons. Les vaisseaux restent toujours invisibles; à quoi bon les montrer d'ailleurs, puisque leurs noms sont inscrits sur le cadre? et si on les montrait, on ferait une faute énorme de perspective. Un artiste chargé de peindre le combat de deux vaisseaux est obligé de se mettre au point de vue de la nature. Si vous vous placez sur un rivage quelconque ou sur la cime d'une vague pour assister au combat de deux vaisseaux, vous croyez ingénument voir ce combat; vous ne voyez rien du tout. Une épaisse fumée couvre les deux navires de leurs quilles à la cime de leurs mâts; s'il n'y avait pas cette fumée, ce serait preuve que les navires ne se battraient pas, et alors à quoi bon les peindre? Tant qu'ils se battent, ils sont invisibles. Voilà ce que comprennent admirablement les peintres anglais de Greenwich. Nos artistes, et Gudin surtout, ont commis une grande faute en s'écartant de ce principe; quand ils peignent deux vaisseaux en train de se canonner à brûle-pourpoint, on voit très-bien les vaisseaux! Grâce au système anglais, on a pu confier la peinture de cet immense musée de Greenwich à plus de mille peintres,

Où trouverait-on en France, mille peintres de marines ? En général, ce sont, m'a-t-on dit, des marins allemands, tirés au sort, qui ont mis du bleu, du gris et du rouge sur ces toiles ; on a voulu faire gagner quelques salaires à ces pauvres marins, et on a bien fait. Il résulte peut-être un peu de monotonie dans l'ensemble de ce grand travail de peintures maritimes, mais la ciselure et l'ornementation des cadres sont variées à l'infini. Jamais le néant, gris ou bleu, n'a été mieux encadré.

Le nabab m'accabla de *thousand thanks* pour lui avoir montré cette magnifique collection de cadres dorés. Mais le point d'admiration n'était pas loin !

Ici le cadre était modeste ; c'est une vitre vulgaire, placée à l'extrémité de la galerie, et qui couvre l'uniforme que portait Nelson à Trafalgar. Une balle, partie des huniers du capitaine Lucas, a troué cet uniforme au moment où *le Victory* coupait la ligne française dans les eaux du *Bucentaure*. Les yeux se baignent de larmes devant la relique du glorieux amiral.

J'avais sur moi un autographe de Nelson, don précieux reçu d'une noble main ; c'est une lettre très-longue, écrite de la main gauche, car la droite avait été coupée par un boulet français. Je trouvais une véritable émotion à lire cette lettre dans un pareil endroit ; elle est fort curieuse, elle est inédite et en écrivant ces lignes, je viens de la rouvrir pour en donner mieux le sens.

Nelson venait d'être nommé duc de Bronte, pour les services rendus en Sicile ; il paraît que cette dignité lui donna de vifs chagrins, car il a écrit la lettre devenue ma propriété à son ami et homme d'affaires, M. Noble, pour lui faire confidence de ses ennuis secrets. On ne devinerait jamais quelle sorte d'ennui tourmentait ce grand homme en 1804, un an avant sa mort, à l'apogée de sa gloire et au moment même où la reconnaissance royale illustrait son nom de duc de Bronte. O misères de hautes existences! Nelson se voyait ruiné par ce titre; il lui fallait dépenser des sommes énormes pour faire honneur à son duché *in partibus*, et il regrettait le temps où il n'était que Nelson tout court, ce qui était plus économique. Comme toutes les lettres où il est question d'argent, celle-ci a un côté nébuleux, mais facile à éclaircir; on y voit percer le projet d'un emprunt à la caisse de ce cher ami Noble, *dear friend Noble*, répété trois fois, emprunt destiné à subvenir aux dépenses fabuleuses imposées au duc de Bronte. Après avoir gémi quatre pages sur cette infortune, l'illustre amiral signe *Nelson, duc de Bronte*, comme si cela ne lui coûtait rien.

Cette page manquait à l'histoire de Nelson; j'ai cru pouvoir l'insérer ici, parce qu'elle n'ôte pas un fleuron à une glorieuse couronne, et qu'elle est une page de philosophie ajoutée au chapitre des faiblesses héroïques. Soyez roi de l'Océan, et vous serez tourmenté par des comptes de ménage et des chiffres bourgeois, comme un brasseur menacé de faillite! Cette lettre m'a fait souvent penser à l'amiral Caïus Duilius. Avec mon système expliqué plus haut, ces deux illustres amiraux, Caïus Duilius et Nelson me paraissent contemporains. En ma qualité de Français-Africain, je ne me sens pas plus humilié par les victoires remportées par Duilius sur les Africains, mes aïeux, que par la bataille de Trafalgar. Tout cela est de l'antique au même degré. Aussi je puis parler de tous deux, sans haine et sans passion.

Je n'ai point d'autographe de Caïus Duilius, mais je suis certain qu'il a écrit, dans la même occasion, une lettre à son ami Caïus Salinator, pour se plaindre de quelque chose après sa victoire sur les Africains. Les grands hommes se plaignent toujours ; cela console les petits.

La république romaine ne pouvait pas nommer Caïus Duilius duc de Barca, ce n'était pas l'usage deux cent soixante-quatre ans avant Jésus-Christ ; toutefois, comme il fallait un genre exceptionnel de récompense pour glorifier les services de Duilius, le sénat décréta qu'on lui élèverait une colonne rostrale. Jusque-là tout allait bien. Duilius ne pouvait pas se plaindre ; il ne payait pas les frais de cette colonne ; on la construisait *ære publico*. Que de fois je me suis arrêté dans le vestibule du palais des conservateurs, au Capitole, pour admirer la colonne rostrale de Duilius ! Deux mille ans l'ont épargnée, avec une intelligence que les siècles n'ont pas toujours. C'est l'éternelle glorification des services rendus par la marine antique ; elle prouve que les Romains comprenaient admirablement que le triomphe de la marine est lié au triomphe de la colonisation.

Mais le sénat ne se contenta point de la colonne rostrale ; il décréta que Caïus Duilius serait toujours accompagné, après le coucher du soleil, par un porte-flambeau et un joueur de flûte, aux frais de l'Etat.

Cette récompense avait tout le caractère d'une vexation ; mais il fallut bien se résigner à ce luxe de faveurs promulgué par le sénat. Caïus Duilius eut beau dire qu'il se contentait de la colonne rostrale, on lui répondit que cette récompense ne suffisait pas à la gratitude de Rome, et il fut condamné à se promener toutes les nuits, jusqu'à la fin de ses jours, entre un joueur de flûte et un porte-flambeau, ce qui devenait intolérable. Sans doute l'amiral Duilius a dû faire souvent des offres à ses deux éternels compagnons pour les engager à rentrer chez eux; mais ceux-ci demeurèrent incorruptibles et acharnés sur tous les pas nocturnes du vainqueur des Carthaginois. C'est alors que Duilius a probablement écrit à son ami Salinator une lettre lamentable, et il en avait, en effet, de justes motifs. Si le roi d'Angleterre eût accordé la même récompense à Nelson, je comprendrais mieux les plaintes du duc de Bronte. Heureusement ces récompenses navales ne sont plus dans nos mœurs, quoique nous ayons aujourd'hui Dorus et Tulou; ces deux flûtistes ont manqué à Duilius : les siens devaient être irritants, je les entends d'ici.

La plume qui écrit un voyage sort souvent des *rails* et se fait vagabonde, surtout dans le pays de Sterne, ce père des digressions anglaises; or, en quittant Caïus Duilius, je retombai sur ma lettre autographe de Nelson et je la montrai au nabab, qui la lut et fit après cette simple réflexion : *Elle est fort longue!* Je compris la pensée du nabab, car il venait de lire la sublime phrase qui fut lancée à la flotte anglaise du haut de la *Victory*, le matin de Trafalgar : *England expects every man to do his duty!* Angleterre attend chaque homme faire son devoir. Heureuse langue qui a eu le bon sens de prendre au latin la suppression des articles et la règle du *que retranché!* Le premier grammairien français nous a légué bien des broussailles, avec son ignorance du latin. Résignons-nous!

Oui, cet amiral qui écrivait des lettres si longues, écrivait des proclamations si courtes, et il n'avait pas tort, du moins quant aux dernières. Un usage antique veut que tout général harangue ses soldats avant une bataille : avec le secours moderne de l'imprimerie, je comprends qu'un général puisse faire distribuer un grand nombre d'exemplaires de son discours, mais je n'ai jamais pu m'expliquer comment les consuls romains faisaient entendre à cent mille hommes les harangues interminables citées par Tite-Live et autres historiens plus suspects. Voici le commencement de toutes les batailles antérieures à l'imprimerie : le général range son armée en ordre de combat, sur trois lignes de profondeur ; il place la cavalerie aux ailes et distribue partout les soldats armés à la légère ; cela fait, il monte à cheval, et s'adressant à ses soldats, il leur parle ainsi... Le discours dure une demi-heure, et toute l'armée l'accueille par un cri unanime d'approbation. Je pourrais citer vingt exemples de ces longs discours entendus par cent mille soldats sur une surface de plusieurs lieues ; deux me reviennent en mémoire comme preuves : celui que prononce Quintus Fabius, par la bouche de Tite-Live, dans la guerre des Samnites, et celui de Marcius, chevalier romain, après la mort de Publius et Cnéius Scipion en Espagne. Si la loi du progrès eût été appliquée à ces harangues militaires, nos généraux modernes seraient aujourd'hui obligés de parler un volume à leurs soldats un jour de bataille. L'inverse est arrivé. Nelson, avec huit mots bien choisis, a effacé toutes les harangues militaires de Tite-Live. Ce discours d'une phrase est le chef-d'œuvre de l'éloquence ; jamais le délayage oratoire n'a dit plus de choses émouvantes que cette admirable concision. Le marin qui écoutait cette parole tombée des airs la comprenait et la retenait tout de suite, sans un grand effort d'intelligence et de mémoire : il lui suffisait, pour bien agir, de ces deux grands noms : *Angleterre* et *devoir*, qui retentissaient sur l'Océan aux premières brises du matin.

L'amiral Nelson avait une qualité qu'on ne saurait trop apprécier chez un homme de guerre : il détestait cordialement les Français. Une haine profonde est la seule chose qui puisse servir d'excuse aux horreurs de la bataille. Rien n'est odieux à voir comme un homme qui en cherche un autre pour le tuer sans le haïr nationalement. Le duel poli, souriant, affable, est une plaisanterie de l'enfer. Deux armées qui se rencontrent, sans se connaître, sans se haïr, sans se comprendre, et qui se tirent des coups de canon pour tuer le temps, font le plus exécrable des métiers. Aujourd'hui surtout, après quarante ans de paix, quand toutes les races européennes se sont croisées, quand les relations commerciales ont établi les relations domestiques, quand chaque peuple trouve partout des alliés, des amis et des parents, toute guerre européenne serait une guerre civile. Le neveu même de Nelson a épousé une Française; et si Nelson vivait, il aurait peut-être donné à lady Hamilton une rivale chez une héritière de la Chaussée d'Antin. A son époque, en 1804, ce grand homme subissait, comme le moindre des cockneys, les préjugés en vogue, il avait foi en Pitt et Cobourg; il écumait de rage en voyant un drapeau tricolore; il croyait que nous mangions des grenouilles et que nous étions tous des maîtres de danse et un peuple de Vestris. S'il vivait aujourd'hui, il aurait son pied-à-terre à Paris; il chevaucherait aux Champs-Elysées; il se montrerait en loge à l'Opéra; il flânerait au boulevard; il danserait aux bals des Tuileries, et ne perdrait ni son œil gauche, ni son bras droit, dans l'intolérable charivari d'une canonnade engagée avec les Français.

Nous sortîmes du musée des cadres maritimes de Greenwich pour faire une visite à quelques vieux pensionnaires, soldats antiques des guerres de l'Inde : le nabab les connaissait tous, et en serrant les mains de ces camarades du Mysore, il me disait leurs noms et leurs exploits.

Ces vétérans, boucanés par l'écume de la mer, avaient encore toutes les allures de la jeunesse, et la vie, emprisonnée dans leur épiderme de métal, paraissait disposée à lutter un siècle de plus contre la mort. Celui-ci, me disait le nabab, a été blessé à l'embouchure de la rivière de Caveri; celui-là est sorti seul vivant d'une embuscade de Taugs, dans le Carnatic; cet autre a enfoncé à coups de hache la porte d'Hyder-Abad; en voici un qui a délivré une veuve du bûcher pour gagner un pari. Moi, je regardais avec stupéfaction ces Ajax de l'Iliade indienne, et je leur offrais des cigares d'un schelling, et j'étais joyeux de voir fumer à mes frais des héros d'Homère, des guerriers du *Ramaïana*, des soldats du géant Adamastor! Tous ces hommes fabuleux parlaient la langue des siècles héroïques; ils donnaient un démenti aux dates de l'ère moderne ils prononçaient des noms harmonieux comme les flots du Bengale : on aurait cru entendre les soldats épiques de Ceylan, après la grande bataille livrée pour la belle Sita sur la pointe du Coromandel.

Nous nous entretînmes longtemps, le nabab et moi, de ces vétérans de l'Inde, en dînant à l'hôtel de *Sceptre and Crown*, sur la rive de Greenwich. Quand la nuit fut venue, le nabab me proposa encore d'user de son crédit pour me faire visiter l'observatoire. Voir l'observatoire de Greenwich avait toujours été un des rêves de ma vie. Je voulais admirer de près cette pompeuse sinécure de l'astronomie britannique, cet œil de Cyclope aveugle regardant l'éternel brouillard anglais. Nous traversâmes un parc délicieux, habitable l'été, c'est-à-dire trois semaines; nous gravîmes une allée toute semée d'herbes de velours, et sur le sommet de la colline, la porte de l'observatoire s'ouvrit à la voix du nabab. Le directeur était absent; c'est ce qu'il a de mieux à faire; les étoiles n'y perdent rien; elles sont toujours absentes aussi, et vraiment elles ont tort, car elles perdent une superbe occasion d'être lorgnées par les plus beaux télescopes qui soient au monde. Cette merveilleuse artillerie de William Herschell, braquée contre le ciel pour faire une brèche dans les arcanes de Dieu, me paraît fort déplacée sur les affûts de Greenwich; toutes ces énormes lentilles, si bien combinées dans leurs tubes pour saisir une planète au vol et fouiller ses taches mystérieuses, ne ramènent à l'œil investigateur que des flocons de brouillard. La plus belle nuit du milieu de l'été, *midsummer*, la nuit de Titania et d'Oberon, la nuit des constellations radieuses a pu se révéler peut-être à Shakspeare sur la montagne qui domine l'Oxfordshire; mais elle n'illuminera jamais le ciel de Londres, ciel plat qui ajoute à sa croûte naturelle de brume le brouillard industriel du charbon et de la vapeur. On dit pourtant que l'observatoire de Greenwich a découvert quelques planètes microscopiques : tout est possible au génie anglais; mais je crois que ces planètes ont été découvertes par quelque astronome modeste de Malte ou de Corfou, qui en a fait les honneurs, par patriotisme, à la métropole. Il serait d'ailleurs à souhaiter que Greenwich pût y voir clair une belle nuit, car je me méfie beaucoup du zèle des savants endormis au cap de Bonne-Espérance; ils sont trop éloignés du contrôle de Londres, et le vin de Constance est trop près de leur observatoire colonial. Avec ses merveilleux instruments et des nuits propices, Greenwich ferait avancer la science astronomique d'un pas décisif. Dieu a écrit ce livre céleste en lettres d'or pour être lu, et non pour être arpenté avec des chiffres. Nous voilà bien avancé quand on nous apprend la découverte d'une planète nouvelle, ou bien même lorsqu'un astronome, commissaire-priseur, nous fait avec des chiffres l'inventaire des richesses de l'infini! Notre imagination découvrira toujours bien plus de planètes et d'invisibles voies lactées, que les télescopes n'en verront à la première surface de l'horizon supérieur. A coup sûr, il y a là-haut un secret, un secret accessible à la science acharnée, un secret planétaire qui fera tressaillir de joie notre terre le jour où une lentille miraculeusement réussie le surprendra dans un coin du ciel.

En quarante ans de paix, si la France, l'Allemagne, la Russie et l'Angleterre eussent employé à créer des observatoires et à payer des télescopes les millions qu'elles ont consacrés à fondre des canons inutiles, nous saurions aujourd'hui ce que nos derniers neveux sauront de l'histoire du ciel, la seule histoire digne d'intérêt. En attendant, on s'amuse avec des frivolités astronomiques; il nous faut des planètes pour hochets; l'autre nuit, dit-on, M. Hink en a découvert une toute petite; les savants de Londres lui ont cherché un nom de baptême; après beaucoup de tâtonnements, on l'a nommée *Thalie*. Son parrain a été certes bien ingénieux. On nommera la suivante *Melpomène*, sans doute. Voilà des œuvres de Dieu traitées par ces chrétiens comme des filles de Jupiter, en 1851. L'astronome Denis l'Aréopagite n'aurait pas mieux fait, lui qui florissait sous Tibère, et qui ne connaissait pas le verset du Psalmiste : *Cœli enarrant gloriam Dei*. Lord Ellenborough, ce grand homme, a été destitué injustement *comme païen* en 1843, par les méthodistes de la compagnie des Indes; l'astronome, pensionnaire de la reine qui vient de nommer une planète *Thalie*, mérite au moins la même punition.

Nous employâmes trois heures de la nuit à examiner les télescopes de l'observatoire de Greenwich. Par intervalle nous regardions la place où est le ciel pour y surprendre une pointe d'étoile. Rien ne scintilla dans la brume. Le directeur continuait d'avoir raison, quoique absent.

IV

Le lendemain, à cinq heures, un fantôme déguisé en lune se leva vers l'est, à la place où se lève le soleil du midi ; un brouillard diaphane, un brouillard d'été tamisa les rayons de l'astre, et nous donna un jour d'un violet clair, assez semblable à celui que Virgile décrit dans les Champs-Élyséens. A travers cette gaze crépusculaire, on aurait cru voir un soleil enrhumé. Mon compagnon le nabab découvrit une pensée railleuse au fond de mon silence, et me dit :

— Oui, il doit vous paraître bien étonnant de voir un Anglo-Indien comme moi, habitué comme moi à un soleil véritable, et venant réchauffer sa vieillesse aux rayons glacés du nord. C'est une question de tombe, voilà tout. Le soleil indien me donnerait peut-être quelques années de plus ; mais les dernières années de vieillesse n'allongent pas la vie ; que faire d'un temps qu'on ne peut employer à rien? J'ai en horreur les cimetières de l'Inde ; ils sont trop souvent ravagés par les animaux ou les hommes. Les morts y dorment en sursaut. Vous connaissez sans doute la nécropolis de Liverpool, dans la haute ville, au sommet de *Copperas-Hill;* c'est là que mon père et ma mère ont leur tombe. Je ne veux pas me séparer d'eux.

Nous traversions en ce moment la Tamise une seconde fois pour débarquer à Woolwich, qui est le plus proche voisin de Greenwich ; l'arsenal et l'hôpital se touchent; si c'est le hasard qui a établi le voisinage de ces deux choses, le hasard est très-intelligent.

L'entrée de l'arsenal de Woolwich est interdite aux étrangers : la même prohibition est écrite à la grille de l'arsenal de Toulon. Cependant j'ai rencontré beaucoup d'Anglais dans l'arsenal de Toulon, j'y ai même conduit l'honorable *post-captain* Grey, fils de l'illustre ministre de ce nom et commandant du *Belveder*, charmante frégate de 34 pièces de canon. En revanche, un Anglais m'a introduit, malgré la consigne, dans l'arsenal de Woolwich. Les consignes absolues n'existent pas. On entre presque toujours dans les endroits où il est défendu d'entrer. Il suffit même de lire, à Paris, sur une porte : *Le public n'entre pas ici*, pour pouvoir affirmer qu'on entrera. *Je ne suis pas le public*, dit un jour un voyageur au gardien d'un établissement impénétrable. — C'est juste ! dit le gardien, et il le laissa passer.

Il n'y a aucune comparaison à établir entre les arsenaux de Toulon et de Woolwich; l'arsenal de Toulon est une merveille, un monde de surprise, un chantier de géants; Woolwich est un dépôt de piles de boulets et de pièces de canon. C'est dans les ports militaires qu'on se fait une juste idée de la puissance maritime de l'Angleterre, ce n'est pas à Woolwich. Les Anglais sont de grands frotteurs de métaux, ainsi rien n'est charmant à voir, en fait de destruction, comme leurs canons et leurs boulets ; tout cela est poli comme un assortiment de meubles de boudoir; tout cela est timbré du lion et de la licorne,

> The lion and the unicorn
> Were fighting for the crown,

comme dit une chanson enfantine de Malte, à propos du blason de l'Angleterre. L'idée de graver les armes d'un pays sur les boulets de canon est assez ingénieuse; il est toujours agréable de savoir par qui on est tué. Un boulet anonyme intrigue trop le soldat qui le rencontre sur son chemin. Le boulet, proprement timbré comme un exploit d'huissier, dit au soldat : C'est l'Angleterre qui te fait l'honneur de te tuer ; regarde la licorne et le lion, et sois reconnaissant.

Ce qu'on voit à la surface de l'arsenal de Woolwich n'excite pas une grande curiosité ; mais on dit tout bas, et mes oreilles en frémissent encore, on dit que cette surface vulgaire cache des secrets souterrains, interdits non-seulement aux étrangers, mais même aux nationaux. Je ne garantis pas la valeur de cet *on dit* mystérieux ; je me borne à timidement hasarder ces deux syllabes si courtes, *on dit*, préface ordinaire de tant de longues faussetés.

Si cet *on dit* n'est pas, comme presque toujours, le commencement d'un mensonge, j'en rends grâce à Dieu, en ma qualité d'ennemi de la guerre et d'ami acharné de la paix.

Voici donc le mystère. Il y a des savants méditatifs et très-inventeurs, qui ont employé trente-huit ans de paix générale à découvrir des secrets infernaux, des *trucs* d'extermination auprès desquels nos fusils, nos canons et nos sabres ne sont plus que des hochets d'enfants. Quelle est la nature de ces secrets ? Là, le mystère recommence. Les uns disent qu'un grave penseur du congrès de la paix, voulant mieux faire qu'un long discours pour sa divine cliente, a redécouvert ce formidable feu grégeois qui, au dire de Joinville, épouvanta les soldats de saint Louis au bord du Nil. Les autres affirment que le feu grégeois est la moindre des choses, un amusement, une plaisanterie d'écolier, un feu d'artifice de Chinois. Il s'agit bien de feu grégeois dans les souterrains de Woolwich ! On parle d'un inépuisable trésor de bombes asphyxiantes, dont l'effet infaillible est l'anéantissement instantané d'une armée ennemie. Vous figurez-vous un pareil résultat? Il est cinq heures du matin; deux armées navales ou terrestres sont en présence. Les Anglais lancent leurs bombes chimiques : il ne reste plus que des Anglais vivants sur le champ de bataille : tout a disparu ! à cinq heures un quart tout est fini ! On parle encore de certaines fusées mystérieuses auprès desquelles les fusées de Congrève sont des gerbes de feu d'artifice. Rien ne résisterait ainsi à cette dernière découverte; mille Vésuves en éruption sur une ligne anglaise, telle serait l'image de cette artillerie, créée, dit-on, par un philanthrope du congrès de la paix, à Birmingham. Allez vous frotter contre mille Vésuves, avec vos fusils et vos canons ! Enfin, le génie de la destruction philanthropique a, dit-on encore, mis le comble à son art en inventant des machines énormes, à pompes pneumatiques, qui suppriment la respiration d'une armée ennemie, à trois cents toises de leurs affûts. Il y a peut-être de l'exagération dans tous ces *on dit*; mais qu'importe! au-dessous de ce luxe de découvertes, on trouve à coup sûr une vérité formidable et rassurante à la fois, surtout quand on songe que nous ne sommes pas restés en arrière, nous, en France, et que Vincennes garde aussi ses secrets souterrains, comme Woolwich.

Bénissons les progrès de la science; ils sauveront le monde de la barbarie, en fondant l'ère éternelle de la paix. C'est en exagérant ainsi les périls des guerres, qu'on les supprime tout à fait. Quelque courageux qu'on soit, on aime à trouver sur un champ de bataille des chances de salut; chaque soldat espère bien survivre à son voisin

pour raconter sa bataille à la chaumière. Dès qu'il sera
bien démontré que deux armées peuvent disparaître de la
surface du globe, à la minute où elles se rencontrent, on
y regardera certes à deux fois avant de trouver un *casus
belli*. Ceux qui sont braves, et ils sont rares partout,
quoi qu'on en dise, sont habitués à mépriser des dangers
connus et classés. Viennent des dangers surnaturels et
invinciblement exterminateurs, et nous verrons s'il reste
beaucoup de héros! L'histoire est là pour nous prouver
que les hommes les plus braves ont reculé de peur devant
des dangers révélés aux batailles pour la première fois.
Les Romains ne peuvent pas être accusés de poltronne-
rie; y eut-il jamais des soldats plus braves? eh bien! *ils
sacrifiaient sur l'autel de la Peur,* comme dit Rousseau;
ils prenaient lâchement la fuite devant les chariots armés
de faux, devant les éléphants de Pyrrhus, à la bataille
d'Héraclée, devant les torches de résine allumées par
Annibal sur les cornes des taureaux, enfin devant tout ce
qu'ils n'avaient jamais vu. Au siége de Syracuse, les
braves marins et les héroïques soldats du grand Marcel-
lus se couchaient à plat ventre sur le pont des trirèmes, et
frissonnaient comme des conscrits, toutes les fois qu'ils
voyaient s'agiter un soliveau sur les remparts de Syracuse, parce qu'ils voyaient la main formidable d'Archi-
mède derrière ce soliveau. Bien plus! les Romains étaient
si honteux d'avoir peur trop souvent, qu'ils se crurent
obligés d'inventer un mot qui sauva un peu leur amour-
propre; ils inventèrent la *terreur panique*; ils préten-
dirent que la grande voix du dieu Pan retentissant au
fond des bois était la cause de toutes les poltronneries
des héros.

> Vox quoque per lucos vulgo exaudita silentes
> Ingens.

Le consul Pontius entendit cet épouvantable *Houhou* dans les défilés du Samnium, et il passa sous les fourches caudines avec ses Romains. Ce fut une débâcle de poltrons, la veille tous héros. Une fois que les Romains eurent mis leurs accidents de lâcheté sur le compte de Pan, ils se trouvèrent à l'aise, et ne rougirent plus. Tant pis pour le dieu Pan ! Pourquoi leur faisait-il peur ? Si, de l'antiquité, nous descendons aux âges modernes, nous trouverions beaucoup de terreurs paniques sans l'excuse de Pan ; cette fois, et pour ne citer que deux héros, et certes les plus braves entre tous, nous lisons que le chevalier Bayard, surnommé *Sans-Peur*, avait peur des arquebuses à croc, et que Louis IX, dès qu'il voyait éclater le feu grégeois, *se jetoit à terre,* dit Joinville, *et tendoit ses mains, la face levée au ciel, et crioit à haute voix à Notre-Seigneur, et disoit en pleurant à grandes larmes, sire Dieu Jésus-Christ, garde-moi et toute ma gent !* Ces peurs héroïques sont très-naturelles : les arquebuses à croc et le feu grégeois étaient deux dangers inconnus. A ces belles époques de candeur et de bonne foi, on avait le courage d'avouer sa peur ; même, dans une histoire fabuleuse, Homère ne croit pas déshonorer Hector en le faisant fuir devant Achille. Pour Hector, Achille était le feu grégeois ; le fils de Thétis avait un bouclier magique forgé par Vulcain ; c'était encore un danger inconnu, et non classé.

Malgré les admirables réflexions de la Rochefoucauld, la forfanterie moderne a entassé beaucoup d'absurdités dangereuses sur le courage. Toutefois, après les grands exemples cités plus haut, nous persistons à croire que les machines de destruction absolue, aujourd'hui découvertes chez nos voisins et chez nous, diminueront considérablement le nombre des héros et augmenteront le nombre des sages. L'héroïsme est une belle chose, mais la sagesse vaut mieux. Faisons des vœux pour la découverte d'une artillerie d'Etnas. Si, révélés soudainement à l'horizon des batailles, les chariots armés de faux, les torches de résine, les éléphants avec leurs tours, les soliveaux de Syracuse, les arquebuses à croc et les feux grégeois ont épouvanté les plus braves soldats de l'antiquité romaine, le plus courageux des chevaliers et le plus héroïque des rois militaires, aujourd'hui, croyez-le bien, devant les fusées infernales, les bombes asphyxiantes et les balistes pneumatiques, il n'y aura plus que des poltrons et la paix.

Telles sont les réflexions qui me furent inspirées par ma visite à l'arsenal de Woolwich. On y voit quelques canons trompeurs; mais leur ancienne devise : *Ultima ratio regum*, est aujourd'hui un mensonge et un anachronisme. Le canon stupide, c'est l'enfance de l'art, grâce à Dieu! Le boulet ricocheur est une plaisanterie volante, un papillon d'artilleur, un meurtrier de hasard; celui qui lance un boulet et qui tue un homme fait un *raccroc*, comme un joueur de billard. Vieilles armes à suspendre en panoplies avec les arcs de Guillaume Tell, les frondes des îles Baléares, et les flèches des derniers Mohicans! Parlez-moi des bombes asphyxiantes et des fusées infernales, ces anges d'extermination complète qui dorment dans les limbes de Vincennes et de Woolwich! La voilà maintenant, *la dernière raison des rois*, et les rois réfléchiront longtemps avant de la donner; ils réfléchiront peut-être toujours.

En sa qualité de vieux soldat, mon hôte le nabab est un ami intime de la paix, et nous nous applaudissions ensemble de ces philanthropiques inventions qui doivent tuer la guerre. Tout à coup je reculai de surprise lorsqu'il m'annonça, en souriant, et avec proposition d'un pari de cinq livres, qu'un illustre général français, portant un des plus glorieux noms de la marine française, venait de faire une descente en Angleterre, qu'il avait remporté une victoire éclatante sur les Anglais, et que, ce jour-là même, les vaincus lui donnaient un dîner d'honneur à *Black-Hall*, de l'autre côté de la Tamise. J'étais bien tenté d'accepter le pari de cinq livres; mais comme j'ai l'habitude de ne tenir que les paris que je propose et de refuser ceux qui me sont proposés, je priai le nabab de me donner gratis le mot de cette énigme étrange; il consentit et m'expliqua tout. J'aurais perdu mon pari! c'était perdre avec beau jeu.

En effet, la veille, un de mes excellents amis, M. de la Bourdonnais, après avoir pris un congé de quelques jours au club des échecs de Paris, avait fait sa descente en Angleterre, il avait livré une bataille mémorable aux amateurs anglais du club de Westminster. Une bataille de la Bourdonnais était toujours pour lui une victoire. Les joueurs d'échecs anglais se montrèrent, en cette circonstance, ce qu'ils sont toujours, c'est-à-dire de parfaits gentilshommes; ils décernèrent au vainqueur français un dîner triomphal.

Le nabab Edmond était au nombre des convives; il

connaît très-bien le jeu, comme tout riche Indien, et, dans sa jeunesse, il a souvent joué sur un échiquier tracé sur le sable du Gange, avec ses porteurs de palanquin, en allant de Calcutta au Penjaub. Chose merveilleuse! le nom de la Bourdonnais est aussi populaire dans l'Inde que celui de Napoléon ; mais ce n'est pas à cause des services rendus par le marin de Saint-Malo, gouverneur de l'île de France; c'est parce que ce glorieux nom est porté par le plus grand joueur d'échecs de notre siècle. Philidor appartient au siècle dernier. Nous sommes même si oublieux, en France, que peu de contemporains se souviendraient du gouverneur de l'île de France, si Bernardin de Saint-Pierre ne l'eût immortalisé, dans *Paul et Virginie*, avec cette phrase : *M. de la Bourdonnais arrive à cheval*. Eh bien, j'en suis pourtant ravi; dans l'intérêt de mes théories pacifiques, le gagneur de batailles sur le champ de l'échiquier est populaire dans toute l'Asie ; les bonzes, les brahmes, les nababs, les mandarins connaissent le Philidor de Saint-Malo, et ils ont oublié son aïeul qui livrait des batailles sanglantes sur l'océan Indien.

On dirait que la sagesse chinoise, qui a inventé toutes nos inventions, a voulu donner le change aux passions belliqueuses de l'homme en inventant un jeu où la gloire du combat n'est jamais achetée avec du sang. Par malheur, l'idée primitive de ces pacifiques guerres de soldats de bois n'a pas été comprise par les illustres capitaines des époques antiques et modernes. Sous Charles-Quint, lorsque l'Europe était en feu, les empereurs et les rois ne se contentaient point de se livrer des batailles formidables ; ils jouaient encore aux échecs dans les entr'actes du sang. Charles-Quint jouait avec tous les Philidors de son temps,

Damiano, Jacobus de Cessolis, Jérôme Vida, le docteur Gio Leonardo de Naples, Ruy Lopez d'Alcala, Boy le Syracusain. Les maréchaux de l'échiquier recevaient de fortes pensions, soit des princes d'Espagne, soit du pape Urbain VIII. Ce sage pontife, ami de la paix, offrait même à Boy de Syracuse un logement splendide dans le Vatican. Sébastien, roi de Portugal, appela le Syracusain à sa cour de Lisbonne et perdit 8,000 écus en jouant avec lui. Philippe II et son frère, don Juan d'Autriche, firent au même joueur des offres si brillantes qu'il abandonna tout, excepté ses pensions de maréchal d'échiquier, et vint lutter avec eux. Don Juan d'Autriche le conduisit même en guerre, et Boy le Syracusain eut ainsi l'honneur d'assister à la bataille de Lépante à côté de Michel Cervantes, cet Homère du moins fou des batailleurs.

Nous étions ce jour-là en plein XVIe siècle; Boy de Syracuse reparaissait à Londres sous un autre nom, nous assistions au triomphe d'un batailleur pacifique, d'un Guillaume le Conquérant par le droit des échecs. Le petit fils du marin immortalisé dans *Paul et Virginie*, notre cher et invincible de Labourdonnais reçut au festin de *Black-Hall* la couronne de l'échiquier universel; on lui porta un toast avec des vins de France, et les vaisseaux indiens qui descendaient la Tamise entendirent retentir ce nom glorieux, et apportèrent la nouvelle de l'innocente victoire aux échiquiers du fleuve Jaune et du Coromandel.

En finissant mon travail sous ce titre, *la Tamise*, je suis ainsi naturellement amené à donner une idée qui ne sera pas adoptée, à coup sûr, pour cause de paradoxe. Ce malheureux abbé de Saint-Pierre a-t-il été traité de fou ? a-t-on ri aux larmes de sa théorie sur la paix universelle ? On est toujours regardé comme un penseur sérieux, lorsqu'on dit que la guerre est un mal inévitable, et que les hommes ont été mis au monde pour se massacrer fraternellement. Cela n'est jamais regardé comme un paradoxe. Eh bien, n'importe, proposons. Toute bonne idée a échoué à son émission première. Échouons.

Le principe de cette idée appartient aux Romains ; il faut toujours revenir à eux, surtout en fait de guerre. Or, tout le monde sait que, pour épargner le sang de deux armées, on confia la cause de Rome et d'Albe à six combattants. Trois Horaces et trois Curiaces. Admirable logique d'un peuple à son berceau ! Heureux le monde si cet exemple eût toujours été suivi ! Le sang versé depuis ce sextuor de combat rendrait écarlate les flots de l'Océan ; et qu'ont-elles gagné, les nations ? Des ruines, la barbarie, la mort. Rome, qui avait inventé ce duel à six, procureurs fondés de deux nations belligérantes, Rome a renié sa sagesse première ; après avoir *mis sur pied* de nombreuses légions de soldats, elle a trouvé des rois ravageurs qui ont *mis sur pied* des légions quatre fois plus nombreuses, et elle a péri stupidement, et elle a été ensevelie dans son vaste camp des prétoriens, non loin du petit tombeau des Horaces. Quelle leçon !

Mais compromettre la vie de six hommes dans un débat de deux peuples, c'est encore beaucoup trop, quoique peu. Le sang de six braves soldats a, dans la balance divine, autant de poids que le sang de deux armées nombreuses ; et ce qui paraissait une chose sage et humaine à des esprits païens, change complétement de nature dans le sens évangélique. La loi de Moïse a été adoucie par la loi du Christ, et l'anathème sublime lancé dans le jardin des Oliviers contre l'homme sanguinaire s'adresse autant à l'individu qu'au peuple. Il n'y a pas de nombre dans l'infini de la création.

Deux nations, deux gouvernements sont en litige ; il s'agit, par exemple, de décider, comme dit Voltaire, si la France ou l'Angleterre possèderont deux pouces de neige au Canada. *Casus belli*. La diplomatie a épuisé l'arsenal de ses protocoles ; Londres et Paris tiennent à leurs pouces de neige, ils n'en démordront pas. On va mettre sur pied vaisseaux et régiments, s'exterminer selon l'usage, pour habiller de deuil et noyer de larmes des veuves, des mères et des sœurs, en l'honneur du genre qui se dit humain. Arrêtez-vous : il y a un autre moyen décisif et chrétien pour arriver innocemment au résultat de l'arbitrage des deux pouces de neige. Chaque grande capitale compte aujourd'hui d'illustres généraux de l'échiquier. Déjà en 1807, M. Deschapelles, visitant Berlin après la bataille d'Iéna, trouva de très-habiles joueurs d'échecs au club de Berlin. Deschapelles est un autre joueur de première force, et il m'a affirmé la chose dans un de ces charmants déjeuners qu'il nous offrait deux fois par semaine, sous la treille de son cottage du faubourg du Temple. Or, en 1807, si le jeu d'échecs était déjà si brillamment cultivé en Allemagne, quels progrès doit-il avoir fait depuis ?

On compte aussi de très-forts amateurs à Saint-Pétersbourg. Le nord aujourd'hui a l'intelligence du midi. Les quatre points cardinaux même n'existent plus moralement. Aux glaçons près, tout est midi. L'Angleterre, qui a vu naître le *gambit* du capitaine Evans, l'illustre Macdonell et M. Stauton, n'a rien à envier aux autres peuples. L'Espagne qui a inventé l'échiquier dallé de marbre blanc et noir, aux pièces vivantes, l'Espagne de Philippe II, de don Juan d'Autriche et de Mina, le stratégiste par excellence, peut *mettre sur pied* une armée de dix étonnants soldats d'échecs. Je cite l'Espagne pour mémoire, car nous n'avons rien à craindre aujourd'hui de ce côté; le proverbe nuptial allemand a franchi la Bidassoa : *Tu felix Hispania nube!* Quant à l'Italie, c'est toujours le pays de Lolli, du Calabrais, du Syracusain. Toute la gloire de ces illustres morts se personnifie aujourd'hui dans la gloire vivante de M. Calvi, un des plus fiers lieutenants d'Alexandre Labourdonnais. La France est en mesure de lutter contre tous, quoiqu'elle ait perdu le *pion et deux traits* depuis la mort de l'illustre chef de Saint-Malo. Notre phalange est forte et elle a un digne chef dans la maison de Saint-Amant. Eh bien ! maintenant, mon système belligérant s'explique tout seul. S'agit-il de deux pouces de neige canadienne, de deux pouces de sable rhénan, de deux pouces de grève salée, de deux pouces de terrain vert, on nomme trois Horaces et trois Curiaces de l'échiquier. Ceux qui gagneront onze batailles sur vingt et une, gagneront les pouces en litige, et personne ne prendra le deuil, et nous laisserons leurs sourires aux épouses, aux mères et aux sœurs, et le budget aussi sera content. Quelle économie! une armée d'échiquier ne coûte qu'un écu, en marchant bien.

LE DIAMANT AUX MILLE FACETTES

Le royaume de Solo, enclavé dans l'île de Java, n'a pas une étendue fort considérable, mais c'est un délicieux pays, surtout depuis l'extinction complète du fameux volcan *Mara-Api*, la *colère du feu*.

Ce n'est pas le seul rapport que Java ait avec la Sicile. De même que la Grèce a créé les ruines de Ségeste, de Taorminum, d'Agrigente, dans l'île de l'Etna, de même le Bengale a créé les ruines aussi admirables de l'île de *Mara-Api*.

Zeb-Sing, le fils du roi de Solo, avait une imagination qui n'était autre chose qu'un coup de soleil indien. Quand un poëte a le bonheur d'être prince, ce qui est rare en Europe, il se donne toutes les fantaisies de ses rêves et les paie comptant; mais quand ce poëte prince est Indien, la réalisation d'un caprice ne connaît aucun obstacle. Faut-il incendier une forêt pour tuer une panthère hydrophobe, on l'incendie. Faut-il dessécher un lac pour en faire une rizière, on supprime le lac. Faut-il enfoncer vingt portes de bronze pour enlever une brahmanesse, on traite l'airain comme de la porcelaine du Japon. Rien ne coûte à ces hommes, qui ont, un jour de caprice, haché à morceaux deux ou trois montagnes pour faire le temple de Doumar-Leyna.

Zeb-Sing, ayant rencontré un fakir mourant de faim sur la route de Solo, détacha un diamant de sa boutonnière et le lui jeta en disant :

— Ceci te donnera du riz, du *vampi*, de la noix d'arec et du jambon d'ours de Labiata jusqu'à ta mort.

Le fakir ramassa le diamant, et dit au prince :

— Tu es généreux comme Aureng-Zeb, et tu mérites de porter à ton doigt le fameux diamant Beabib qui vous raconte toutes les histoires qu'on lui demande, au lever du soleil, et laisse apercevoir dans ses facettes les types de femmes les plus merveilleux de l'univers.

— Dis-tu vrai? demanda le prince.

— Je le jure par le *Désavantar!* répondit le fakir.

A ce serment, la joie illumina le visage bronzé du jeune prince.

— Ce diamant Beabib, demanda-t-il, est-il plus beau que le diamant *Couriz?*

— *Couriz* ne pèse que 137 carats.

— C'est vrai, répondit le prince.

— Le diamant, poursuivit le fakir, que l'empereur Baber prit à Agra, en 1526, pèse 224 *rattees*, ou 672 carats, le diamant d'Aureng-Zeb pèse 900 carats.

— C'est encore vrai, dit le prince; et *Beabib*, combien pèse-t-il donc?

— Ah! voilà le prodige, reprit le fakir. Ce n'est pas le poids qui fait la valeur. Beabib ne pèse que 32 carats;

et je donnerais pour lui volontiers, tout pauvre que je suis, les diamants de Baber et d'Aureng-Zeb.

— Et où peut-on trouver ce diamant?

— Chez le brahmane Kosrou, à Hyder-Abad, devant la pagode de *Ten-Tauli*.

Voilà un fakir très-connaisseur en diamants, se dit le prince; sa parole doit être vraie, puisqu'il a juré par les dix incarnations. J'irai à Hyder-Abad.

Zeb-Sing dit au roi son père :

— Je suis jeune et je ne sais rien. Je veux voir Ceylan, illustre par la bataille de Rama et de Ravana; je veux voir Taranganbouri, *la ville des ondes de la mer* (1); Caveri et sa rivière bleue; Ellora et ses temples souterrains; Hyder-Abad et ses mines de diamants. Je veux voir Malabar et Coromandel, rivages aimés des dieux. Mon père, ouvrez le trésor de vos largesses, et je pars.

Les rois barbares sont fort généreux.

Zeb-Sing puisa dans la vaste main de son père, et il partit, riche comme deux nababs.

Il ne visita ni Ceylan, ni Caveri, ni Ellora; son navire doubla le Coromandel, et suivit la côte du Mysore, jusqu'au petit port d'Elmin. De là, il se dirigea vers Hyder-Abad, seul but de son voyage. Arrivé dans la ville des diamants, le prince Zeb-Sing se déguisa en marchand d'Arménie, et se rendit à la maison du brahmane Kosrou, qui demeurait vis-à-vis la pagode de Ten-Tauli.

Le fakir avait dit vrai.

Le prince et le brahmane eurent un fort long entretien,

---

(1) Que les voyageurs barbares ont nommée *Tranquebar*.

à la suite duquel ce dernier, Indien fort dévot, dit qu'il travaillait depuis vingt ans afin d'acquérir une grande fortune, dont l'emploi devait lui ouvrir, après sa mort, les portes du jardin Mandana, où il pourrait contempler éternellement la déesse Indra, assise sous son manguier, à côté d'Irivalti, son éléphant de prédilection.

— Et comment, dit le prince, comptez-vous employer cette fortune, afin de jouir de tant de voluptés après votre mort?

— En faisant restaurer le second étage de la pagode de Ten-Tauli, qui a été saccagée par un impie roi Mahratte.

— Et que vous manque-t-il, demanda le prince, pour commencer l'œuvre de cette restauration?

— Il me manque une somme énorme, dix mille sequins, ou leur poids en or.

— Si vous étiez un marchand de diamants, dit le prince comme tant d'Indiens de votre ville, nous pourrions faire ensemble un petit commerce et vous auriez tout de suite assez d'or pour entrer, après votre mort, au jardin Mandana.

— Je n'ai qu'un diamant, un seul, — répondit tristement le brahmane, — mais il m'est précieux comme la lumière du jour. Ce n'est pas un diamant, c'est un ami. Il me console, il me parle, il me réjouit, il m'enchante. Ce diamant recèle un secret dans chacun de ses rayons : le soleil a mis vingt mille ans pour le créer dans un caillou fécond du mont Ni-Kiou; et pendant ce long espace, tous les événements qui se sont accomplis dans le monde se sont reflétés dans ce diamant, en passant par le soleil; faites-vous donc une idée des choses innombrables qu'il peut m'apprendre! Avec lui, je n'ai besoin de rien; sans lui j'aurai besoin de tout.

— Sage brahmane, dit le prince, les dieux me gardent de ravaler votre diamant! Mais vous êtes vieux, et quand même vous vivriez un siècle comme votre illustre roi Soudraka, jamais vous ne serez assez riche pour restaurer le second étage de la pagode de Ten-Tauli. Tous ces vains plaisirs que vous donne votre diamant sont passagers et périssables; ils vous fermeront peut-être le jardin du Dieu Bleu, et vous ouvriront une porte des sept enfers où sont les mauvais esprits. Tandis que, si vous avez la vertu de renoncer aux voluptés terrestres, et de restaurer la pagode voisine, vous jouirez éternellement des ineffables et éternelles douceurs du jardin Mandana. Sage brahmane Kosrou, à votre place, je n'hésiterais pas un instant.

— Et que feriez-vous, jeune homme?

— Je vendrais le diamant dix mille sequins.

— Il est possible, — dit le brahmane, après un moment de réflexion, il est possible que si je trouvais un acheteur...

— Vous trouverez l'acheteur, interrompit vivement le prince.

— Ah! ce serait difficile!

— Non, et la preuve, c'est que l'acheteur est trouvé. Je veux être de moitié dans votre pieuse action. Je suis un zélé sectateur de Siva, comme vous; voyez la raie blanche de mon front, je m'associe à la restauration de la pagode de Ten-Tauli, et j'achète votre diamant au prix demandé. Vous aurez le poids de l'or demain.

Le brahmane regarda le ciel bleu avec un sourire de

prédestiné ; il entrevit Indra, le manguier et l'éléphant Irivalti.

Le marché fut donc définitivement conclu le lendemain. Le prince donna l'or, le brahmane donna le diamant.

— Je désire, dit le brahmane, que mon diamant Beabib conserve ses vertus merveilleuses entre vos mains ; et je vous fais une prière...

— Laquelle, sage brahmane ?

— Toutes les fois que vous aurez vu, dans les rayonnements miraculeux de mon diamant Beabib, une histoire digne d'être contée ou une image digne d'être reproduite, elle ne sera pas, je l'espère, perdue pour moi.

Le jeune prince promit de lui communiquer tout ce que Beabib lui raconterait de curieux, et lui ferait voir de merveilleux.

A la suite de cet entretien, le brahmane Kosrou fit publier, dans Hyder-Abad, que la restauration de la pagode de Ten-Tauli commencerait le lendemain, et il invita les sculpteurs, les fondeurs de métaux, les architectes, les ouvriers subalternes, à se trouver au chantier de la pagode, le lendemain au lever du soleil !

Ce lever était aussi, ce même jour, impatiemment attendu par le prince Zeb-Sing ; jamais nuit ne lui avait paru plus longue. Il tenait le merveilleux diamant au bout de ses deux doigts, et regardait le sommet de la montagne orientale de Ni-Kiou. L'astre se leva, et le prince plongea ses regards dans les horizons infinis qui jaillirent au même instant des étincelles de *Beabib*.

Ce phénomène d'optique, qui était la vertu de *Beabib*, s'expliquera facilement ou paraîtra, peut-être, moins surnaturel, si on le compare au mirage égyptien, avec lequel il a beaucoup de rapports. Les vastes déserts de l'Ethiopie et de l'Abyssinie renferment des oasis solitaires pleines d'ombres et d'eaux vives. Ces bois de palmiers et de sycomores entourés de déserts brûlants, se réflètent dans la nue, comme dans un miroir, lorsque certaines conditions atmosphériques arrivent et retombent de la nue en décrivant une courbe infinie sur l'horizon d'un autre désert lointain où le phénomène du mirage s'accomplit.

L'éblouissement dont fut saisi le prince, produisit, cette première fois, un effet incroyable. Son regard plongea dans un monde nouveau et infini, où d'abord tourbillonnaient confusément toutes les couleurs et les nuances que le soleil cristallise dans le flanc des roches, comme un alchimiste dans un creuset.

Zeb-Sing croyait voir rouler en fusion comme des fleuves toutes les étoiles du ciel, puis tout à coup, cette lumière torrentielle s'arrêtait, et d'immenses horizons de jaspe, d'émeraude, de porphyre, de topaze, de saphir, se déroulaient à perte de vue, emportant avec eux des populations splendides, des armées étincelantes, des chariots d'or, des fêtes babyloniennes, des cités de marbre, des jardins de fées, des lacs d'argent fluide, des harems pleins de fleurs et de femmes, des portiques de rubis, des colonies aux tentes de pourpre, des bazars inondés de toutes les étoffes de Kachmir et d'Ispahan : merveilleux chaos de toutes les choses qui ravissent les yeux, et que le pinceau du soleil colore dans un travail éternel.

Ces fleuves lumineux, ces campagnes éblouissantes devenaient ensuite le théâtre de toutes les scènes que l'Asie a vues depuis les âges fabuleux. Les caravanes primitives passaient avec leurs troupeaux et leurs dromadaires, sur des fonds de perspective, éclairés par des constellations de diamants. Les golfes bleus d'Ormus et d'Ophir se peuplaient de femmes nues, qui jouaient sur un sable de perles. Toutes les nymphes océanides semaient des fleurs sur les îles Maldives, où le dieu de la mer Indienne agitait son trident de corail, en appelant une armée de jeunes tritons, descendus de leurs conques de nacre, avec des couronnes de lavanteras. Par intervalles, l'Océan repliait son voile de saphir, et découvrait à l'œil ses profondeurs mystérieuses, ses grottes tapissées de perles, ses abîmes remplis des trésors des naufragés, ses gouffres où nagent les monstres inconnus, les vallées sous-marines, semées de fougères colossales, les cratères des volcans éteints, les colonnades de stalactites, les montagnes de nacre, les pyramides de coquillages, les gigantesques buissons de corail; enfin, tout le reliquaire gardé par l'océan Indien, et que l'œil même du soleil n'a jamais vu, lui qui voit tout.

Le jeune prince, redoutant une ophthalmie, éteignit cette irradiation merveilleuse, en serrant *Beabib* dans le creux de sa main.

Avec quelle pitié il regarda le monde vulgaire qui s'aplatissait autour de lui. Il était semblable à l'habitant de l'étoile Ibis qui descendrait sur notre terre pour assister à une nuit éclairée par un quart de lune.

Cependant, tout prince qu'il était, il n'oublia pas sa promesse. Il se rendit chez le brahmane Kosrou, et lui raconta sa première vision dans cette harmonieuse langue que parlait Siva, lorsqu'il séduisait les filles des hommes, sous les rosiers des Sept-Pagodes, dans ce paradis terrestre que les barbares nomment Ceylan.

Le sage brahmane écoutait le récit, et ses yeux humides d'une volupté sainte suivaient la vision sur les lèvres du prince Zeb-Sing.

— Mon fils, dit-il au prince, j'ai depuis bien des années sondé du regard les mystères de Beabib, mais jamais je n'ai joui d'une pareille vision. Ce sont les dieux qui t'ont récompensé. Regarde de l'autre côté de ma maison, et vois avec quelle ardeur les ouvriers d'Hyder-Abad travaillent à la restauration de la sainte pagode de Ten-Tauli. C'est ton ouvrage, mon fils.

En effet, une splendide corniche couronnait déjà la base du second étage, et laissait voir un superbe cordon de têtes d'éléphants, à trompe courte, avec des crinières de lion. Mille sculpteurs travaillaient sur de nombreux échafaudages, abrités par de vastes tentures de feuilles de bananiers.

Le lendemain, Zeb-Sing attendit encore le lever du soleil, et le premier rayon de l'astre anima une seconde fois son diamant.

L'œil du prince était tombé sur une facette qui prit soudainement la teinte de l'émeraude, et, s'élargissant comme un horizon, offrit une scène de la vie des Makidas, heureuse peuplade qui habite les rives d'un lac délicieux, non loin de la baie d'Agoa. Les êtres humains qui apparurent sur cette zone africaine s'entretenaient dans une pantomime si expressive, que la parole n'aurait rien dit de plus à l'oreille du spectateur.

Zeb-Sing donna même des noms à ces personnages, et il appela cette vision en la racontant au brahmane :

Le mirage du lac des Makidas.

« Sage brahmane, si vous n'êtes jamais sorti des sentiers brûlés et des roches ardentes, où le soleil trop généreux torréfie les diamants d'Hyder-Abad, vous ne pouvez vous faire une idée des charmes primitifs du lac des Makidas. C'est un miroir de nacre unie, et il est couronné de nancléas, de lentisques, de baobabs, de caquiers, de liquidambars, de palmistes, dont les verdures mêlées sont plus réjouissantes à l'œil que les plus beaux tapis tissus par les brahmanesses, dans la fraîche vallée de Kachmir. La tribu sauvage qui s'est établie au bord de ce lac, depuis les premiers jours du monde, offre la plus belle espèce d'hommes et de femmes qui se puisse voir dans les zones ardentes. Les Makidas ont la couleur de l'ébène, et leur peau est douce comme l'ivoire jeune. Les femmes ont des cheveux superbes comme la race bengalienne, et leurs traits ont la correction gracieuse des visages de nos plus belles statues de la déesse Lachmi.

» Au milieu du lac est une île très-vaste, pleine de huttes de joncs, toutes ombragées de beaux arbres. C'est la ville et le royaume des Makidas. De tous les côtés, ce peuple est défendu par la profondeur des eaux, contre les attaques des bêtes fauves et contre les éléphants des bois de Sisikarma. Chaque Makida est roi un jour de l'année et gouverne. Les vieillards conseillent le roi et ne gouvernent plus : on les vénère comme des dieux; on leur donne les plus beaux produits de la chasse et de la pêche ; et le soir, on se range en cercle autour d'eux, et on écoute leurs sages leçons.

» Un brahmine que j'ai vu à Solo, et qui a beaucoup voyagé sur les terres lointaines, a visité la tribu des Makidas et m'en a parlé ainsi.

» Ce matin, j'ai assisté, sur la facette émeraude du diamant Beabib, à un mariage de Makidas.

» Il y avait une jeune fille, belle comme la déesse de la volupté que nous adorons sous le nom de Sursuti. Ses beaux cheveux... »

Mais toute description, quelque poétique qu'elle puisse être, ne serait jamais parvenue à la faire apparaître aux yeux du brahmane avec tous ses charmes. Zeb-Sing eut donc recours à son talent de dessinateur, et, arrivé à ce point de l'histoire qu'il racontait, il déroula une feuille de palmier desséchée, sur laquelle il avait tracé cette ravissante image.

Puis reprenant son récit :

« Vingt jeunes Makidas se tenaient debout aux deux côtés de la jeune fille et semblaient attendre un ordre. Toute la tribu était assise sur les fougères et les graminées flottantes qui bordent comme une guirlande le lac des Makidas.

» Un signal a été donné; les vingt jeunes prétendants se sont élancés d'un même bond dans le lac, et ont nagé pour atteindre la rive opposée. Le premier arrivé a cueilli une fleur de spondea, et, la tenant élevée au-dessus de l'eau, il est rentré dans l'île et l'a donnée à la jeune fille.

» Le second exercice consistait à franchir un large torrent qui sort du flanc d'une roche au centre de l'île et que l'oiseau seul semble pouvoir traverser en un élan. Les jeunes Makidas ont tous essayé d'imiter l'oiseau, mais les ailes leur manquaient; ils tombaient sans atteindre l'autre bord, et une grande hilarité générale accueillait leur malheureuse tentative; le premier vainqueur a décrit une courbe superbe, comme une pierre lancée avec une fronde, et tombant sur l'autre rive, il a cueilli une clochette d'or pour les cheveux de la jeune fille. Ce nouveau triomphe a fait conclure un mariage par acclamation. Les vieillards ont réuni les deux époux, et le roi a donné à la mariée une belle parure, toute faite de ces belles émeraudes qu'on trouve en Afrique dans les roches brunes d'Elmina.

» L'éblouissante irradiation que le soleil versait sur cette scène a produit ensuite un brouillard lumineux qui a voilé le lac des Makidas, comme un rideau de gerbes d'or qui tomberait sur une scène de théâtre; insensiblement, ce voile tissu de rayons s'est déchiré par éclaircies splendides, et a laissé voir un berceau de rosiers de Bengale, bordant la rive d'un fleuve saint.

» Charmante, comme l'Ève de l'Indus, ses cheveux noirs flottants aux brises, voilée d'un *sari* d'étoffe diaphane, une jeune fille bengali chantait un *pantoun,* avec une voix mélodieuse, comme celle de l'oiseau qui annonce le jour sur la cime des palmiers. Cette chanson d'amour disait les tourments de l'*attente.*

> Quand les cinq fleuves de Lahore
> Chassent la brume de leurs lits,
> Quand le sourire de l'aurore
> A réveillé nos bengalis;

J'ai quitté ma natte, tressée
Pour les nuits douces du sérail;
Et le cœur plein d'une pensée,
J'ai mis mes trois rangs de corail;

J'ai mis le *sari* qu'on admire
Aux fêtes où l'on vient me voir;
La sultane de Cachemire
A pleuré trois jours pour l'avoir;

La fière reine de l'Asie
Le demandait à son mari;
Elle a gardé sa jalousie,
Et moi j'ai gardé mon *sari*.

Car le beau prince de Mysore
Doit passer ici pour me voir;
Je venais l'attendre à l'aurore,
Et je l'attends encore ce soir.

» Le diamant Beabib, dans ses caprices d'optique, ne voulut pas me permettre d'en voir davantage sur sa facette émeraude. Je laissai donc la jeune fille bengali dans son attente, à l'ombrage de son parasol soutenu par la plus jeune de ses esclaves, et peu à peu elle se perdit dans des vapeurs confuses, pareilles aux ombres du crépuscule, dans les froides régions du nord; je vis encore étinceler son collier, au dernier moment sous un dernier rayon; puis la vision s'évanouit, le beau prince de Mysore ne parut pas sur l'horizon du couchant. »

*

Le sage brahmane Kosrou écouta ce récit avec un plaisir mêlé de vifs regrets; le diamant Beabib ne lui appartenait plus, hélas! un autre jouissait de ce trésor merveilleux! Mais Kosrou trouvait une consolation dans la vue de la pagode voisine, dont le second étage avançait avec une grande rapidité, comme si les divins architectes du palais Mandana fussent descendus sur ce chantier terrestre pour s'associer à des confrères mortels.

Le jeune prince Zeb-Sing, possesseur du diamant Beabib, était fort instruit, comme nous l'avons dit déjà, et son instruction lui devait admirablement servir, dans ses études d'optique universelle, et surtout pour la reproduction graphique des images apparues dans les facettes de Beabib; car un simple ignorant aurait été obligé, comme le coq de la fable, de porter Beabib à un lapidaire, pour proposer un échange quelconque. Zeb-Sing, né dans les régions équinoxiales, savait que le globe n'est favorisé par le soleil que sur certaines zones et qu'en s'aplatissant vers ses pôles, il se couvre de glaces, de brouillards et de frimas. Les pays septentrionaux étaient donc parfaitement connus du jeune prince, et, à première vue, il aurait nommé de son vrai nom, *Arthur Hill*, la montagne blafarde qui s'élève en Ecosse, derrière Edimbourg.

Il paraît que le diamant Beabib aimait les contrastes, comme la nature sa mère, car le lendemain du jour où la rive de l'Indus s'était révélée sur une facette splendide, un ciel sombre, un horizon de neige, un paysage désolé, se déroulèrent sur la facette topaze. Zeb-Sing trouva ce contraste charmant et il contempla même avec une volupté d'artiste ces montagnes couvertes de glaçons pyramidaux, comme un épicurien savoure de l'œil les charmes d'un sorbet italien, dans les ardeurs dévorantes de l'été.

Passer des rayons de la cime volcanique de *Mara-Api* de Java, aux paysages de l'Ecosse, est une transition délicieuse pour un Indien. Les lèvres altérées du jeune prince s'inclinaient sur l'horizon d'Ecosse, comme pour se rafraîchir, et elles aspiraient une fraîcheur délicieuse.

Voici à ce sujet ce que le jeune prince raconta tout de suite au brahmane toujours avide des récits merveilleux puisés dans le foyer inépuisable du diamant Beabib.

Killy et Katrina.

L'histoire d'Héro et de Léandre est une légende de tous les pays. Léandre traversait, toutes les nuits, à la nage, le détroit d'Abydos; Killy faisait une chose plus facile; toutes les nuits, il traversait, sur une barque, le lac de Bon-Lomon, en Ecosse: il lui était impossible de se servir de voile pour ce petit voyage, car on sait qu'un vent perpétuel, descendu des cimes neigeuses d'Arthur Hill, désole pendant l'hiver ces parages humides, et briserait le mât le plus solide taillé dans le chantier de Chatam. Il fallait pousser la barque à la rame, et lutter contre des vagues qui submergeaient la frêle coquille à chaque instant.

Killy surmontait avec courage et joie tous ces obstacles, parce qu'il allait revoir sa jeune fiancée à Cold-

Stream, de l'autre côté du lac. L'œil fixé sur un foyer de broussailles, allumé comme un phare sur le rivage voisin, Killy souriait aux embûches du lac, et puisait, à chaque effort, une énergie nouvelle dans son amour.

Killy ne courait pas les mêmes dangers que Léandre; sa barque ne risquait pas d'être submergée; mais dans la plus violente tempête, elle suivait les vagues dans leurs fougueuses ondulations, et remontait toujours à leurs cimes; cependant au milieu d'un hiver polaire, le froid était si rigoureux sur le lac que le jeune Killy, malgré son éducation robuste, était obligé de couvrir ses épaules d'un manteau de laine écossaise, que le vent arrachait avec une force irrésistible, en dépit des nœuds et des agrafes, et emportait au loin sur les ondes comme une feuille sèche, de sorte que Killy se trouvait beaucoup plus maltraité que Léandre lorsqu'il arrivait au rivage; il n'était pas noyé, mais il était transi et pâle comme l'agonisant aux abois.

Katrina, la fiancée de *Cold-Stream*, attisait le feu de broussailles dès qu'elle voyait poindre, dans une éclaircie boréale, la barque de Killy, et cette précaution, tant bonne qu'elle fût, ne remédiait au mal que lorsque le mal était consommé. Souvent la première lueur de l'aube retrouvait encore Killy pâle et muet devant les tisons à demi éteints.

Killy avait ainsi abandonné aux ouragans du lac tous les manteaux et les *plaids* héréditaires de sa famille; peu favorisé de la fortune, comme tous les Highlanders, il se voyait ruiné par les déprédations nocturnes du vent de l'hiver, et, chose bien plus terrible! il lui devenait impossible de continuer ses traversées sur le lac si sou-

dernier manteau paternel allait rejoindre les autres dans les abîmes du Ben-Lomon. Dans toutes les zones, il y a une fatalité qui poursuit les amants qui abusent des ténèbres protectrices de la nuit pour insulter par leur bonheur les mortels raisonnables qui dorment. Léandre se noie devant la tour d'Abydos; Dhéran est dévoré par une panthère devant les ruines des Sept-Pagodes; Killy est dépouillé de son manteau sur le lac de Ben-Lomon. La moralité de ceci semble dire que Dieu a fait la nuit pour le sommeil.

— Je n'ai plus qu'un manteau, disait Killy à Katrina, et que deviendrai-je si le vent du lac me l'emporte, selon son habitude? Il faudra donc renoncer à vous voir, car, vous le savez, nos deux familles sont en guerre, comme toutes les familles d'Ecosse, pour imiter les parents de Lucie de Lammermoor et d'Edgar de Ravenswood; il nous est impossible de nous voir pendant le jour; malheur à nous si votre père nous surprenait; vous verriez renouveler, par ce puritain, l'histoire de Jephté l'Israélite. Laissez-moi vous sauver; laissez-moi partir; nous nous reverrons dans des temps plus heureux; vous serez à moi, un jour; rien ne peut changer notre destinée, ni déchirer notre contrat nuptial.

— Mais, dit naïvement la jeune Katrina, puisqu'il vous reste, dites-vous, encore un manteau, pourquoi me faites-vous, ce matin, de si tristes adieux?

— Le manteau qui me reste, dit Killy, est une relique sacrée; un de mes aïeux le portait à la bataille du pont de Bothwell; il est renfermé dans un coffre de sapin tout parfumé de camphre, et l'aîné de la famille ne l'en retire qu'une seule fois dans l'année, pour s'en parer avec orgueil, la veille de Saint-Valentin. Si le vent du Ben-Lomon me volait ce dernier manteau, je le suivrais dans les abîmes du lac, et je ne reparaîtrais plus à la surface des ondes, même pour voir ma fiancée, ma belle Katrina.

— Ecoutez-moi, Killy, — dit la jeune fille en regardant les premières lueurs de l'aube, comme on regarde une horloge, pour s'assurer si on a le temps de prolonger un dangereux entretien; — écoutez-moi... Nous, les filles rêveuses de *Cold-Stream*, nous avons des secrets que nos mères nous ont appris, et que nous ne révélons qu'à nos maris, parce que le mariage ne fait qu'un être de deux êtres, et qu'il n'est pas permis à l'homme d'ignorer ce que sait sa femme. Cependant, je veux devancer l'heure des confidences, du moins par un seul secret, car puisque nous sommes fiancés, nous sommes époux.

— Nous sommes époux, — dit Killy comme un écho attendri.

— Il y a dans les pierres, comme dans les fleurs, poursuivit Katrina, il y a des vertus mystérieuses que le hasard ou l'inspiration fait découvrir : l'aimant attire le fer, l'ambre la paille, nous le savons tous ; l'effet existe, la cause est ignorée ; elle le sera toujours : jamais l'esprit ne comprendra les relations occultes qui lient deux choses inertes et mortes, et toujours l'homme surprendra par hasard quelques nouvelles relations du même genre, et ajoutera ainsi une nouvelle énigme aux mystères qui l'entourent et confondent son esprit... Avez-vous quelquefois remarqué, mon cher Killy, cette pierre qui agrafe le tissu de laine sur mon sein ?

— Je la regardais encore, à présent, dit Killy.

— Eh bien ! continua la jeune fille, cette pierre est une topaze d'Écosse. C'est la troisième espèce des topazes ; celle-ci n'a pas le vif éclat de jaune jonquille, comme la topaze d'Orient, ni le jaune rougeâtre de la topaze du Brésil ; on voit que la nôtre a été formée sous un soleil froid, et qu'elle a le tranquille reflet des aurores boréales du septentrion ; comme l'aimant, comme l'ambre, notre topaze possède une vertu mystérieuse que les pâtres des hautes terres connaissent bien, et se soucient fort peu d'expliquer ; car telle est la sagesse des hommes voisins de la nature, ils se servent des effets sans s'inquiéter des causes.

» La topaze d'Écosse désarme la colère des tempêtes ; elle semble éteindre le souffle du vent ; elle porte avec elle une immuable sérénité ; prenez ce bijou, Killy ; je vous le donne ; ce sera l'agrafe du manteau de vos ancêtres, et avec ce talisman vous pourrez défier tous les ouragans nocturnes que la montagne d'Arthur envoie au Ben-Lomon ; jamais votre vêtement séculaire ne quittera vos épaules tant qu'il sera défendu par cette petite pierre d'un jaune verdâtre, muette, mystérieuse, et puissante comme l'ambre et l'aimant, dont elle est sœur. »

La confiance et la foi marchent avec le véritable amour. Killy prit la topaze d'Écosse, et ne douta point de ses vertus.

La nuit suivante, Killy jeta respectueusement sur ses épaules le vénérable manteau de ses aïeux, et l'agrafa sous le menton avec la topaze d'Écosse, sans douter un seul moment de l'efficacité de cette mystérieuse précaution. Ensuite, le jeune fiancé monta sur sa chétive barque, et agita les rames dans la direction de *Cold-Stream*.

L'air n'exhalait pas le moindre souffle; le lac était uni comme un miroir; toutes les voix d'*Arthur-Hill* restaient dans leurs grottes brumeuses ; Killy remarqua sagement que ce silence de la nature ne pouvait être attribué à la vertu de la topaze; il n'y a pas de tempêtes continuelles, et le ciel le plus orageux se repose quelquefois, comme un orchestre épuisé par ses explosions. Killy regrettait même les puissantes rafales des autres nuits; il aurait été si heureux d'essayer l'influence du précieux bijou, et de se montrer à sa fiancée, avec un manteau, enfin respecté par les démons aériens du lac !

Une brise de terre souffla de *Cold-Stream*, et repoussa la barque, après le coup de minuit; les rames la faisaient avancer avec des mouvements imperceptibles.

Killy se désespérait.

— Au moins, se disait-il, les colères d'*Arthur-Hill* qui m'enlevaient mes manteaux, me lançaient comme une flèche vers le rivage adoré de *Cold-Stream*, et ce calme semble clouer ma barque sur chaque ride du lac ! Fantômes des grottes de Fingal, réveillez-vous ! Unissez vos souffles, et emportez-moi dans vos tourbillons vers les bruyères de Katrina !

Les fantômes de la grotte de Fingal ne se réveillèrent pas.

Une traînée d'opale blanchit les brumes de l'orient, et Killy avait encore devant lui une immense étendue de lac à traverser. Le feu de broussailles pâlissait à l'horizon, comme une lampe aux premiers rayons du jour. Katrina, sans doute, avait regagné la maison de son père, emportant dans son cœur un mystère et un désespoir.

Le soleil, quoique invisible, était levé depuis deux

heures, quand le jeune Killy aborda au rivage. Aucune voix ne lui répondit ; un cercle de cendres tièdes attestait seulement la vigilance assidue de Katrina et un long tourment d'attente, souffert sans témoins.

Killy ne demanda aucun conseil à la prudence vulgaire ; il amarra sa barque à des racines de bruyères, et s'achemina rapidement vers la maison d'Augustus Hartwood, le farouche père de Katrina.

Le jeune Killy était vraiment merveilleux à voir dans son costume d'aïeul ; le vénérable manteau qu'il portait lui donnait un caractère de physionomie féodale, tout à fait perdu aujourd'hui, et qu'on ne retrouve plus que sur les tableaux des vieux manoirs.

Au moment où Killy entrait dans une allée d'ifs qui aboutissait au perron d'Augustus Hartwood, le père de Katrina partait pour la chasse, et ils se rencontrèrent si brusquement que celui des deux qui voulait éviter l'autre resta immobile sur ses pieds. Augustus Hartwood regarda Killy avec une attention singulière, et fut frappé du costume de ce jeune homme, et de la grâce montagnarde avec laquelle il était porté. Puis, reconnaissant le fils d'une race ennemie, il mit la main sur le pommeau d'une arme de chasse, pour se défendre dans une attaque imprévue.

Killy croisa les bras sur sa poitrine et prit une pause simple et digne, qui ne laissait voir ni bravade ni peur.

— Si je venais ici pour vous tuer ou me battre avec vous, dit le jeune homme, je tiendrais une arme dans ma main, ou je la porterais à ma ceinture. Mais vous, Augustus Hartwood, si vous voulez me tuer, l'occasion est belle ; nous sommes seuls ; voilà ma poitrine découverte ;

je suis votre ennemi, par la haine de mes pères, frappez.

Il y a de brusques et inexplicables revirements dans le cœur des hommes ; Augustus Hartwood laissa glisser sa main sur son arme, comme s'il n'eût voulu que la caresser, et il accueillit par un sourire les paroles de Killy. L'ouragan de colère qui grondait dans le cœur du sauvage Écossais se calma subitement comme la tempête qui tombe avec le soleil qui se couche ; il tendit la main à Killy et lui dit avec douceur :

— Si vous ne veniez pas vous battre avec moi, ou m'assassiner, que veniez-vous donc faire ici avec ce manteau de vos aïeux, que le jour n'a pas vu depuis trois siècles au moins ?

— Augustus Hartwood, dit Killy, je me suis paré de ce manteau, pour me présenter devant vous avec les pensées de mes aïeux ; ils m'ont parlé dans leur tombe ; vous les voyez, en me voyant ; vous les écoutez, en m'écoutant ; je suis eux, ils sont moi. Je viens donc, comme un Highlander des anciens jours, vous dire que toute guerre est mauvaise, et qu'il n'y a de bon sur la terre que la paix ; acceptez-vous la paix ?

Augustus Hartwood sourit, et fit un mouvement de bonhomie qui était le prélude d'un traité de paix entre les deux familles.

— Que le diable me caresse ! dit-il, cela m'est égal ! je manque peut-être à de vieux serments. Les morts s'en consoleront ; c'est aux vivants à arranger les affaires de famille. Les morts ont tort comme les absents ; j'accepte la paix ; donnons-nous un bon serrement de main ; c'est plus gai qu'un coup de poignard.

Augustus et Killy se réconcilièrent ainsi, et un instant

après, ils étaient assis devant une table, comme d'anciens amis, car rien n'est plus ardent qu'un sentiment de haine qui se change tout à coup en amitié.

Lorsqu'ils se séparèrent, Augustus Hartwood présenta une bague à Killy, en lui disant :

— Voici un souvenir de moi ; c'est un bijou de réconciliation, faites-moi votre présent à votre tour.

Killy n'avait rien à donner en échange, et il hésita, en faisant une pantomime qui signifiait : je suis fort embarrassé, je n'ai rien à vous offrir.

— Vous avez là, dit Augustus, une belle topaze d'Écosse qui m'a charmé les yeux depuis le moment où je vous ai aperçu dans mon allée d'ifs.

Impossible de refuser, en pareille occasion, un léger présent demandé avec tant de grâce. Killy détacha la topaze, et la donna au père de Katrina.

Après cet échange renouvelé des guerriers d'Homère, sur un champ de bataille, Killy prit congé d'Augustus Hartwood, et cherchant d'un œil timide sa belle fiancée qu'il n'aperçut pas, il se dirigea vers le lac.

On devine très-bien que cette première visite ne fut pas la dernière. Killy ne traversait plus le lac pendant la nuit, il se rendait en plein jour à la maison d'Augustus Hartwood, et pour abréger la série inutile des détails intermédiaires, nous nous hâterons de dire ce que le lecteur attend comme dénoûment prévu : Killy épousa Katrina.

— Mon ami, — dit la jeune fille à Killy, la veille de ses noces, — c'est à ma topaze que nous devons notre union et notre bonheur.

— Oui, Katrina, dit Killy, vous avez raison ; j'ai remarqué comme vous ce concours de circonstances heureuses qui remontent à la topaze et qui m'ont amené ici, pour la première fois, chez votre père; mais il me reste un regret; j'aurais bien voulu faire l'essai de la vertu de votre topaze sur une de ces bonnes tempêtes, comme j'en ai tant vu sur le lac.

— Killy, — dit Katrina en souriant, — cette vertu n'est pas menteuse, croyez-le bien; la sagesse des femmes d'Écosse ne peut se tromper dans l'étude des mystères de la nature. Une tempête sur le lac, ce n'est rien, ce n'est que du vent; mais un orage dans le cœur de l'homme, c'est beaucoup, c'est la haine. Ma topaze a bien plus fait que la chose prédite; elle a calmé, elle a éteint la haine de mon père; que demandez-vous de plus?

— Rien, Katrina, dit Killy, rien que l'éternité de votre amour.

— C'est bien peu, dit Katrina; vous l'aurez.

Le sage brahmane Kosrou, ayant écouté ce récit, tomba en réflexion, et, secouant la tête avec un sourire triste, il répondit :

— Oui, j'ai entendu dire par ceux qui ont beaucoup vu, qu'il y a en effet des pays où l'homme passe sa vie dans des atmosphères de brouillards, de pluie et de neige, sans jamais voir le bleu du firmament, et l'or du soleil... Mon fils, gardez-vous bien de visiter ces pays qui n'ont jamais reçu un sourire du ciel.

— Sage brahmane, dit le prince, un jour j'ai visité la province indienne où s'élève Jellalabad; la neige tombait sur le pauvre, qui mourait de faim, et emprisonnait le riche, qui mourait d'ennui. On m'apprit que cette saison se nommait l'hiver, et qu'elle durait cent jours et plus quelquefois. Comment se fait-il, dis-je à ces malheureux, que vous consentiez à vivre le tiers de votre vie au milieu des angoisses du froid, lorsque l'Asie a de la place au soleil pour tous les enfants de Dieu?

Les malheureux me répondirent ceci :

— Nous sommes nés à Jellalabad, et nous y restons, parce que la patrie natale nous est chère.

— Oui, leur répondis-je, la patrie natale est chère, lorsqu'elle est belle, mais lorsqu'elle est atroce comme la vôtre, je ne comprends pas pourquoi vous l'aimez.

Alors, ils soulevèrent la tête et ne dirent rien de plus. Ils avaient tout dit.

Ce fut la seule réflexion que voulut bien communiquer le brahmane à Zeb-Sing, après le récit de la topaze. Il paraît que le sage Indien n'avait été frappé que de la peinture du climat de l'Ecosse, et que tout le reste lui paraissait indifférent.

Le martyre.

Un autre jour le prince Zeb-Sing dit au sage brahmane :
— « J'ai vu un théâtre immense, et de forme circulaire, qui m'a rappelé ces édifices bâtis par Aureng-Zeb, dans le Tinnevely, où cent mille Indiens assistaient aux combats des buffles et des tigres. Ce théâtre a quatre étages, tous d'un style d'architecture différent, mais aucun ne rappelle ni les colonnades sévères de Doumar-

Leyna, ni les gracieux péristyles des temples antiques de Solo.

» Un peuple entier était assis sur les gradins de ce théâtre ; c'était comme quatre fleuves circulaires qui s'agitaient en roulant des têtes d'hommes et des yeux de tisons.

» Les plus belles places étaient occupées par de jeunes femmes dont la pudeur paraissait avoir été oubliée au berceau, et qui me rappelaient nos asparas et nos bayadères ; leurs longues tresses de cheveux flottants avaient seules la prétention de voiler la nudité de leurs épaules et de leurs seins.

» Les hommes, assis tumultueusement et penchés sur une arène, ne semblaient pas se préoccuper beaucoup de ces femmes ; ils attendaient un spectacle sans doute promis depuis longtemps, car leur impatience éclatait dans leurs gestes, leurs mouvements, leurs regards.

» Il y avait au bout de l'arène une grille de fer sur laquelle tous les yeux se fixaient : une main courageuse l'ouvrit, et je vis sortir un de ces lions superbes, comme le Mysore en nourrit dans ses bois.

» Toutes les mains se sont agitées pour saluer cet animal qui tient un rang si honorable dans la création des êtres. Lui n'a pas eu l'air de trop s'émouvoir d'un accueil si flatteur : il a gardé sa dignité royale ; il a secoué brusquement son énorme tête, trop longtemps comprimée sous la voûte plate d'une prison ; il a fièrement appuyé ses quatre griffes sur le sable, et s'est promené majestueusement dans l'arène, en donnant de bas en haut, des regards d'un mépris tranquille aux spectateurs qui l'applaudissaient. Je n'ai jamais vu un plus beau lion, même dans les jardins du roi mon père, qui aime passionnément toutes les races fauves, ce qui annonce dans un homme, et dans un roi même, beaucoup de philosophie et d'esprit.

» Mettez un homme, me disais-je, à la place de ce lion, dans cette arène, un homme seul, nu, faible, prisonnier ; jamais on n'aura vu un homme plus embarrassé que lui. Il excitera la pitié de tous ; on le forcera subitement à rentrer dans sa prison, pour ne pas humilier son espèce par un plus long étalage de sa gaucherie et de sa stupidité. Un lion, c'est différent. Seul au milieu de cent mille hommes, il les a tous humiliés de ses dédains placides, de son insouciance superbe. Il s'est arrêté au milieu de l'arène, comme s'il eût trouvé, à l'aide d'un compas, le centre du cercle immense ; il a mollement allongé ses pattes antérieures, replié les autres en raccourci, et pris la pose du grand Sing mystérieux qui garde la porte du temple de Désavantar.

» Ainsi posé, il a promené circulairement ses regards de la base au sommet du théâtre, et comme s'il n'eût rien découvert d'assez digne de son intention, il a caressé de la griffe droite sa barbe blanche par un caprice de coquetterie ; il a fait onduler sa queue sur le sable, et fermant les yeux, il s'est endormi.

» La scène a changé par une de ces fantaisies merveilleuses du diamant Beabib.

» L'immense théâtre s'est rétréci à vue d'œil et a pris les proportions et la forme d'un cachot.

» Là, j'ai vu une jeune fille, vêtue d'un large *sari* de laine blanche, mais dont l'arrangement est conforme aux lois de la pudeur. Sa figure avait un caractère de noblesse inconnu dans nos cités folles ; elle m'a rappelé la beauté céleste que nos sculpteurs ont donnée à la chaste Sita qui est assise à la droite d'Indra sous le manguier d'or du firmament bleu.

» Un rayon a pénétré dans le cachot, la porte s'ouvrit; j'ai vu un vieillard à peu près vêtu comme un bonze; il s'est avancé vers la jeune prisonnière qui a tressailli de joie, comme si on venait la délivrer.

» Le vieillard était sans doute un de ces consolateurs d'affliction que la justice humaine envoie à ceux qui vont mourir : il a tiré avec précaution, des plis de sa robe, une coupe d'agate, pleine d'une liqueur vermeille, et la présentant à la jeune fille inclinée, il a murmuré quelques paroles, et a disparu dans les ténèbres du cachot.

» La prisonnière qui paraissait fort abattue avant cette visite, m'a semblé avoir puisé dans cette coupe d'agate un courage surnaturel, et même une virile exaltation. Elle a regardé le ciel comme pour le remercier d'un secours et d'une faveur miraculeuse, et la flamme du courage a remplacé sur sa figure la pâleur de la résignation.

» Un éclair a brillé devant mes paupières, le cachot s'est enseveli dans ses ténèbres, et j'ai revu le théâtre, les cent mille spectateurs, l'arène et le lion toujours accroupi.

» Une porte basse s'est ouverte, et les quatre fleuves vivants ont roulé leurs vagues de têtes ; la jeune fille du cachot a paru ; les mains et les bras se sont agités, comme les rameaux des bois de palmistes, quand le vent souffle du pôle sur les rives de Ceylan.

» Une grêle de pierres est tombée des hauteurs d

théâtre sur le lion, pour l'exciter contre la jeune fille, mais le noble animal a daigné secouer à peine ses oreilles pour se protéger contre les projectiles de ses lâches ennemis; il n'a pas quitté sa pose indolente et son immobilité ironique; les cris de rage de cent mille bouches n'ont pu l'émouvoir; un instant réveillé, il s'est endormi de nouveau, ou du moins il a fait semblant de s'endormir, en allongeant sa large tête sur ses griffes d'airain.

» La jeune fille avait encore sur son visage cette héroïque résolution qu'elle venait de puiser dans la coupe d'agate; rien ne donnait de l'hésitation à sa démarche, ni l'aspect de la bête fauve, ni les rugissements d'autres monstres invisibles, ni les cris de rage de ces spectateurs, plus terribles que le lion. Elle s'avança d'un pas résolu jusqu'au milieu de l'arène, joignit ses mains, et regarda le ciel, comme pour y chercher un protecteur.

» Le lion souleva sa tête avec une lenteur superbe, ouvrit ses yeux, et regarda la jeune fille d'un air de bonté, mêlée de commisération, ce qui excita une nouvelle explosion de rage sur tous les gradins de l'amphithéâtre.

» C'était vraiment un curieux spectacle; cent mille hommes insultaient un lion, et le lion, sage comme un fakir, continuait à ne pas s'émouvoir.

» Bien plus, la jeune fille s'inclina, en souriant, vers la bête fauve, et promenant ses doigts d'ivoire sur la crinière de son formidable compagnon d'arène. Le lion sembla prendre plaisir à ce caprice enfantin; il se laissa tomber sur le flanc, et prit la pose d'un lion héraldique, en pal, sur un champ de sable. La colère de l'amphithéâtre ne connut plus de bornes, en voyant éclater subitement cette amitié inattendue entre la victime et la bête fauve; on venait assister à une exécution sanglante, et on assistait à un jeu enfantin. Toutes les règles de l'amphithéâtre se trouvaient violées.

» Aussi, j'ai vu se lever dans une grande loge aux barreaux d'ivoire plusieurs chefs de la cité ou maîtres des jeux publics, qui ont paru se concerter pour mettre fin à cet innocent spectacle, si éloigné du programme du jour.

» Il paraît qu'une décision a été prise, et qu'elle a été saluée par des transports d'enthousiasme; la grille des monstres s'est encore ouverte, et un tigre a paru, un tigre de la plus belle race, tigre originaire des gorges de Ravana, ou des grottes qui avoisinent le lac de Tinnevely.

» Le lion a flairé dans l'air une émanation féline, qui, pour son odorat subtil, était parfaitement distincte, au milieu des haleines ardentes de cent mille spectateurs; il n'a pas daigné tourner la tête, comme pour ne pas faire trop d'honneur à un ennemi en se hâtant de le regarder; mais il a tiré de sa poitrine d'airain une note sourde comme une pensée de colère, et il a fixé amicalement les yeux de la jeune fille, comme pour lui dire que cette menace ne lui était pas adressée. Le tigre a compris le sens véritable de ce rugissement, et ses oreilles se sont aplaties, sa longue queue s'est repliée sous le ventre, lorsqu'il a vu au milieu de l'arène le terrible animal, qui est son ennemi naturel, par les traditions des familles félines et la loi des intincts fauves.

» Tout ce qu'un tigre peut faire pour éviter un combat inégal, celui-ci l'a fait avec un art merveilleux.

» Les dards aigus, hérissés autour de l'arène, démontraient l'inutilité d'une tentative d'évasion; aussi le tigre, jugeant d'un seul coup d'œil sa position fatale, a essayé de se creuser un abri dans les épaisses couches de l'arène, mais il ne dérobait à peine qu'une moitié de sa tête, et tous les grincements rapides de ses griffes expiraient contre la dureté du sol que le sable recouvrait : alors, il a songé à se diminuer, et à se rendre invisible en se raccourcissant à force de tiraillements opérés du poitrail à l'extrémité de la queue. Ce procédé ne lui ayant pas réussi, il a pris un air modeste, un maintien humble, comme pour se faire pardonner son origine par de sincères apparences de repentir; c'était un animal bonhomme qui témoignait un grand regret de ce que la nature l'avait fait tigre, et promettant bien, par sa nouvelle physionomie, et ses allures innocentes, de consacrer sa vie à un autre état, et de vieillir dans la haine de ses anciens confrères, zébrés de jaune, et le saint respect des lions.

» Toutes ces ruses ont échoué, le royal ennemi s'est levé sur ses quatre pattes, en rejetant bien loin, avec ses griffes de derrière, des flots de sable dans la direction du tigre; exercices et pantomimes très-évidents qui signifient que toute proposition pacifique n'est pas écoutée, et qu'il faut se préparer au combat.

» La jeune fille s'est agenouillée sur le sable, et joignant ses mains, elle a prié son Dieu, qui, sans doute, est le même Dieu de tous les pays.

» Alors on s'est servi dans cet amphithéâtre, comme dans nos combats indiens, de longues perches de fer rougi, à l'aide desquelles on a excité le tigre en le chassant bien loin de la grille, où la peur l'avait cloué en entrant. Le tigre a fait, malgré lui, un bond prodigieux, que le lion a regardé comme un prélude d'attaque. Cette fois ce n'est plus une note sourde qui a ébranlé la poitrine du lion, mais un rugissement qui s'est prolongé comme une série d'éclats de tonnerre, et qui a été applaudi par deux cent mille mains, comme un *pantoun* chanté par une habile *saracaden* sur le fameux théâtre de Tarangambouri, la ville des ondes de la mer.

» Le tigre n'avait plus que la ressource qui reste aux lâches, il s'est fait courageux, et il a répondu par un rugissement qui aurait effrayé tout autre qu'un lion. La jeune fille priait toujours, et sa pensée montait avec son regard jusqu'au firmament bleu, où est assis celui qui écoute tout.

» Le lion a pris une démarche superbe ; il s'est avancé la tête haute, les crins hérissés, la gueule ouverte, les dents en relief, la langue convulsive et toute prête à lécher du sang.

» Le tigre a pris un élan de dragon, en s'appuyant sur ses pattes raccourcies, et il a bondi en décrivant comme la ligne d'une immense arcade dans l'air.

» Cet élan était si adroitement combiné qu'il avait toutes les apparences d'une attaque foudroyante. Mais le but a été dépassé : le lion a suivi de l'œil la courbe décrite, et s'est précipité sur son ennemi au moment où celui-ci retombait de l'autre côté sur l'arène. Aussitôt les deux monstres se sont levés debout comme deux lutteurs, mêlant leurs muffles, leurs écumes, leurs griffes, leurs rugissements, leurs convulsions formidables. Le lion, bien plus vigoureux que son adversaire, l'a renversé en le serrant dans ses pattes d'acier flexible, et lui a brisé l'épine dorsale en laissant tomber comme un coup de foudre sa tête énorme et ses dents de fer. Le vaincu fauve a poussé un dernier cri ; il a raidi ses griffes sur l'arène, a vomi un sang noir par les naseaux, et ne s'est plus relevé.

» Le lion, reprenant sa modestie après son triomphe, est venu se placer auprès de la jeune fille, comme pour lui annoncer qu'il n'y avait plus de périls pour elle, et qu'il se constituait son défenseur. Puis le noble animal s'est posé en sphinx, et promenant sa griffe droite sous ses lèvres pour la mouiller, il a réparé minutieusement le désordre de sa crinière, comme aurait fait le plus habile des coiffeurs.

» La jeune fille a interrompu un instant sa prière pour donner quelques caresses de reconnaissance à son intrépide libérateur.

» La joie a rayonné dans les yeux du lion ; on eût dit qu'il s'estimait heureux d'avoir obligé une créature humaine qui ne payait pas un bienfait par l'ingratitude.

» Par un de ces revirements subits, si communs dans les mœurs de tous les peuples, des cris de pitié se sont fait entendre sur tous les gradins de l'amphithéâtre ; des larmes coulaient sur tous les visages, des fleurs et des couronnes de myrte pleuvaient sur la jeune fille ; cent mille voix, qui demandaient sa mort, demandaient sa vie ; des milliers de mains lui montraient la porte qui allait s'ouvrir à la délivrance.

» La belle martyre a remercié modestement, d'abord le ciel, puis les hommes, et sans montrer un empressement qui eût témoigné trop d'affection pour une vie dont le sacrifice avait été fait, elle a marché vers la porte, toujours escortée par le lion et ayant caressé de la main une dernière fois son superbe ami, elle s'est inclinée sous la voûte sombre où passent les martyrs morts, et vivante, elle a disparu. »

— Ceci, dit le sage brahmane Kosrou, est une vision des temps passés; c'est une histoire que les rayons du soleil ont conservée, et qui retombe sur une face du diamant Beabib, comme un corps sur un miroir. Ces mystères ont été parfaitement expliqués dans un chapitre du *Li-ki*. Chaque peuple, chaque siècle a vu ses martyrs; c'est le sacrifice du corps qui fait triompher l'âme. L'Inde a eu même ses martyrs volontaires; le plus illustre fut le grand roi Soudraka, qui, parvenu à l'âge de cent ans, monta sur un bûcher allumé par lui et brûla son corps pour faire vivre son esprit.

— Sage Kosrou, dit le jeune prince, vos paroles ont toute la douceur du miel de Kerana et tous les parfums des fleurs du Bengador. Je vous rends grâce pour la bonté que vous me témoignez en écoutant mes récits.

Et Zeb-Sing accompagna le brahmane jusqu'au chantier de la pagode de Ten-Tauli et le quitta en s'inclinant devant lui.

Quelques jours après, lorsqu'ils se réunirent de nouveau pour s'entretenir des secrets du diamant Beabib, Zeb-Sing dit à Kosrou :

— Ce matin j'ai demandé une vision à Beabib, selon mon usage, mais les mots, les idées, les images, les noms et beaucoup d'autres choses encore m'ont manqué pour bien vous faire mon récit dans sa clarté habituelle. Dans cette perplexité, je me suis adressé à un jeune voyageur qui demeure dans mon hôtellerie et dont j'ai fait mon compagnon de promenade, parce que j'ai reconnu en lui beaucoup d'instruction et de bon sens.

— Le bon sens est la langue et la science universelle, remarqua le brahmane.

— Oui, continua le prince, mais c'est une langue et une science que peu de gens possèdent, quoiqu'on la trouve partout.

— Quel est le nom de ce jeune voyageur? demanda Kosrou.

— Dhervilly.

— Et son pays?

— La France.

— J'ai entendu parler de la France, dit Kosrou; c'est un petit pays, pas plus large et plus long que Madagascar. J'ai même vu, dans ma vie, deux ou trois Français. Ce sont des gens qui voyagent peu, par orgueil, comme si le reste du monde ne valait pas la peine d'être vu.

— Soyons tolérants, dit le prince, pour les peuples malheureux que la sagesse du Li-ki et le soleil de l'Inde n'ont pas encore éclairés.

— Vous avez raison, mon fils, dit Kosrou.

— Le voyageur Dhervilly, continua le prince, me rend de véritables services; je lui raconte et je lui peins sur des feuilles d'ivoire les visions de Beabib, lorsque je ne les comprends pas, parce qu'elles appartiennent sans doute alors à un monde qui m'est étranger. Dhervilly paraît saisi de l'étonnement le plus vif, en regardant mes peintures et en écoutant mes récits; il devine très-bien les notions qui me manquent pour comprendre certaines visions de Beabib, et il remplit toutes ces lacunes en complétant mes récits et en me les rendant le lendemain, écrits par lui-même, avec des mots, des noms, des dates, des phrases, des pays dont je n'avais jamais entendu parler.

C'est ainsi que le voyageur Dhervilly m'a, pour ainsi dire, traduit en histoire française une vision qu'il a appelée lui-même *Baguette Magique*. Sage brahmane, me permettez-vous de vous la lire sur la traduction en indoustani que j'en ai faite ?

— Lisez, mon fils ; un ignorant même lorsqu'il parle, apprend toujours quelque chose au plus savant.

Et le prince lut l'histoire suivante :

La baguette magique.

Si vous connaissiez l'Irlande, *cette fleur de terre, cette perle de la mer*, comme dit la chanson dans ce pays, vous auriez admiré sans doute les paysages solennels des lacs de Killarney, dans le comté de Kerry. C'est une forte et superbe nature qui n'a pas son égale au monde ; ce sont des rocs amoncelés en étages, comme pour soutenir le ciel ; de grandes eaux dormantes au fond des gouffres ; des horizons sublimes, où les montagnes découpent avec les arêtes de leurs cimes l'azur pâle du firmament.

Cette nature prédispose les âmes aux rêveries sombres, aux pensées graves, et même aux fabuleuses superstitions.

Le fermier Patrick, en se mariant avec une pauvre vil

lageoise nommée Augusta, vint consulter, après le huitième mois de son mariage, une habile sorcière de Killarney, pour savoir quel serait le destin de l'enfant qui allait bientôt voir le jour.

La sorcière, jugée infaillible dans ses prédictions, fit la réponse suivante :

— Une fille naîtra de vous, et elle épousera le vice-roi d'Irlande.

Patrick, bouleversé par cette réponse inattendue, voulut faire quelques observations, mais la sorcière lui ferma la bouche et ne voulut rien écouter. Cette sorcière était laide comme la femme de l'enfer qui a inventé les péchés mortels. La fermière Patrick fit un signe de croix, salua la magicienne, et suivit son mari.

Le soir, les voisins, instruits de la prédiction, affirmèrent tous qu'elle se réaliserait indubitablement, et sans perdre de temps, ils se recommandèrent tous à la haute protection de la future vice-reine d'Irlande. Un mois après, la fermière Patrick mit au monde une fille... On accourut du village pour regarder sa figure... Elle était d'une laideur idéale, et le père même avoua humblement qu'il n'avait jamais rien vu de si laid.

Les voisins commencèrent à douter du destin promis, et leur foi robuste fut un peu ébranlée par ce monstrueux accouchement. La fermière seule, en sa qualité de mère, se révolta contre l'opinion générale, et traita tout le monde d'aveugle, même son mari.

Plusieurs mois s'écoulèrent, et l'enfant croissait en laideur; chaque jour amenait en relief quelque nouvel incident déplorable sur son visage; si bien que la mère finit par reconnaître elle-même la fabuleuse laideur de son enfant.

A cette époque, on parlait beaucoup dans le comté de Kerry, de Menai-Woolf, magicienne des magiciennes; elle avait établi le sanctuaire de ses nocturnes évocations dans la déserte vallée de *Black-Devil*, qui conduit au lac majeur de Killarney. Patrick et sa femme, tourmentés tous deux par la prédiction de la sorcière, résolurent de porter de nouveaux présents et une nouvelle demande à la magicienne Menai-Woolf, qui jouissait de la confiance de tous les villageois du comté.

— Nous verrons bien, dit Patrick, si les deux sorcières seront d'accord dans leurs prédictions.

Menai-Woolf était une femme irlandaise d'une beauté monumentale; un statuaire l'aurait choisie pour lui emprunter des formes plastiques dignes du temple des géants ou de Jupiter Olympien, en Sicile. Elle avait ce luxe de chevelure ardente, si commune dans les climats de forte végétation; ses yeux brillaient de cet éclat sombre qu'on admire en été dans les eaux du golfe de Dublin; son visage, d'une régularité superbe, rappelait les plus beaux types connus et immortalisés par la palette ou le ciseau...

C'est une erreur assez commune de croire que les magiciennes ont toujours été de laides et vieilles femmes; Circé, qui a fondé cette race mystérieuse, était d'une beauté homérique; et dans les âges antiques, les femmes qui se vouaient aux mystères des sciences occultes, soit dans le temple des sibylles de Rome, soit dans les cryptes d'Eleusis, en Égypte, étaient toujours douées d'une grande beauté de visage et de corps. Personne ne serait venu consulter de vieilles et laides magiciennes; on n'aurait pas eu la moindre foi en celles-là, puisqu'elles n'avaient pas eu le pouvoir de se faire belles, c'est-à-dire de se donner la véritable et seule richesse des femmes. Puis les temps sont venus, où, par une dépravation incroyable, les hommes, toujours convoitant les secrets de l'avenir, ont recouru aux sorcières, affligées de vieillesse et de laideur ; il est vrai que les belles femmes ont trouvé depuis des ressources plus lucratives, et se sont retirées d'une profession qui jetait sur elles les teintes fatales de l'enfer chrétien.

Menai-Woolf, l'illustre magicienne de l'Irlande, tenait ses assises de nécromancie dans un recoin, très-probablement fréquenté par des esprits inspirateurs qui se mêlent, sans être vus, aux affaires de l'humanité visible. Autour de son trône les herbes étaient maigres, les plantes rabougries, les arbustes tordus, les fleurs livides, comme si des pieds de démons eussent foulé ce sol maudit, dans des rondes infernales, sous la maligne influence des lunes du samedi; ou comme si des vapeurs sulfureuses, exhalées des lieux profonds, eussent desséché, dans ce val, tout ce que la terre produit, avec tant de luxe, aux environs de Killarney.

Le fermier et sa femme tentèrent ce pèlerinage, et comme ils avaient acquis de la richesse, ils ne sollicitèrent pas longtemps les faveurs de la magicienne : elle leur donna audience, le premier soir, un peu après le coucher du soleil.

Menai-Woolf remplissait sa mission avec une conscience très-évidente, et qui excluait tout soupçon de fourberie mercantile : c'était une magicienne qu'il fallait nécessairement prendre au sérieux, même si on eût été sceptique ou railleur. Au reste, à ces époques de foi plé-
ère, personne ne songeait à douter des pouvoirs magi-

ques; dès que le doute et la raillerie sont venus, la nécromancie a disparu de la terre. La foi éteinte, la bouche prophétique s'est fermée. L'homme qui a le plus contribué à détruire toutes ces choses, Voltaire, dans un moment de remords, a lui-même écrit ces vers :

> Le raisonner tristement s'accrédite,
> On court, hélas ! après la vérité !
> Ah ! croyez-moi, l'erreur a son mérite !

Certes, c'était bien la peine d'écrire cinquante volumes contre l'erreur, pour faire ensuite pareille amende honorable à quatre-vingts ans.

Quoi qu'il en soit, les baguettes magiques sont brisées et les magiciennes ne reviendront plus, ce qui donne néanmoins tant d'intérêt aux magiciennes d'autrefois.

La fermière s'attendait encore à rencontrer dans le val une vieille et laide sorcière, et elle avait préparé ses yeux et son courage à subir quelque horrible apparition; mais son étonnement fut extrême, lorsqu'elle se trouva face à face avec la plus belle des femmes du comté de Kerry! La fermière croisa dévotement ses mains comme elle eût fait devant l'apparition de la sainte, sa patronne, et ne put s'empêcher de s'écrier : Oh ! la superbe femme ! exclamation que la magicienne accueillit très-froidement, ce qui attestait chez elle un profond détachement des choses de la terre, et la rendait encore supérieure à son sexe par l'absence de tout amour-propre féminin.

Le fermier expliquait le motif de sa visite à la magicienne, mais sa femme était toujours plongée dans une admiration extatique, et ses deux mains ne se déjoignaient pas.

Menai-Woolf écouta sans regarder le fermier et quand celui-ci eut fini de parler, elle inclina majestueusement sa noble tête, comme pour dire j'ai compris, et fit signe aux deux villageois de se retirer un peu à l'écart, pour ne pas troubler ses profondes méditations.

Patrick eut toutes les peines du monde à retirer sa femme de son extase d'admiration, causée par la solennelle beauté de la magicienne.

Menai-Woolf, assise sur un trône, ouvrit le volume mystérieux, qui se nomme le LIVRE par excellence, le seul qui ait échappé à l'incendie d'Omar, et qui, écrit sur des feuilles d'amiante, resta incombustible devant la torche du kalife. La magicienne lut le fameux chapitre intitulé *Tetragrammaton*, ce mot que la bouche ne peut prononcer sous peine de rester muette; elle prononça *au rebours*, comme Satan, le verset d'espérance (1), qui se change en cri de désespoir; elle cueillit de sa main gauche une touffe de verveine, trois feuilles de houx, une fleur d'ancolie sauvage, et les lança derrière sa tête, en disant sept fois : *Black-Devil, come here! Diable noir, viens ici!* Après quoi elle prit son sceptre, ou pour mieux dire, sa *baguette magique*, joyau de nécromancie fabriqué dans une grotte de *Blue-Hill*, par un ouvrier mystérieux, et elle lança autour d'elle un cercle qui changea les grains de sable en étincelles phosphoriques qui ressemblaient à des yeux vivants couleur d'iris.

---

(1) Ce verset entrait dans les expériences nécromanciennes, lu au rebours.

In te, Domine, speravi, non confundar in œternum.
Au rebours :
In œternum confundar, non speravi, Domine, in te,

Au même instant, le tonnerre gronda sur les pics de Killarney, et les échos tourbillonnèrent avec des gradations infinies dans les cratères immenses, au fond desquels dorment les eaux noires et plombées des lacs.

Menai-Woolf fit un signe avec sa baguette magique, et les deux villageois s'avancèrent pour recueillir l'oracle qui allait être prononcé. La magicienne agita convulsivement sa tête superbe, comme si elle faisait un suprême effort pour arracher à l'avenir ses arcanes les plus mystérieux, et ses bras se déployèrent dans toute leur majesté souveraine comme les deux ailes de l'oiseau des Cordillières, dans les rayons de l'équateur.

— Femme! — dit-elle, d'une voix qui semblait sortir d'un clavier d'airain; — femme, incline ta tête devant la révélation de l'inconnu!

La fermière, qui admirait toujours la beauté de la magicienne, obéit à l'ordre et à la lourde pression de la baguette magique, et s'inclina.

— Femme, poursuivit la magicienne, écoute bien ceci, et ne l'oublie jamais pendant seize ans. Quel que soit l'état vil où tu te trouves aujourd'hui, ta fille épousera le vice-roi d'Irlande. J'ai dit.

Elle nous ont dit toutes les deux la même chose, pensèrent les deux villageois, la prédiction, quoique impossible, s'accomplira.

Et tous les deux, après avoir salué la magicienne, et baisé respectueusement la baguette magique, reprirent le chemin de leur ferme. En arrivant, ils regardèrent leur fille pour voir si l'expérience nécromancienne avait corrigé les vices incurables de sa laideur. Hélas! cette pauvre jeune fille était encore plus affreuse qu'à l'époque où elle vagissait dans son berceau. Comptez sur le vice-roi d'Irlande après cela !

En supprimant les détails intermédiaires et les chapitres oiseux, qui sont les broussailles du récit, nous franchissons tout de suite le court espace de six mois, et nous retrouvons la fermière Patrick, mère d'une seconde fille, mais, cette fois, la prédiction de la magicienne parut avoir quelque chance de succès autour du nouveau berceau.

Edith, on la nomma ainsi, fut saluée par des cris d'admiration, et une grande profusion de *very-nice*, dès qu'elle vit le jour. En général, les Irlandaises et les Irlandais naissent beaux, mais Edith faisait encore exception à cette règle ; elle était d'une beauté incomparable ; comme enfant nouveau-né, sa taille même était précoce ; on lui aurait donné un an lorsqu'elle naquit ; aussi les voisins, conviés au baptême, prédirent qu'Edith serait la plus jolie et la plus belle femme de l'Angleterre et peut-être de l'univers.

Le fermier et la fermière échangeaient des regards d'intelligence, et se comprenaient à merveille. Seulement ils ne parlèrent à personne de la prédiction, en songeant au proverbe bourgeois : *chose annoncée n'arrive pas*.

On arrivait de tous les points du comté à la ferme de Patrick pour voir ce miracle de beauté enfantine, et toutes les mères demandaient à Dieu de leur donner une Edith à la première occasion. Il vint même des familles qui habitaient les bords de l'océan Atlantique, et qui avaient entendu parler de la fille de l'heureux fermier de Killarney. C'était une éternelle procession de curieux ou d'indiscrets, mots synonymes souvent.

Edith croissait en beauté, quoique la chose parût impossible : chaque jour nouveau ajoutait une grâce nouvelle à l'adorable enfant; le seul défaut qu'on aurait pu rencontrer sur ce visage divin, c'était une trop longue absence de sourire. Edith avait un air grave à l'âge de six mois.

Était-ce là un défaut réel? Les voisins se divisaient en deux opinions bien distinctes. Quant au père, il voyait avec joie cette gravité si précoce, qui annonçait la vice-reine de Dublin. Les voisins, n'étant pas dans le secret, contrariaient Patrick qui se taisait, en souriant, comme un homme jaloux de son secret.

Laissons Edith croître et se développer au milieu d'une admiration toujours soutenue, et arrivons à la phase où son histoire commence à sortir de l'obscurité d'une ferme, pour rayonner dans les plus hauts lieux.

A quinze ans, Edith était si merveilleusement belle, que tous les fermiers eux-mêmes, malgré leur amour pour l'agriculture, avouaient hautement que ce soleil d'amour n'était plus à sa place dans une chaumière, et que les parents commettaient une sorte de crime en ensevelissant Edith dans les brouillards de Killarney.

Ces reproches causaient le plus grand plaisir à Patrick et à sa femme; ils étaient tous deux fort rusés, et ils connaissaient l'esprit des voisins.

— Voilà précisément ce que j'attendais, — dit Patrick à sa femme, — et nous avons agi avec grande sagesse, en provoquant ces reproches. Si nous eussions dit à nos voisins : notre fille Edith est trop belle pour rester dans une ferme et nous allons la lancer, habillée en lady, à Dublin, dans les allées de Phœnix-Park ; si nous eussions dit cela, tout de suite les voisins n'auraient pas manqué de blâmer notre conduite, en termes peu charitables, tandis que nous sommes à notre aise, maintenant ; nous aurons l'air d'écouter leurs reproches, et d'obéir à leurs conseils. Les voisins seront contents d'eux et de nous.

— C'est bien ce que j'ai pensé aussi, dit la fermière ; je connais les voisins, ils sont tous les mêmes ; aussi faut-il toujours avoir l'air de faire ce qu'ils veulent, lorsque ce qu'ils veulent n'est autre chose que ce que nous voulons.

Ce raisonnement indique assez le caractère observateur et rusé de ces deux villageois. Celui qui observe est toujours plus fin que celui qui est observé. Le peintre a plus d'esprit que la toile.

Patrick feignit de faire violence à ses goûts champêtres, et il vendit sa ferme pour renoncer, disait-il, à son bonheur personnel, et songer au bonheur de sa fille, selon les sages préceptes de ses intelligents voisins. Les voisins applaudirent en masse à l'héroïque détermination du fermier.

La ferme vendue, Patrick se trouva le lendemain à la tête d'une armée de deux mille guinées, qui, d'après ses plans, devaient lui servir à conquérir, pour Edith, la vice-royauté d'Irlande.

Arrivé à Dublin, Patrick enferma sa fille aînée dans un couvent de religieuses peu favorisées par la beauté mondaine, et se logea dans *Sakeville-Street*, n° 17. Il s'habilla et habilla sa femme et sa fille, selon la loi des dernières modes, et le premier dimanche venu, après la dernière messe de la cathédrale de Saint-Patrick, il vint se mêler fièrement avec sa famille aux exhibitions ambulantes de Phœnix-Park.

Edith paraissait avoir vingt-cinq ans, car sa taille appartenait aux plus magnifiques proportions de son sexe; un chapeau, façon Paméla, couronnait sa chevelure ardente sans la couvrir; des torrents de boucles d'or coulaient sur ses épaules, et encadraient un visage de déesse, un visage où l'éclat de la fraîcheur, la suavité des lèvres, l'émail des dents, adoucissaient la fierté naturelle des traits et du regard.

Au moment où Edith prenait son éventail sur la chaise de l'église, un rayon de soleil descendu des rosaces gothiques de Saint-Patrick anima l'azur orageux de ses yeux, et donna au visage d'Edith un caractère ineffable de grandeur et de solennité. Sa mère la regarda et entra en réflexion.

On sortit de l'église. Edith marchait la première à deux pas de son père et de sa mère.

— Mon ami, — dit l'ex-fermière à son mari, d'une voix émue, — as-tu bien remarqué le visage d'Edith?

— Comment! dit l'ex-fermier, je ne remarque, moi, que ce visage, j'en suis fier comme un roi de son trésor.

— Et ce visage, mon ami, ne te rappelle rien?

— C'est que, ma chère amie, ce visage ne rappelle rien de connu à personne. Tu vas voir quelle sensation notre fille va produire dans Phœnix-Park!

— Tout cela ne répond pas à ma question, — dit la femme d'un ton d'impatience, — et tu es si triomphant de ta fille que tu n'écoutes pas ce que je dis.

— C'est vrai, ma femme.

— Eh bien! je vais t'aider, moi... Notre fille ressemble, comme deux gouttes d'eau se ressemblent, à cette superbe magicienne du vallon de *Black-Devil*, cette magicienne qui nous a fait la grande prédiction.

— Edith! — cria le père pour faire retourner sa fille.

Edith pirouetta légèrement, et montra son visage à son père, qui eut l'air de la regarder pour la première fois.

— C'est bien! — dit le père en souriant; — tu peux continuer ta marche; je voulais te voir.

Et regardant sa femme, il ajouta, un instant après, à voix basse:

— Tu as raison, ma femme! Edith lui ressemble... Seulement, Edith est beaucoup plus jeune et plus fraîche.

— Oui, oui, mais les traits sont les mêmes, absolument les mêmes. Edith n'a que quinze ans, et la magicienne en avait au moins trente quand nous l'avons vue.

— Au moins trente, dit le mari, pour être toujours de l'avis d'une femme qui lui avait donné une si belle fille.

— Et maintenant, poursuivit la femme, je voudrais savoir d'où peut provenir une pareille ressemblance!

— C'est bien simple, répondit l'ex-fermier; la beauté miraculeuse de la magicienne t'a frappée dans les premiers mois de la conception; et ta fille a pris dans ton sein les traits de la magicienne.

— Oui, ce doit être cela, — dit la femme en réfléchissant. — En effet, quand j'ai vu la magicienne, mon imagination a été toute bouleversée; et j'aurais volontiers passé un jour à regarder son visage, sa taille et son corps. Quel bonheur d'avoir eu l'idée d'aller faire cette visite à *Black-Devil*, il y a seize ans! et nous aurions peut-être deux filles comme Edith, si je n'avais pas vu la sorcière de la première prédiction!

— C'est juste! remarqua le mari; enfin contentons-nous de ce que nous avons.

En causant ainsi, ils étaient arrivés à la grille de Phœnix-Park.

Il y avait à cette promenade superbe tout le beau monde de Dublin ; les femmes, en plus grand nombre que les hommes, se faisaient surtout remarquer par cette beauté sympathique qui luit sur tous les visages du beau sexe irlandais. Edith parut... Ce fut comme une éclipse totale ; les étoiles s'effacèrent devant le soleil. Tout devint cadre, il ne resta qu'un tableau.

L'enthousiasme fit explosion; la foule s'agita comme une mer surprise par l'ouragan; tous les yeux dévorèrent Edith. Les hommes disaient : Mon Dieu! qu'elle est belle! et les femmes s'extasiaient comme les hommes, ce qui est le comble du triomphe pour une beauté.

Patrick donnait le bras à sa femme et baissait modestement les yeux, pour ne pas humilier les autres pères. Edith soutenait cet assaut d'admiration fiévreuse, avec un courage superbe; la déesse promenait fièrement ses regards sur ses adorateurs. Une femme qui a la conscience de sa beauté suprême, ne redoute aucune fureur d'enthousiasme, même en public.

Cependant la mère d'Edith comprit dans son bon sens villageois que cette sorte d'exhibition était peu convenable, et faisant un geste très-significatif à son mari, elle prit le chemin de la grille du parc.

Un vif mécontentement éclata dans la foule, lorsqu'elle vit qu'on lui enlevait si vite l'objet merveilleux de son admiration. Des voix même se faisaient entendre, qui disaient :

« Il n'est pas permis de se retirer d'une promenade avant l'heure des complies. Nous sommes volés. On fermera la grille. Nous irons nous plaindre au vice-roi. »

Patrick regarda sa femme, comme pour lui demander encore un tour supplémentaire de promenade; mais la mère fut inexorable, et la première, d'un pas résolu, elle franchit la grille du parc, en tenant son Edith par la main.

Une semaine s'écoula, et la jeune Edith, recluse dans son appartement, pour cause d'excès de beauté, attendait le dimanche pour jouir d'un nouveau triomphe, mais la mère la conduisit à Patrick, à la première messe de l'*angelus* du matin; la nuit couvrait encore la ville, et l'*ite missa est* ne fut prononcé qu'à l'aube. Tout Dublin dormait.

— Cependant, dit le mari à sa femme, si nous voulons que la prédiction s'accomplisse, si nous voulons qu'Edith devienne vice-reine d'Irlande, nous prenons, je crois, un mauvais chemin. Ce n'est pas en cachant notre fille dans les ténèbres de sa *Bed-Room* que le vice-roi pourra la voir et l'épouser.

— Mon cher mari, — répondait la rusée villageoise, en haussant les épaules de pitié, — vous ne savez pas ce que vous dites.

La fermière ne s'expliquait pas, mais elle avait raison.

Ce dimanche venu, il y avait encore beaucoup plus de monde à Phœnix-Park. La nouvelle du phénomène avait circulé en ville, et le vice-roi lui-même s'était fait humblement piéton et simple promeneur, pour voir la merveille dont la ville retentissait depuis six jours. Le désappointement fut général. Tout Dublin attendit le phénomène de beauté; Edith ne parut pas.

Le vice-roi regarda tous les visages de femme; il connaissait toutes les beautés de Dublin; il n'aperçut rien de nouveau, et comme les autres, à l'heure des complies, il remonta à cheval, devant la grille, et reprit mélancoliquement le chemin de son palais.

La demeure d'Edith avait été découverte par quelques-uns de ces jeunes gens oisifs et hardis, dont le métier est de suivre les femmes, et de prendre le numéro de leurs maisons. Une promenade et une station s'établirent à *Sakeville-Street,* devant la maison de la merveille obstinément recluse. Il fut même de bon ton de venir, tous les jours, passer quelques heures sous les fenêtres d'Edith; on espérait ainsi arriver à satisfaire une curiosité de jour en jour plus irritante. De progrès en progrès, cette mode prit enfin un caractère inquiétant. La mère d'Edith jugea l'instant favorable pour faire décemment, et à petit bruit, un scandale avantageux.

Elle ferma Edith à double tour dans son appartement, et se rendit avec son mari chez plusieurs hauts magistrats chargés de la sûreté de la ville.

Les magistrats écoutèrent la plainte des époux, et firent tous la même réponse :

— Les citoyens sont libres de se promener et de stationner partout où bon leur semble, et aucune Edith ne peut leur ravir cette liberté.

— Eh bien! dit mistress Patrick, nous irons nous plaindre au vice-roi, puisque les subalternes ne nous écoutent pas.

— Allez vous plaindre au vice-roi, répondirent les magistrats.

Patrick demanda une audience au vice-roi.

En ce temps-là ces audiences étaient immédiatement accordées à des plaignants.

Ce fut la mère qui porta la parole devant ce haut fonctionnaire ; elle raconta le blocus de sa maison, et ajouta :

— Certainement, nous ne contestons pas aux citoyens le droit de se promener ou stationner partout où bon leur semble ; mais il ne faut pas que la liberté de tous enchaîne la liberté d'une famille ; nous ne devons pas être seuls, mon mari, ma fille et moi, les esclaves de la liberté du peuple de Dublin. C'est pourtant ce qui arrive. Nous sommes de vrais prisonniers dans notre maison de *Sakeville*; nos persiennes sont closes ; il ne nous est pas même permis de respirer l'air que Dieu donne à tous ses enfants.

Le vice-roi écouta cette doléance avec bonté.

— Madame, lui dit-il en souriant, vous êtes la plus heureuse des mères, et votre plainte le prouve ; quelle femme ne voudrait être à votre place ! Cette violence extérieure que Dublin exerce contre la liberté de votre famille est le compliment le plus flatteur qu'un peuple puisse adresser à la beauté de votre jeune Edith. Quoique investi d'un pouvoir très-grand, je me trouve dans un singulier embarras, et après avoir réfléchi mûrement, je crois que le vice-roi d'Irlande n'a qu'un seul conseil à vous donner.

— Quel conseil, Monseigneur ? — demanda la mère d'Edith avec émotion.

— Un conseil bien simple, poursuivit le vice-roi, celui

de quitter Dublin, et de choisir pour votre résidence une grande ville comme Londres, où les existences disparaissent ou passent inaperçues dans le tourbillon général.

Ce conseil ne répondait point aux vues ambitieuses de l'ex-fermière, et contrarierait trop la marche de la prédiction.

— Monseigneur, — dit la mère d'Edith avec une fermeté respectueuse, — nos affaires de commerce nous appellent à Dublin; notre fortune, qui est considérable, est engagée dans le mouvement industriel de cette ville, et nous ne pouvons aller à Londres, où nos intérêts ne sont pas en ce moment.

Le vice-roi, qui n'avait jamais vu Edith et qui craignait de voir partir sa famille en perdant l'occasion de connaître la merveille dont s'entretenait Dublin, imagina un moyen fort naturel d'ailleurs pour satisfaire sa curiosité.

— Madame, dit-il, j'ai en ce moment de graves affaires; mes courriers de Londres m'attendent, et je ne puis improviser une loi qui concilie la liberté des citoyens et la vôtre. Mais voici ce que vous avez à faire. A l'heure du *lunch*, je vous enverrai ma voiture, et une escorte de quatre dragons de *Cold-Stream*. Vous reviendrez chez moi avec votre mari et votre jeune Edith, et nous aviserons en famille pour le mieux; croyez-le bien.

La rougeur de l'orgueil enlumina le visage de la mère d'Edith; elle salua respectueusement le vice-roi, et son geste annonça, mieux que la parole, qu'une pareille invitation était acceptée avec le plus grand plaisir.

A l'heure du *lunch*, la famille de Patrick fut introduite dans la salle à manger du vice-roi. Edith, très-bien inspirée par son esprit, avait une toilette des plus simples mais jamais les hautes glaces vénitiennes du palais du gouvernement n'avaient réfléchi une aussi merveilleuse beauté.

Le vice-roi porta vivement la main à ses yeux, comme si ses paupières eussent tout à coup subi une éblouissante irradiation de soleil. La mère, qui ne perdait rien de ce qui se passait devant elle, vit le mouvement du vice-roi et se réjouit dans son cœur.

Edith, invitée à prendre place devant une tasse de thé, s'assit avec l'aisance d'une lady habituée au monde; rien dans son maintien n'annonçait une fille de campagne; à force d'être belle, Edith était devenue grande dame à son insu : le vice-roi la regardait, comme un artiste regarde un chef-d'œuvre de marbre exhumé d'une fouille, et, en la regardant, il oubliait sa vice-royauté, son rang suprême, ses préjugés aristocratiques, ses hautes alliances de famille, enfin toutes les servitudes écrites sur le cahier des charges de la fière noblesse d'Albion.

Ce *lunch* fut décisif pour l'avenir du vice-roi, et d'autres *lunchs*, plus dangereux encore, suivirent le premier. La mère d'Edith ne perdait pas un signe, un geste, un mouvement du vice-roi, et lorsqu'elle jugea le moment favorable, elle dit au vice-roi, que des affaires importantes appelaient son mari sur le continent; et que même ils partiraient bientôt tous les trois pour l'Inde, où un établissement considérable les attendait.

La pâleur qui couvrit le visage du vice-roi, donna un bonheur immense au cœur de l'ex-fermière; aussi elle ne tarda pas d'ajouter que ce départ était irrévocablement fixé au lendemain.

Le vice-roi, qui se croyait très-diplomate comme tous les lords, n'admettait pas la diplomatie dans les êtres subalternes ; il ajouta foi complète aux paroles de la mère d'Edith, il lui demanda un quart d'heure de réflexion solitaire, et se retira dans son jardin pour penser.

Le vice-roi pensa une demi-heure, mais il avait beau penser, l'image souveraine d'Edith rayonnait devant ses yeux, et ne promettait pas de s'éclipser tout à coup. Cependant il fallait prendre une résolution ; l'heure s'avançait et devenait exigeante. — Il le faut ! dit le vice-roi.

Cet *il le faut !* signifiait qu'il fallait oublier un amour trop bourgeois, et rester vice-roi célibataire, pour l'honneur de sa famille qui comptait tant de ducs. En rentrant dans la salle, le noble seigneur amoureux prit une pose de Van-Dick, et ouvrant la bouche pour faire à Edith des adieux éternels, il se trompa de route, et la demanda en mariage à son père. Les deux ex-fermiers jouèrent la stupéfaction en comédiens accomplis.

— Quoi ! vous !..... Mylord !..... est-il possible !..... mon Dieu !.....

La mère se laissa tomber sur un fauteuil, et fit signe à un domestique de lui donner de l'air pour prévenir un infaillible évanouissement.

Edith, au milieu de cette scène, gardait un calme superbe ; elle aurait cru faire injure à sa beauté, en s'étonnant une minute de se voir épousée par le plus puissant des rois ou des empereurs.

L'affaire fut lestement conduite à sa solution, et comme un vice-roi supprime en un seul instant tout ce qui serait obstacle pour un simple sujet, le mariage fut célébré le lendemain.

— Eh bien ! dit l'ex-fermière à son mari, — est-ce étonnant de voir ainsi se réaliser la prédiction de la magicienne ?

— Oui, dit l'ex-fermier en souriant; mais il faut convenir aussi que nous avons bien secondé la prédiction.

Malheureusement la magicienne n'avait pas prévu les caprices du ministère anglais. A la nouvelle du mariage du vice-roi et d'Edith, les ministres s'indignèrent et conçurent de vives craintes pour l'abâtardissement de l'aristocratie anglaise. On tint conseil à Windsor. Les ministres avaient tous des filles à marier, et ils espéraient tous que le vice-roi épouserait une de leurs filles; cependant, comme il n'est pas permis, en politique, de donner la véritable et secrète raison d'une chose, ils destituèrent le vice-roi pour crime de mésalliance et d'attentat aux prérogatives de la naissance anglaise. Le vice-roi était encore dans sa lune de miel, et il se chagrina fort peu de sa disgrâce. Edith était une royauté !

Mutzi la Mendoçaine.

Quelques jours après, Zeb-Sing parla ainsi :

Le vaisseau *le Solide*, commandé par le capitaine Marchand, et armé par la célèbre maison Elisée Baux de Marseille, voguait sur l'océan du Sud. Après avoir découvert l'archipel des îles nommées de la *Révolution*, le capitaine Marchand mouilla devant les îles Marquises de Mendoce. Cet autre archipel était alors à peu près vierge encore de l'insulte européenne. Les pirogues, nombreuses comme une troupe de dauphins, quittèrent la plage et vinrent entourer le vaisseau *le Solide*, avec les intentions les plus pacifiques du monde.

Le vaisseau *le Solide* était à l'ancre, sur une mer très-calme, et ses matelots accueillirent les pirogues par des démonstrations non équivoques de bienveillance et d'amitié. Aussi les jeunes Mendoçaines se jetèrent toutes à la nage, grimpèrent sur le vaisseau, qu'elles envahirent par les sabords, et parurent sur le pont comme une armée de nymphes océanides, en costume de grottes d'azur.

Marchand, homme illustre et très-oublié aujourd'hui parce que nous avons eu malheureusement, pour chacun, trop d'hommes illustres, a décrit, dans son voyage, cette charmante invasion du *Solide* en termes empreints, sans doute, du parfum mythologique de l'époque, mais qui ne manquent pourtant pas d'une vraie chaleur d'enthousiasme méridional. — *Le mât goudronné du* Solide, dit-il, *ainsi couvert du pont à la cime de toutes ces jeunes Mendoçaines, ressemblait à l'arbre enchanté de la forêt de Gnide*.

Nous ne savons pas trop où le capitaine Marchand a vu cet *arbre enchanté*, car en supposant même qu'il a existé, il est difficile à un arbre et à un mât chargés de femmes blanches et sauvages de se ressembler.

Au reste, cela soit dit en passant, les matelots firent une dépense énorme en petits miroirs et en verroterie, pour mériter l'amitié des Mendoçaines envahisseuses. Ces largesses ne ruinèrent personne et donnèrent la joie à tout le beau sexe de l'archipel.

Parmi toutes ces nymphes océanides, il s'en trouvait une, à peine âgée de quatorze ans, qui se nommait Mutzi (*fleur du soir*), et semblait ne vouloir prendre aucune part à la curée des verroteries et des petits miroirs que la coquetterie mendoçaine enlevait sur le pont avec une dévorante vivacité. Mutzi s'était hissée par un câble de l'arrière jusqu'à la corniche de la dunette; et assise mélancoliquement sur un rouleau de voiles, elle regardait ses sœurs.

C'était comme une protestation vivante de sa pudeur contre les saturnales maritimes du *Solide*.

Le capitaine Marchand, dont la tolérance est admirable, excuse très-bien la conduite un peu leste de ses marins, et les absout paternellement. (Voir le voyage du capitaine Marchand et du vaisseau *le Solide*.)

La jeune Mutzi faisait probablement un monologue que nous serions fort heureux de reproduire; mais le vent de la mer l'a emporté, comme tant d'autres plaintes qu'ont entendues les archipels.

Masse, qui a donné son nom peu poétique à l'île *Masse*, et commandait en second *le Solide*, se promenait avec une gravité nécessaire au milieu des matelots et des Mendoçaines, comme un professeur débordé par la mutinerie de ses élèves prend son parti avec résignation, et affecte de ne rien entendre et de ne rien voir. Le capitaine Marchand affectait aussi de rester enfermé dans sa chambre de capitaine, pour relever les fautes de latitude et de longitude commises par ses prédécesseurs; ceci est un ancien usage maritime qui remonte à Euthymènes et Pythéas, ces Castor et Pollux de la mer. Tout commandant de navire est tenu de prouver que le navigateur qui l'a précédé sur une côte ou un écueil a commis une erreur topographique de plusieurs degrés. Il est vrai qu'en ce moment le capitaine du *Solide* ne relevait rien du tout; mais il se faisait ressembler à un homme qui relève, pour excuser son absence aux yeux des matelots.

Cependant la vente des verroteries, des petits miroirs, des clous rouillés, finit par causer tant de tumulte sur le pont du *Solide*, que Marchand sortit de sa chambre pour rétablir un peu d'ordre sur ce bazar.

Les matelots crièrent *Vive le capitaine!* et continuèrent leur commerce avec une grande verve d'insubordination.

Le capitaine Marchand ferma les yeux, et s'approchant de Masse qui étudiait une carte de Bougainville, devant la dunette, il lui dit :

— Mon cher Masse, au tomber du jour, nous déraperons.

— Comment ! dit Masse ; nous sommes venus aux Marquises de Mendoce pour nous ravitailler, et nous partirons sans toucher côte, sans mettre une embarcation en mer ?

— Mais réfléchissez, mon ami, dit Marchand, réfléchissez...

— Eh bien ! oui, je réfléchis... Après ?

— Après, dites-vous ! ce que vous voyez ne vous suffit donc pas, mon cher Masse ? Dois-je attendre ici que tous ces endiablés de marins du midi se jettent à la mer, comme des déserteurs, pour suivre toutes ces Cléopâtres dans ces montagnes bleues que nous voyons vis-à-vis ?

— Oh ! mon cher capitaine, — dit Masse après avoir

étouffé un éclat de rire, — nos matelots vous aiment comme leur père, et ils ne déserteront pas, comme Marc-Antoine, pour vivre ensuite comme des Robinson Crusoé ! Ne craignez pas cela.

— Si fait, je le crains, mon cher Masse. Je le crains, parce qu'un bon capitaine doit craindre et prévoir tout ce qui peut arriver, même l'impossible.

— Eh bien ! ceci est l'impossible, capitaine.

— Raison de plus pour le craindre, mon cher Masse. Si *le Solide* m'appartenait, je pourrais courir cette chance, dont je ferais seul les frais ; mais je suis investi de la confiance du plus honnête des armateurs, Élisée Baux, je dois me rendre digne de cette confiance. Il nous reste encore beaucoup à faire pour accomplir notre mission ; nous avons à soigner activement notre commerce de pelleteries sur les côtes de la Chine, et je regrette déjà le temps perdu ici. Quel malheur, ensuite, si je manquais les moussons dans l'océan Indien ! Tous mes plans seraient renversés.

— Mais, capitaine, ce n'est pas un jour passé aux Mendoces qui nous attirera tous ces malheurs.

— Masse, vraiment, je ne vous comprends pas, en ce moment... d'honneur je ne vous comprends pas.

— Comment ! capitaine ! expliquez-vous.

— Masse, c'est la première fois, depuis notre départ de France, que je vous trouve en désaccord avec moi.

— Mais... capitaine... il me semble.....

Masse cherchait une phrase et ne trouvait rien.

— Eh bien ! voyons, Masse, donnez-moi une bonne raison... Ordinairement, vous avez l'élocution très-facile... Pourquoi apprenez-vous ainsi à bégayer ?

— C'est que, voyez-vous, capitaine... je crois... à vous parler franchement, que les matelots murmurent.

— Eh! mon Dieu! les matelots murmurent toujours, mon cher Masse. Ils murmureront une fois de plus, voilà tout.

— Prenez garde, capitaine; cette fois, ils se mutineront.

— Vous croyez?

— Je le crois, et je le crains..... mon cher capitaine; nos matelots ont beaucoup souffert, et ils ont souffert sans se plaindre; nous avons eu le scorbut à bord; les matelots ont besoin de toucher la terre et de boire du lait de coco, qui est le meilleur de tous les antiscorbutiques, comme l'affirment avec raison Bougainville et Cook...

— Bien! bien! je sais cela... après?

— Après... Voici, capitaine... nous avons promis à l'équipage quelques jours de terre. Ces pauvres marins ont tant souffert sans se plaindre!

— Mais nous sommes maintenant au bout de nos fatigues. Nous voguons sur de belles eaux et nous arriverons sous peu à l'archipel des îles de la Société, où il y a beaucoup moins de danger pour nos marins.

— Permettez-moi, capitaine, de ne pas être de votre avis. Nos marins trouveront dans tous les archipels les dangers qu'ils courent ici, en supposant que ce soient là de véritables dangers.

— Enfin, mon cher Masse, — dit le capitaine en souriant, nous venons de tenir une espèce de conseil d'amirauté, à nous deux. Je veux bien vous céder en cette occasion. Seulement, je prendrai un terme moyen.

— Voyons votre terme moyen, capitaine?

— Je resterai à l'ancre devant cette île pendant trois jours.

— Bien ! capitaine.

— Et j'enverrai à terre chaque jour le tiers de l'équipage.

— C'est cela, capitaine.

— Quant à moi, je ne bougerai pas du bord ; mon devoir me cloue ici comme un canon. Vous, mon cher Masse, vous commanderez les embarcations qui se rendent à terre, et je vous rends responsable des désertions. Acceptez-vous ?

— J'accepte, capitaine, et personne ne désertera, croyez-le bien.

— Dieu le fasse !

Le capitaine Marchand, qui n'avait jamais vu son lieutenant si obstiné dans une opinion, soupçonna quelque mystère, et se promit bien de l'éclaircir.

Il descendit d'abord dans sa chambre, avec l'air empressé du travail en retard ; et quelques instants après, il remonta furtivement sur le pont. Le mystère fut tout de suite éclairci.

La jeune Mendoçaine Mutzi était toujours assise sur son divan de voiles roulées, dans une superbe nonchalance créole, et elle regardait d'un œil intelligent, une déclaration en pantomime que Masse lui adressait, comme un premier sujet chorégraphique du ballet de *Psyché*.

Marchand inclina sa tête sur la mer, pour dérober un commencement d'éclat de rire à des matelots qui ne doivent jamais voir rire leur capitaine. Masse continuait ses madrigaux mimés avec une sorte de réserve pourtant, car il avait sa gravité de chef en second à soigner en public. Le capitaine Marchand ne voulut pas en savoir davantage, il en savait déjà trop. Redescendu dans sa cabine, le capitaine écrivit un billet à Masse, et le fit porter par un pilotin à son adresse. Ce billet était ainsi conçu :

Le lieutenant Masse mettra trois embarcations en mer, avec le tiers de l'équipage. On sera de retour à bord au coucher du soleil.

MARCHAND.

Masse lut le billet et tressaillit intérieurement de joie; il fit aussitôt mettre en mer les embarcations, et désigna les hommes qui devaient faire partie de la première descente. Presque toutes les jeunes Mendoçaines, en voyant ces préparatifs, se jetèrent à l'eau pour escorter les chaloupes, comme des néréides. Masse, au moment de descendre l'échelle, regarda la jeune Mutzi et lui fit signe d'imiter ses sœurs; mais elle répondit par un sourire de refus.

Masse fut consterné.

Les rames des trois chaloupes n'attendaient que le signal du lieutenant pour s'abattre sur la mer et emporter les marins au rivage, mais le signal n'arrivait pas. Masse avait engagé une vive discussion avec la jeune Mendoçaine, toujours imperturbable dans son refus.

Une idée lumineuse vint au secours de Masse; il offrit à Mutzi deux bracelets, deux boucles d'oreilles, deux miroirs, deux colliers de grains de cristal, et un diadème de laiton doré. Mutzi regarda tous ces merveilleux présents d'un œil de dédain, et conserva son immobilité.

Cependant les matelots des embarcations donnaient des

signes d'impatience. Les rames effleuraient la mer calme et changeaient son saphir en gouttes de neige ; tous les regards se tournaient vers le rivage, où les eaux douces et les fruits doux attendaient le marin ; et les jeunes Mendoçaines, filles de l'Océan, folâtraient, à la nage, dans des tourbillons d'écume blanche, en agitant d'une main, au-dessus de leurs têtes, les riches présents qu'elles venaient de recevoir.

Le capitaine Marchand, qui ne se rendait pas compte de ce retard, monta sur le pont, et son premier coup d'œil tomba sur son lieutenant Masse, qui tentait un dernier effort de pantomime, pour arracher Mutzi à sa désolante immobilité.

Les matelots embarqués, apercevant leur capitaine debout sur son banc de quart, le saluèrent en agitant leurs chapeaux goudronnés et pour se le rendre propice, ils entonnèrent l'antique chanson provençale, qui remonte à l'*Io Bacche !* des navigateurs romains :

> Io ès aou pharo
> Ché sen van lei demoisellos.

Cela signifiait, en langue maritime, que les marins des chaloupes attendaient un signal de départ qui n'arrivait pas.

Masse, ayant aperçu le capitaine, fit quelques pas vers lui, et en reçut cette interrogation embarrassante :

— Eh bien ! Masse, vous ne partez donc pas ?

— Capitaine, dit Masse, — en désignant du doigt l'horizon du nord, — ne voyez-vous rien, là-bas ?

— Non... et vous, Masse, que voyez-vous ?

— Je vois le petit point noir du Cap.

— Mais il me semble que nous ne sommes pas dans les eaux du Càp, et que nous ne craignons rien d'un petit nuage comme celui-là.

— Capitaine, dit Masse, j'ai navigué cinq fois dans la mer Pacifique, et je vous affirme, sur la foi de mon expérience, que le point noir fixé à l'horizon est aussi dangereux dans ces parages qu'au trente-quatrième de latitude, devant le cap de Bonne-Espérance.

— Ah! — dit Marchand, avec un sourire railleur, — voilà une chose que j'apprends.

— Capitaine, dit Masse, je n'ai pas la prétention de vous apprendre quelque chose; je me contente de faire un appel à vos souvenirs.

— Soit, dit Marchand; ainsi, et admettant que ce point noir, nous annonce une tempête horrible, que feriez-vous?... Tenons un second conseil.

— Ce que je ferais, capitaine, est fort simple; je ferais remonter nos hommes à bord, et je profiterais de cette petite brise qui se lève pour doubler l'île et gagner l'ancrage de la côte sud, où les montagnes nous abriteront cette nuit contre le grain qui va nous venir du nord.

— Comment, — dit le capitaine en riant, — après avoir tant plaidé pour une descente, vous voulez remettre à la voile, maintenant? Mon cher Masse, je ne vous comprends pas.

— Je me suis rangé à votre avis, capitaine, en voyant ce terrible petit nuage, qui est un infaillible avant-coureur d'un grand danger.

— Eh bien! dit Marchand avec un accent où perçait la plus exquise raillerie, — je ne veux pas vous comtrarier, mon cher lieutenant, nous allons faire remonter nos hommes à bord.

— Oui, — dit Masse avec une bonhomie bien jouée; — vous verrez, capitaine, que vous ne vous repentirez pas d'avoir suivi mon conseil.

Marchand, qui saisissait avec empressement cette occasion de jouer une scène de comédie, chose toujours fort amusante dans les ennuis du bord, leva les yeux, comme par hasard, vers la dunette, et feignit d'apercevoir, pour la première fois, la jeune Mendoçaine Mutzi, cause innocente de ces retards et de ces discussions.

— Qu'aperçois-je là? — dit-il en mettant sa main en auvent sur les yeux, et avec un sérieux de surprise bien joué.

Masse feignit de suivre le doigt indicateur du capitaine et, parut surpris comme lui.

— Ah! — dit-il avec nonchalance; — tiens! je ne l'avais pas remarqué, celle-là!

— Pourquoi n'a-t-elle pas suivi les autres? demanda le capitaine.

— Au fait, c'est vrai, dit Masse; pourquoi n'a-t elle pas suivi les autres?

— Allons! — dit Marchand d'un ton impérieux, — qu'on me jette tout de suite cette jeune fille à la mer; qu'on rappelle les marins embarqués, et partons pour nous mettre à l'ancre devant la côte sud... Vous voyez, Masse, que votre capitaine exécute les ordres de son lieutenant.

— Ah! oui... je vois que... — dit Masse avec un embarras comique et un sourire qui ne l'était pas.

— Mes enfants! dit le capitaine en se penchant sur

l'échelle du côté des trois chaloupes; — mes enfants, il faut remonter à bord; nous allons *déraper*.

Un murmure respectueux de mutinerie éclata dans les trois embarcations, et les rames frétillèrent sous les mains des matelots.

— Capitaine, dit Masse, nous allons désespérer ces braves gens, je le vois.

— Ah çà! mais, entendons-nous enfin, mon cher Masse, dit le capitaine en croisant ses bras et en regardant en face son lieutenant, — chaque fois que vous me donnez un conseil, je l'approuve, et quand je vais le suivre, vous le désapprouvez! Voyons, tâchez de vous mettre d'accord avec vous-même.

Masse était un excellent marin; son œil découvrait un écueil à dix pieds sous l'eau, mais il ne découvrait rien sous l'épiderme d'un homme rusé. La brusque sortie de son capitaine lui donna une sorte d'étourdissement.

Cependant il fallait répondre à une interpellation si juste et si précise, et trop grave pour avouer au capitaine un léger penchant pour la jeune Mutzi, que rien ne pouvait arracher du pont du *Solide*, il aima mieux passer pour un être inconséquent et déraisonnable que d'abandonner la belle Mendoçaine aux agressions de l'équipage qui n'était pas embarqué sur les chaloupes.

— Oui, dit-il, vous allez me traiter d'enfant, peut-être; mais, mon cher capitaine, après avoir bien réfléchi, je suis revenu à votre opinion. Le nuage noir d'ailleurs s'est éclairci; la tempête ne nous menace plus. Je vais conduire nos hommes à terre.

— Soit, — dit Marchand avec bonhomie; mais que tout le monde soit plein de bienveillance envers les insulaires. Songeons au capitaine Cook, assassiné dans ces parages.

— Oh ! — dit Masse au comble de la joie, nous traiterons les sauvages en amis.

— Et pour commencer nos civilités, — dit Marchand avec un air d'insouciance, — je change d'idée. Je laisse à bord cette jeune Mendoçaine qui paraît se plaire sur notre dunette. Ne faisons violence à personne. Donnons à cette fille autant d'heures d'hospitalité tranquille qu'elle en demandera par son silence si rêveur et si intéressant.

Masse ouvrit de grands yeux et lança un rapide regard à l'horizon pour découvrir encore quelque point noir ; mais il n'y avait plus la moindre excuse, écrite en lettres de nuage, dans le limpide azur du firmament tropical.

— Eh bien ! dit Marchand, vous ne descendez pas l'échelle ?

— Si fait, — dit Masse au comble de l'embarras ; — mais.

— Ah ! ceci est trop fort ! dit Marchand d'un ton sérieux, — vous avez encore changé d'idée !

— Allons ! puisque vous le voulez, capitaine...

— Comment ! puisque je le veux ! s'écria Marchand ; c'est vous qui vous désobéissez à vous-même, à chaque minute !

— Partons ! — dit Masse, du ton de l'homme qui marche au supplice.

Il regarda furtivement la dunette et marcha d'un pas lent vers l'embrasure de l'échelle.

— Enfants ! cria le capitaine, soyez sages et bons, et voyez bien que les sauvages sont vos frères, tant qu'ils ne vous font aucun mal.

L'équipage des trois chaloupes cria Vive le capitaine! Masse, désespéré d'avoir réussi, s'assit tristement sur le tapis de son banc, à la troisième embarcation, les rames laborèrent la plaine de saphir; le chant *Io ès aou pharo* retentit sur l'océan Pacifique, et les jeunes Néréides escortèrent les chaloupes, comme dans le triomphe de Thétis.

La jeune Mendoçaine Mutzi avait tout compris; les langues sont inutiles pour les yeux de l'intelligence primitive. Cette fille, nonchalamment assise sur la dunette, ne perdait rien de l'entretien de Marchand et de Masse; elle devinait que ses charmes primitifs n'étaient pas indifférents à l'un des deux interlocuteurs, et si ces deux marins eussent parlé l'idiome de son archipel, ils n'auraient pas été plus clairs pour ses oreilles.

A peine les chaloupes eurent quitté le flanc du navire, Mutzi se leva, et prenant l'élan de l'oiseau, elle se précipita dans la mer, et vint se mêler à ses sœurs, comme un alcyon qui est resté en arrière de la troupe, et fait des efforts superbes pour regagner l'espace perdu.

Masse, qui n'avait jamais quitté du regard la dunette, vit la jeune fille s'abattre sur la mer, disparaître entre deux eaux, puis resplendir à la surface toute ruisselante des perles de l'Océan. Une joie subite éclaira le visage du lieutenant du *Solide*, et sa main se tendit vers la fraîche Néréide, pour la remercier de sa détermination.

En quelques coups de rames on aborda au rivage. Un petit golfe charmant, moitié à l'ombre, moitié au soleil; un sable émaillé de coquillages lumineux; des palmiers associés à des tamaris; une petite rivière qui venait joyeusement se faire avaler par la mer; des éclaircies ravissantes qui laissaient voir les profondeurs agrestes de l'île, ses virginales collines et ses hauts gazons de velours vert.

Les matelots, ivres de joie, — *telluris amore,* — comme dit Virgile, en pareille situation maritime, exécutèrent d'abord une danse méridionale, qui prouva aux naturels leurs innocentes et pacifiques intentions. Le conquérant qui danse, en mettant le pied sur la terre conquise, est un conquérant peu redoutable. Attila et Théodoric ne dansaient jamais.

Masse ne prit aucune part à ce débarquement chorégraphique, à cause de sa gravité de capitaine en second ; et il profita de cette gravité pour suivre et noter de l'œil, une à une, toutes les jeunes Mendoçaines, à mesure qu'elles sortaient de la mer et qu'elles secouaient leurs chevelures sous les palmiers du rivage.

Masse choisit l'instant le plus favorable, et comme il lui avait été fort aisé de reconnaître Mutzi au milieu de tant de jeunes Mendoçaines, parce que Mutzi était la seule qui n'eût pas de verroteries en collier et de petit miroir à la main, il s'approcha d'elle et lui fit une pantomime imitée du ballet de *Paul et Virginie,* langage partout compris, et qui consiste à mettre le pied droit en avant, les deux mains sur son cœur, en regardant le ciel avec un sourire de béatitude. Le lieutenant du *Solide* voulut ensuite se montrer plus généreux, car il comprit que le don de son cœur ne ferait pas la fortune d'une jeune sauvage, il lui promit, toujours dans une pantomime expressive, de lui meubler un appartement avec un luxe de verroteries et de miroirs qui rendrait jaloux le roi de l'archipel.

Mutzi voyait, ou, pour mieux dire, écoutait cette pantomime avec un sourire assez dédaigneux et fort humiliant pour M. Masse, qui avait trouvé peu de cruelles dans les gynécées sauvages des archipels du Sud.

Il fallut avoir recours à d'autres expédients de séduction. M. Masse chanta un air du *Devin du village* :

Quand on sait aimer et plaire,

avec une de ces voix chevrotantes et fausses, tant aimées de nos pères ; Mutzi menaça le chanteur de prendre la fuite s'il continuait sa mélodie jusqu'à la fin.

Masse montra ensuite, étalées dans le creux de sa main, dix piastres fortes, avec les colonnes d'Hercule, et pria Mutzi d'accepter ce léger cadeau. Un regard de dédain et un geste de refus servirent de réponse.

Masse, poussé à bout, menaça Mutzi de la faire enlever par quatre matelots et de la ramener prisonnière à bord du *Solide*. La jeune fille éclata de rire, et se cramponnant par les genoux et les mains à la tige d'un palmier, elle s'élança en trois mouvements lestes jusqu'à la cime de l'arbre ; un oiseau n'aurait pas mieux fait.

Masse avait une peur affreuse d'être découvert par ses marins, au milieu de ces scènes de pantomime, indignes de la gravité d'un chef ; il frémissait surtout à l'idée de voir figurer tous ces détails de vie privée dans quelque rapport du *Mercure de France*. Le courage de la séduction l'abandonna ; il laissa Mutzi sur son palmier, et vint rejoindre sa troupe pour lui donner de hautes leçons de morale et de vertu.

Le *Solide* stationna trois jours devant l'île, et Masse commanda trois fois le débarquement ; quand la dernière heure fut venue, il tenta un dernier effort pour gagner les bonnes grâces de Mutzi, et, dans cette intention, il s'était chargé clandestinement de trois colliers de verroteries plus beaux que tout ce qui avait été donné jusqu'alors aux insulaires de l'océan du Sud. Masse prit un air très-doux et un maintien humble pour ne pas effrayer la jeune Mendoçaine, et après lui avoir clairement expliqué par signe que cette tentative était la dernière, puisque le vaisseau allait lever l'ancre, il fit briller les trois colliers merveilleux aux regards de Mutzi.

Cette fois, la jeune Mendoçaine laissa percer sur son visage une expression douce, parce qu'elle était touchée des gracieuses et honorables avances de l'officier européen, surtout au moment de la séparation; et comme Masse, encouragé par ce brusque changement de physionomie, devenait plus pressant avec ses cadeaux, elle repoussa les trois colliers d'une main, et montra, de l'autre sur son sein, un amulette sacré dont elle voulait faire sa seule parure. — Masse insista pour connaître l'histoire de cet amulette si précieux, et alors, Mutzi, dont la pantomime était plus claire qu'une langue connue, dit à Masse que cet amulette était un présent de sa mère, et qu'aucun autre collier profane ne serait jamais placé côté de cet ornement saint. Sa mère avait été la victime d'un aventurier européen, et, en mourant, elle légua cet amulette à sa fille Mutzi, pour la préserver de tous les outrages et de toutes les séductions.

Ce récit, chaleureusement mimé, causa une vive émotion dans l'âme du lieutenant Masse : il tendit la main à la jeune Mendoçaine avec toutes les démonstrations du plus grand respect, et lui montrant la mer et le vaisseau, il lui fit signe qu'il allait partir, mais qu'elle ne serait jamais oubliée par lui.

Ces adieux furent touchants. Masse monta dans le dernier canot, et, comme il côtoyait un rivage tout formé de roches jaunâtres, pleines d'excavations, il aperçut la jeune Mutzi qui regardait passer le dernier canot et son premier amour.

Sultan Achmet et Dilara.

L'ambre est une essence mystérieuse que la terre distille et cristallise, et à laquelle le soleil donne des vertus qu'on ne peut expliquer avec notre faible raison.

On se récrie souvent sur le merveilleux et l'invraisemblable, et pourtant nous ne sommes entourés que de secrets inexplicables, et que la science la plus sagace n'expliquera jamais.

Un jour on trouva une pierre noirâtre qui attirait à elle le fer. Le jour de cette découverte, les esprits forts se révoltèrent, et ils paraissaient avoir raison. Quoi! s'écriait-on, une chose matérielle, inerte, morte, aurait le pouvoir de donner le mouvement à un clou posé à distance, et qui obéirait! On fit l'expérience : le clou s'élança vers l'aimant. Mais ce mystère ne s'expliquera jamais.

Un autre jour on annonça que l'ambre avait le même pouvoir sur un chalumeau de paille. Les esprits forts nièrent selon leur usage. On fit l'épreuve encore; l'ambre ordonna, la paille obéit.

Criez à l'invraisemblable après cela! Il n'y a rien d

merveilleux, ou pour mieux dire, tout est merveilleux.

Il y a, dans le harem, à la pointe de Constantinople, une chambre superbe, meublée, par le sultan Achmet III, des glaces que la république de Venise lui envoya en signant la paix. C'est là que le sultan vient se reposer après avoir passé une revue à Térapia, visité l'arsenal de Tophana, ou prié trop longtemps à la mosquée de Sainte-Sophie. La retraite est charmante. Le vent de la rade joue dans les persiennes; les petites vagues chantent en se brisant à la pointe du sérail; les fleurs du jardin embaument cette atmosphère voluptueuse qui flotte sur les kiosques et les balcons.

Le sultan, un jour, se fit apporter une pipe magnifique, présent du pacha de Laodicée, ou Latakié. Cette pipe était ornée de pierreries sans nombre, mais ce qui lui donnait surtout un prix infini, c'était un bec d'ambre d'un volume énorme et d'une finesse extraordinaire. On n'avait jamais vu un ambre si beau sur les lèvres d'un commandeur des croyants.

Ce jour-là, le sultan avait cassé vingt œufs d'autruche, avec une carabine à balles, dans la prairie de Térapia, et à cinq cents pas de tir; cet exercice l'avait beaucoup fatigué, à cause surtout des louanges sans fin que les courtisans entonnaient en l'honneur de son adresse, après chaque œuf d'autruche cassé.

La vérité veut pourtant qu'on dise qu'un Turc dévoué, posté derrière la plaque du tir, cassait l'œuf avec un bâton, toutes les fois que le sultan pressait la détente de sa carabine; mais ce fait d'histoire une fois éclairci, n'en parlons plus.

Le sultan caressa voluptueusement avec sa main l'ambre de sa pipe, et présenta la noix à un jeune icoglan, qui mit le feu au tabac de Laodicée, le plus doux de tous les tabacs des manufactures des pachas connaisseurs. Une fumée iris monta lentement vers le plafond de glaces, et le sultan aspira mollement cette divine et sublime émanation.

Ce grand homme était couché à demi sur un divan, et pour mieux jouir de son bonheur opiacé, il congédia d'un ton brusque icoglans et ennuques, et il resta seul.

Ses yeux exprimaient une béatitude ineffable; il les ouvrait et les refermait à chaque aspiration, et suivait de l'œil, dans le plafond, les arabesques bleuâtres que la fumée décrivait sur les glaces de la république de Venise.

Tout à coup, à force de suivre ce jeu fantasque de la fumée, il crut voir, dans ce plafond de glaces, quelque chose qui n'était pas lui. Cette découverte a quelque chose d'effrayant. On frissonne à cette seule idée qu'une nuit, en déposant son flambeau devant un miroir, on peut découvrir, dans ce miroir, une figure tout à fait inconnue, qui vous regarde avec des yeux railleurs. On prétend que cela s'est vu.

Le sultan vit, ou d'abord crut voir dans les glaces du plafond un jeune Européen, en costume assez léger, fumant une pipe sur un divan, à côté d'une odalisque.

La première idée du sultan fut de regarder dans la chambre pour y découvrir les originaux vivants de ces deux figures reproduites par les miroirs; mais il était seul, bien seul. Un seul coup d'œil suffisait pour s'assurer de cela.

Il regarda encore le plafond en éloignant l'ambre de

ses lèvres, et cette fois il ne vit rien; pour mieux dire, il se vit lui assis et se regardant.

— Bon! dit-il, c'est une vision, causée par les caprices d'une fumée vagabonde. Ce serait vraiment trop fort si un miroir s'avisait de reproduire des objets qu'on ne lui offre pas.

Cela dit, il fut plus tranquille, et se remit à caresser l'ambre de sa pipe avec ses lèvres caucasiennes. Au même instant, son œil humide de langueur se reporta vers le plafond, et il revit l'odalisque et l'Européen, causant tous deux avec une certaine familiarité.

Il ôta l'ambre de sa bouche, et la vision disparut; il ressaisit l'ambre avec ses lèvres, et cette fois, non-seulement il revit la même scène, mais il reconnut l'odalisque, c'était la belle Dilara, nom qui signifie *sérénité du cœur*.

Tant que l'ambre touchait les lèvres, la vision restait au plafond; elle s'évanouissait quand les lèvres abandonnaient l'ambre.

Le sultan avait à son service deux savants orientaux auxquels M. Garcin de Tassy avait appris l'italien des îles Ioniennes, à son cours d'indoustani et de turc. Ces deux savants furent consultés, et ils répondirent que le commandeur des croyants avait sans doute été abusé par une erreur d'optique, et qu'il avait fumé de l'opium en croyant humer du tabac. Le sultan destitua ces deux savants, et les fit enfermer, sur-le-champ, dans le château des Sept-Tours.

Les deux savants maudirent la science, et se promirent bien d'être plus ignorants une autre fois.

Une seconde expérience à la pipe et à l'ambre parut pourtant nécessaire au sultan; il la fit le lendemain, après avoir cassé trente œufs d'autruche, toujours par le même procédé.

L'épreuve fut très-satisfaisante, c'est-à-dire qu'elle ne satisfit pas du tout le gracieux sultan ; l'odalisque Dilara était une des favorites, et, dans cette nouvelle vision du miroir, elle paraissait beaucoup plus éprise de l'Européen que du sultan.

— Allah ! — s'écria le Grand-Seigneur en se frappant le front ; — que signifie ceci ? Si j'étais chrétien, je croirais que le diable s'en mêle, mais en qualité de croyant, je ne crois à rien, et je ne sais quel parti prendre pour rassurer mes esprits !

Il manda secrètement le chef des eunuques noirs, et lui dit :

— Surveilles-tu toujours avec attention et zèle ma caucasienne Dilara ?

— Oui, Hautesse.

— La nuit et le jour ?

— A toutes les minutes.

— Au milieu du jour, quand je vais au tir de Térapia, que font mes femmes ?

— Les unes sont au bain, les autres font de la musique ; il y en a qui dorment sur les divans ou sous les sycomores des jardins du sérail...

— Et Dilara ? Dilara ? interrompit brusquement le sultan.

— L'étoile du ciel, la perle de la mer que Sa Hautesse nomme Dilara, se rend au pavillon des glaces pour lire le Koran, ainsi que Sa Hautesse le lui a permis.

— C'est juste ! — dit le sultan ;... oui, j'avais oublié que je lui avais donné cette permission... Tu peux te retirer... ne parle de rien à personne... entends-tu ?

Le chef des ennuques s'inclina.

— Seulement, poursuivit le Grand-Seigneur, tu diras dans tout le harem que demain, au milieu du jour, j'irai pour la dernière fois m'exercer à la carabine, dans la prairie de Térapia... pour la dernière fois... entends-tu bien?... Si on te demande pourquoi, tu répondras que le commandeur des croyants abandonne cet exercice, parce que son adresse est arrivée à un tel point qu'il n'a plus rien à acquérir du côté de la justesse et de la précision du coup d'œil.

Le chef des ennuques se prosterna, et, après avoir balayé la poussière du tapis avec son front, il se releva et sortit.

Le commandeur des croyants avait ainsi arrêté un plan superbe. Si Dilara vient dans le pavillon des glaces, se dit-il, pour y recevoir, je ne sais trop comment, quelque visite de chrétien, elle y viendra demain, à coup sûr, en apprenant que demain je sors à midi pour la dernière fois. Il me tarde trop de découvrir la vérité !

En effet, le lendemain une escorte très-nombreuse et très-brillante sortit à cheval du palais, un peu avant midi, selon l'usage, et prit le galop sur le chemin de Térapia.

Mais cette fois l'escorte n'escortait personne. Le sultan s'était ménagé un poste d'observation dans les larges plis d'une portière, à l'angle le plus obscur du pavillon des glaces.

C'était au fort de l'été, la chaleur extérieure devenait intolérable; tous les marins ancrés dans la rade, devant l'arsenal de Tophana, et à la pointe du sérail, dormaient et faisaient une sieste profonde. On n'entendait pas un cri, pas un chant. Le flot même était assoupi sur la grève. Ce silence ressemblait beaucoup à celui qui règne dans les nuits de l'hiver, lorsque la neige couvre la campagne. Seulement, au lieu de neige, il y avait sur la mer, la ville, la campagne, une éblouissante irradiation de soleil.

A ce coup de midi, si semblable à minuit, un jeune midshipman tentait une expédition inouïe dans les annales du harem impérial; il côtoyait sur une petite barque la pointe du sérail, s'y accrochait avec les pieds et les mains en passant comme à un mât de vaisseau, et se glissant sous la persienne, il pénétrait dans le pavillon des glaces d'Achmet III.

Le retour était plus aisé, car la petite barque devenait inutile. Ce hardi midshipman regagnait à la nage le *cutter* le *Spak*, ancré dans la rade.

Dans ce jour-là, le midshipman, sans doute prévenu, comme d'usage, par quelque signal de persienne, prit le chemin accoutumé et pénétra dans le pavillon d'Achmet.

Dilara y était déjà et attendait en fumant la superbe pipe du pacha de Laodicée, la même qui donnait tant d'extases au sultan, avant les visions du miroir.

Le jeune Anglais tomba aux genoux de l'odalisque; puis il s'assit sur un coussin, et prit à son tour la fameuse pipe pour fumer à la barbe du Grand-Seigneur, qui cassait des œufs d'autruche à Térapia.

Tout à coup l'odalisque poussa un cri et s'évanouit; l'Anglais laissa tomber l'ambre de ses lèvres, et se levant avec vivacité, la pipe à la main, à défaut d'épée, il aperçut le sultan qui lui lançait des flammes avec les yeux.

Ce fut un moment terrible et qui a été gravé à Londres, d'après un superbe dessin de Gavarni, sous ce titre : *Amusement!* Quel amusement !

Le commandeur des croyants était au fond un bonhomme, mais il commençait toujours par se mettre en colère, et saisir un poignard.

Il saisit donc un poignard, et allait tuer le jeune homme, non à cause de l'odalisque, mais à cause de la pipe (qui a pu jamais connaître les pensées intimes d'un sultan!) lorsqu'une réflexion diplomatique le retint.

— Je suis Anglais! s'écria le jeune homme, avec un accent très-fier.

En anglais, cela signifie je suis inviolable; nul n'a le droit de me toucher, pas même le sultan! Je puis aimer ses odalisques, fumer ses pipes, boire son café, envahir son harem, c'est mon droit. Malheur à qui me touche!

Le sultan comprit donc tout ce qu'il y avait de profond dans ces trois mots : — *Je suis Anglais.*

Alors il montra la fenêtre avec la pointe de son poignard, au jeune homme, et lui ordonna de sortir, ce que l'Anglais exécuta tout de suite avec l'agilité d'un écureuil, et sans trop se soucier du sort qui attendait la belle Dilara.

L'odalisque était toujours évanouie, ou du moins son état ressemblait beaucoup à un évanouissement. Les odalisques sont si trompeuses !

Le sultan qui était habitué aux évanouissements de ses femmes laissa toute sa liberté d'inaction à Dilara, et se mit à réfléchir sur un sujet beaucoup plus sérieux que l'infidélité d'une femme; car, avant tout, ce noble sultan ne songeait qu'aux progrès des sciences et des arts. Il réfléchit donc sur les mystérieuses propriétés de l'ambre, comme avait réfléchi le premier qui surprit les vertus de la pierre d'aimant. Après avoir longuement pensé, le front appuyé sur ses deux mains, comme l'alchimiste qui cherche la pierre philosophale, il trouva une solution à cet effrayant problème. Cette solution ne donnait pas une satisfaction absolue, mais à défaut d'une meilleure, on pouvait raisonnablement s'en contenter.

L'ambre, — se dit le sultan métaphysicien, — est un corps d'une nature poreuse et absorbante, et ses propriétés attractives sont d'un ordre bien supérieur à celles de l'aimant. L'ambre attire et conserve ; une chose qui se reflète en lui, y est gardée comme un mirage, que la chaleur des lèvres et la combustion du tabac font reparaître dans un miroir.

On est toujours disposé à trouver bon le système qu'on a inventé. Or, le sultan s'approuva, et se sut à lui-même beaucoup de gré d'avoir trouvé une solution qui donnait le calme à ses esprits. Et comme il levait la tête pour voir si Dilara s'obstinait encore dans son évanouissement, il se trouva seul dans le pavillon des glaces. L'odalisque avait disparu.

On donna des ordres pour la trouver, on ne la trouva pas.

Heureusement, le sultan trouva de grandes consolations à ce malheur, d'abord dans une foule d'autres odalisques qui lui étaient fidèles, et ensuite dans sa théorie sur les propriétés de l'ambre, qu'il fit traduire en français et qu'il envoya tout de suite comme chose urgente à l'Académie de Paris, laquelle Académie ne lui a jamais répondu.

Après cette histoire, le diamant Beabib eut quelques caprices singuliers; les caprices d'un diamant sont des éclairs.

Cependant Beabib ne pouvait pas être accusé de stérilité; un siècle d'interrogation l'aurait trouvé inépuisable; mais il voulait probablement se reposer par intervalles. Ainsi le rayonnement de son merveilleux mirage vint tout à coup à passer à l'état de fantaisie.

Son premier éclair peut se nommer Haïva. Il ramenait le prince Zeb-Sing et le sage Brahman Kosrou dans leurs doux pays indiens.

Haïva.

Une nuit, le sage indien Arzeb fit un rêve magnifique; il crut voir, ou pour mieux dire, il vit Roudra, le dieu de la mort, qui lui ouvrait la porte bleue du beau palais du nommé Kailaça, dont les portiques de pierreries conduisent au jardin Mandana, tout peuplé de bayadères. Siva, le plus puissant des dieux, lui disait : Arzeb, tu as été juste, et je vais te récompenser; je te nomme roi des Maldives; il y en a douze mille à l'entrée du golfe Arabique; elles ont toutes des grottes de perles et de corail, et dans chaque grotte il y a une reine, belle comme Lachmi, la déesse du plaisir; ces douze mille reines seront tes épouses, et tu auras un harem flottant plus beau que celui du grand roi Sevadji, le fondateur de l'empire Mahratte. Arzeb, dans son rêve, descendit du firmament, par un escalier d'or et d'indigo, et quand il fut arrivé au-dessus de la région des nuages, il découvrit son royaume, qui ressemblait à douze mille conques marines, flottantes sous des aigrettes de palmiers. En abordant aux Maldives, il lui sembla que l'Océan lui chantait une symphonie céleste en se divisant douze mille fois en petits ruisseaux de saphirs, vifs et joyeux qui découpaient les Maldives.

Avec cette agilité de mouvements que les rêves donnent, Arzeb sauta légèrement d'une île à l'autre, et à chaque élan, il voyait luire, entre des feuilles de palmier, deux yeux noirs sous des boucles ondoyantes de cheveux d'ébène, et sur un visage doux et doré comme celui de la belle Rada.

Les rêves, entre autres secrets mystérieux qui leur appartiennent, nous font perdre le sentiment des heures, du temps et de l'espace; aussi, Arzeb, en se réveillant, avait dans ses souvenirs plusieurs années de bonheur écoulées au milieu de ses douze mille reines, dans le golfe Arabique, sur des couches de perles, d'ambre et de corail.

Il entra dans son kiosque, et vit la belle Haïva qui l'attendait sous des touffes de rosiers, et qui lui dit :

— Eh bien ! Arzeb, me donnerez-vous ce que je vous ai demandé, ce que vous m'avez promis ?

— Douce Haïva, dit Arzeb, ce que tu m'as demandé ne pouvait pas se demander ; ce que je t'ai promis ne pouvait pas se promettre ; nous avons eu tort tous les deux.

— Alors, dit Haïva, je vais me livrer à un acte de désespoir.

— Au nom de Siva, ma belle Haïva ! — dit Arzeb alarmé, — ne te désespère point encore. Ce soir je verrai le jongleur Sanali, qui connaît tous les secrets de la nature, et la vertu de toutes les herbes indiennes. Sanali peut-être m'enseignera le secret de mettre tout le golfe Arabique dans une épingle. Mais cela me paraît toujours assez difficile à obtenir.

— L'amour obtient tout, dit Haïva.

— On le dit, — murmura tristement Arzeb.

En arrivant le soir chez le jongleur Sanali, Arzeb lui apporta de riches présents, selon l'usage. Ensuite, il lui raconta aussi, selon l'usage indien, le dernier rêve qu'il avait fait.

Sanali écouta le rêve et lui dit :

— Arzeb, combien as-tu vécu, dans ce rêve, avec tes douze mille reines ?

— Je crois avoir vécu au moins douze mille ans, répondit Arzeb.

— Et en combien d'heures ?

— En six heures.

— C'est bien ! dit Sanali, et maintenant dis-moi ce que je puis faire, selon tes vœux.

— Bon et sage jongleur, dit Arzeb, j'aime Haïva, et cette fille charmante va mourir si je ne lui donne pas une épingle dont le chaton renfermera les eaux du golfe Arabique. C'est une fantaisie de jeune femme.

— Arzeb, dit le jongleur, tu m'as fait de riches présents, et je ne serai pas ingrat.

— Quoi ! s'écria le sage Arzeb, tu pourras me donner cette épingle merveilleuse qui fera vivre la belle Haïva.

— Sans doute, et rien n'est plus aisé.

Alors Sanali conduisit Arzeb sur le sommet d'un pic plus élevé que toutes les montagnes du Mysore, et lui dit:

— Regarde.

Arzeb regarda.

Sous leurs pieds, le golfe Arabique se déroulait dans une forme qui paraissait ovale, et qui était unie comme une glace, et de la plus belle teinte de saphir.

Ensuite, Sanali tira, d'un pli de sa robe de jongleur, une épingle de saphir, dont le chaton était ovale, et lui dit:

— Tous ceux de notre pays ont une vertu qui s'appelle l'imagination, et qui ne sait rien rapetisser, rien réduire; elle augmente tout, elle agrandit tout, et dans des proportions infinies, car il n'y a pas de bornes à l'imagination.

— C'est vrai, dit Arzeb.

— Et si vrai, poursuivit Sanali, que tu crois avoir vécu douze mille ans, en quelques heures, la nuit dernière.

— Oui, ajouta Arzeb.

— Or, toi qui sais si bien jouer aux échecs, continua Sanali, toi qui as enseigné les hauts calculs au bonze Xiapour de la pagode de Jagrenat, tu dois savoir qu'il est aussi difficile de croire avoir vécu douze mille ans en six heures, que de voir le golfe Arabique dans un ovale de saphir. C'est la même proportion.

— La même, dit Arzeb.

— Tu as une imagination allumée par un coup de soleil indien, toi Arzeb, poursuivit Sanali. Eh bien! regarde le golfe, et regarde l'ovale de saphir ensuite, et dis-moi si tu trouves quelque différence dans leurs proportions?

— Aucune.

— Maintenant, Arzeb, il ne s'agit plus que de faire entrer la même idée dans le cerveau de la belle Haïva ?

— Ce sera plus difficile, remarqua Arzeb.

— Non, Arzeb. Voilà comment tu dois agir. Prends cette épingle de saphir, et en te présentant devant Haïva, dis-lui que tu lui apportes le golfe Arabique dans ta main. Elle rira. Laisse-la rire. Sois sérieux. Ensuite tu lui donneras deux boucles d'oreilles de diamants d'Hyder-Abad, d'une très-grande valeur.

— Bien ! après ?

— Après, tu lui diras qu'elle a plus d'imagination que le poëte qui a inventé le *Ramaïana*.

— Oui, elle sera sensible à cet éloge.

— Une femme est toujours sensible à un éloge et à deux diamants.

— Je le crois.

— Ensuite, Arzeb, tu lui donneras l'épingle de saphir, et du premier coup, elle croira y voir passer les vaisseaux de Surate et de Socotora.

— Sur l'épingle ?

— Oui, sur l'épingle. Je te l'affirme, Arzeb.

Arzeb s'inclina, prit l'épingle, la regarda fixement, et dit :

— Quant à moi, je crois qu'il y a deux golfes Arabiques, et que j'en tiens un au bout de mes doigts.

Il prit congé du jongleur, et exécuta ses ordres ponctuellement.

Sanali était un vrai sage, ce qu'il avait prévu ne pourrait manquer d'arriver. Haïva reçut les diamants, reçut l'éloge, et quand elle vit l'épingle de saphir, elle s'écria :

— C'est le soleil lui-même qui a copié le golfe Arabique sur une épingle, pour satisfaire le désir d'Haïva. Mon cher Arzeb, vous méritez d'être aimé.

— C'est tout ce que je demande, dit Arzeb.

Haïva tint parole, elle vécut et elle aima. L'imagination, c'est l'âme, c'est la vie, c'est la flamme du corps. Le grand roi Soudraka, cette gloire poétique de l'Inde et du monde, a vécu un siècle, et personne n'a jamais eu plus d'imagination que ce roi.

C'est au moment où le fils du roi de Bornéo achevait cette histoire qu'une grande nouvelle se répandit dans Hyder-Abad. On annonça aux sons des bins et des sitars que le second étage de la pagode de Ten-Tauli venait d'être admirablement rétabli par les soins et la générosité du brahmane Kosrou qui avait consacré à cette œuvre tout l'or provenant de la vente du diamant Beabib.

— Heureux brahmane ! disaient les dévots sectateurs de Siva ; il a donné tous ses biens en ce monde ; il a tout vendu pour honorer la vertu et les dieux ; aussi sa place est déjà marquée, dans le jardin Mandana, sur les étoiles du firmament.

Le jeune prince Zeb-Sing fit ses adieux au sage brahmane, et ayant nolisé un vaisseau, il s'embarqua sur le golfe Arabique, et fit voile vers Java. Craignant d'être reconnu sur la rive paternelle, il débarqua, vêtu du costume d'un marchand arménien, et comme la nuit était tombée, il s'arrêta dans une hôtellerie qui existe encore aujourd'hui, du moins par l'enseigne; c'est l'hôtellerie de *Golden-Cross*; les Francs la nomment la *Croix-d'Or*

Le maître de cette hôtellerie était un Arabe et fort causeur, comme ceux de sa nation.

Après le souper, le prince voulut profiter de son incognito pour étudier les mœurs et les usages d'une ville qui appartenait au royaume de son père, et il crut arriver à son but philosophique, en engageant un entretien avec le maître de la *Croix-d'Or*.

Ayant devisé de beaucoup de choses importantes ou non, le prince demanda quelques renseignements à l'Arabe sur son hôtellerie, et voulut savoir surtout l'origine de l'enseigne de la *Croix-d'Or*.

—Ah ! dit l'Arabe, ceci est une histoire...

Et il fit ce mouvement commun à tous les Arabes, et qui consiste à rejeter la tête en arrière, en regardant le ciel.

A ces mots d'histoire, le prince, toujours affamé de récits, insista pour savoir quelque chose de plus que la courte préface qu'il venait d'entendre.

L'Arabe voyant qu'il avait devant lui un voyageur riche et généreux, ne se fit pas prier deux fois et raconta ce qui suit:

La croix d'or.

Il y avait une jeune fille dont la voix était douce comme la voix de la flûte indienne; aussi lui avait-on donné le nom d'*Arinda*, qui est celui de cet instrument.

On ne sait trop à quelle religion appartenait cette jeune fille; elle n'avait pas au front les raies blanches des sectateurs de Siva; elle n'entrait jamais dans une pagode, et ne se prosternait jamais devant Ganesha, la déesse des foyers domestiques indiens.

Quelques-uns disaient qu'Arinda était juive, mais c'était encore une erreur.

D'où venait-elle ? Personne ne le savait, et elle ne révélait son secret à personne. Cependant on affirmait qu'elle était né de l'autre côté du détroit d'Ormus, et dans un pays où un sage est mort en honorant le gibet de son supplice. Ce gibet, construit en forme de croix, ne fut pas regardé comme une chose infâme depuis cette grande mort; au contraire, il y eut des rois qui tinrent à grand honneur de porter ce gibet sur leurs couronnes, dans une gerbe de diamants.

Arinda voyageait avec sa mère, sur un vaisseau qui fit naufrage, là, sur ce rivage alors inhabité.

Tout le monde périt; le vaisseau fut brisé, mais par un véritable prodige le gaillard d'arrière où se trouvaient Arinda et sa mère, brusquement détaché de la charpente, fut lancé par une vague assez avant dans les terres, sur un terrain mou, et s'y enfonça. Les deux femmes en furent quittes pour une violente secousse, elles échappèrent à la mort.

La jeune fille portait une croix d'or à son cou, et elle dit à sa mère :

— Cette croix nous a sauvées, ce qui nous arrive est un vrai miracle. Remercions le ciel.

Et elle baisa la croix avec la dévotion d'un fakir.

Cependant, après avoir échappé au naufrage, ces deux

femmes se virent exposées à mourir de faim sur un rivage désert. Heureusement encore, elles reconnurent bientôt qu'elles avaient échoué dans le voisinage d'une forêt de baobabs, nos arbres à pain, et là, elles se rassasièrent comme dans la meilleure hôtellerie de Tchina patnam.

Arinda baisa une seconde fois sa croix d'or, pour la remercier de ce second miracle.

Deux jours après, un riche marchand de Solo, qui chassait avec une nombreuse troupe, dans ces environs, rencontra les deux femmes assises sous un baobab, et ayant appris leurs infortunes, il les amena dans son habitation peu éloignée de ce rivage, où elles reçurent tous les respects et toutes les attentions de la plus religieuse hospitalité.

Bientôt après, le riche marchand qui, dès la première heure, avait été frappé de la beauté d'Arinda, la demanda en mariage à sa mère.

— Ma reconnaissance, dit la jeune fille, me fait un devoir d'épouser mon libérateur, mais à condition que je pourrai remplir un vœu que j'ai fait.

— Et quel est ce vœu ? demanda le marchand.

— Je veux fonder une hôtellerie sur le lieu même où nous avons fait naufrage, et dans cette hôtellerie tous les pauvres seront reçus, logés et nourris gratuitement tant que je vivrai... Je suis prête à donner ma main, et même mon affection, à l'homme qui voudra bien m'aider à remplir ce vœu.

Vous comprenez bien que la belle Arinda ne devait pas voir rompre un mariage pour si peu de chose. Le marchand consentit à tout; il fonda l'hôtellerie des pauvres, ici, et lui donna pour enseigne la *Croix d'Or*. Ce fut la première maison de la petite ville que vous visitez aujourd'hui.

Le prince Zeb-Sing parut très-touché de cette histoire, et il paya fort généreusement le narrateur : quand il fut seul dans sa chambre, il se dit à lui-même : Cette histoire de la Croix-d'Or n'est pas fort intéressante, et pourtant elle m'a beaucoup plus ému que tous les récits brillants du diamant Beabib. J'ai beaucoup voyagé pour chercher la sagesse, et je ne la trouve qu'en rentrant chez moi.

Arrivé à Solo, dans la cour de son père, le jeune prince ne lui raconta que la dernière de ces histoires, la *Croix-d'Or*, et le roi ouvrant son trésor, en retira la valeur de cent mille *couris*, qui furent destinés à la fondation d'un vaste caravansérail pour les pauvres, avec cette enseigne : *Au diamant Beabib*.

Cependant Zeb-Sing ne renonça point à consulter encore de temps à autre son précieux bijou, et chaque fois il en tirait de nouvelles histoires. Ce sont celles que nous allons encore raconter.

Le bijou de famille.

I

On venait de jouer *Zémire et Azor*, très-ancien opéra, sur le théâtre de Nantes ; c'était en 18** ; pour ne pas faire d'erreur chronologique, je supprime deux chiffres du millésime ; on les ajoutera au choix.

Madame de Saint-Saulieux disait à son mari :

— Vous partez donc demain, mon cher Gaëtan ?

— Il le faut bien, hélas ! répondait le mari ; c'est mon état de partir, puisque je commande le vaisseau l'*Adamastor*. Il n'y aurait, pour moi, qu'un seul moyen de rester à terre, ce serait celui de renoncer à l'état de marin.

Il y a dans l'opéra de *Zémire et Azor* un monsieur qui se nomme, je crois, Sander, et qui part pour un long voyage ; il demande, en partant, à sa fille :

— Mon enfant, que veux-tu que je t'apporte au retour ?

Et la fille répond :

— Une rose.

— Voilà une rose, dit M. de Saint-Saulieux, qui ne sera pas de la première fraîcheur au retour de ce bon père Sander.

— Aussi, dit madame de Saint-Saulieux, ce n'est pas une rose que je vous demanderai, moi.

— Et que voulez-vous que je vous apporte de mon voyage, ma chère amie ? — demanda le mari avec la tendresse d'un mari qui part pour les Indes.

— Je veux une perle ; mais une belle perle, et celle-là, je la placerai, comme une reine, au milieu d'un collier ; elle embellira les autres, si vous la choisissez bien.

— Ma chère amie, — dit le mari en serrant la main de sa femme adorée, — justement, je dois relâcher à Ceylan ; c'est le pays des belles perles, et je vous en rapporterai une qui sera la sœur cadette de la perle de Cléopâtre.

— Ah ! je connais l'histoire de cette perle, dit la

femme; Cléopâtre la fit dissoudre dans une coupe de vinaigre, en dînant avec Antoine.

— La mienne, répondit le mari, n'aura pas le même sort.

— Vous ne l'oublierez pas au moins, — dit la jeune femme en élevant un index d'ivoire à la hauteur de ses beaux yeux.

— Moi, oublier un souvenir de vous ! oh ! ma chère amie, vous me faites injure ? Est-ce que ce Sander a oublié la rose de sa Zémire ?

— Mais Zémire, — dit la femme avec une légère ironie, — Zémire n'était pas la femme de Sander, c'était sa fille. Un père n'oublie jamais sa fille, mais quelquefois un mari...

— Je vous défends de continuer, — interrompit le mari avec une douceur de ton qui corrigeait l'âpreté de la défense.

La femme s'inclina et on parla d'autres choses; il ne fut plus question de la perle de Ceylan.

Le lendemain, *l'Adamastor* partit avec un bon vent, selon l'usage des vaisseaux qui partent à cinq heures du matin.

Il n'est pas de notre devoir d'historien de suivre *l'Adamastor* à travers toutes les vicissitudes d'un voyage de long cours. Nous nous arrêterons seulement avec lui un seul jour, à Ceylan, où il se ravitailla.

M. de Saint-Saulieux avait essuyé plusieurs tempêtes; il avait perdu un mât, deux ancres et cinq matelots. Sa relâche à Ceylan lui donna de graves soucis; il lui fallut réparer ses pertes, et songer avant tout au salut de son équipage et de son vaisseau. Une femme, à sa place, aurait d'abord songé à la perle, mais les hommes sont ainsi faits ; prenons-les comme ils sont, puisque nous en sommes.

Le voyage de l'*Adamastor* dura dix-sept mois et douze jours. M. de Saint-Saulieux revit sa femme adorée avec une joie fort naturelle ; il aurait revu ses enfants avec la même joie, mais il n'en avait pas.

Selon l'usage des voyageurs, le mari raconta toutes les tempêtes qu'il avait essuyées, et tous les calmes plats qu'il avait subis. Sa femme l'écouta tranquillement jusqu'à la fin, et prenant sa plus douce voix, elle dit :

— *Et ma perle de Ceylan ?*

A cette demande, le mari bondit, comme si la saintebarbe de son navire eût éclaté.

Il regarda le plafond, il regarda sa femme, il se regarda, et chercha une phrase honnête pour répondre ; la phrase demeura toujours absente, et madame de Saint-Saulieux agita sa tête d'un air de reproche à fendre le cœur d'un mari.

L'infortuné marin, assis sur un fauteuil, comme un criminel devant son juge, frappait son genou droit avec son poing, et le parquet avec son pied, ce qui donne toujours une contenance lorsqu'on n'a rien à dire pour une justification.

— Mais à quoi donc pensiez-vous à Ceylan ? — demanda la femme, avec un ton musical qu'on aurait pu noter.

— Je pensais...; je pensais..., — dit le mari, sans savoir ce qu'il allait dire ; — je pensais à mon vaisseau..., à mes matelots perdus en mer..., à une foule de choses..... Ma chère amie, un commandant a tou-

13.

jours une grave responsabilité dans une expédition si longue!... Un vaisseau,... mais c'est comme un royaume à gouverner.

— Mon ami, dit la femme, cela suffit ; ne parlons plus de la perle oubliée, et oublions-la toujours.

En effet, contre l'usage de ces entretiens où il est convenu de ne plus parler d'une chose qui est sans cesse remise sur le tapis, on ne parla plus de la perle promise, et le mari redoubla, dès ce moment, d'affection pour sa femme qui avait été si généreuse envers un homme si oublieux.

Cette faute inspira une idée singulière à M. de Saint-Saulieux ; il donna sa démission et renonça pour toujours à la mer, afin de ne plus se séparer si longtemps de sa femme.

— Je suis marié depuis cinq ans, dit-il ; je n'ai point d'enfant à établir ; ma petite fortune est suffisante pour ma femme et moi, à quoi bon travailler encore au profit de quelques neveux.

On ne peut qu'approuver un pareil raisonnement. Madame de Saint-Saulieux inclina la tête en signe d'adhésion, et comme elle aimait son mari, elle fut ravie en songeant qu'elle ne subirait plus ces angoisses mortelles qui, dans le cœur d'une femme, suivent le départ d'un vaisseau et ne finissent qu'au retour.

M. de Saint-Saulieux vint s'établir avec sa femme à Paris, et acheta, pour sa résidence, une petite maison enclavée dans un grand jardin, au boulevard du Temple, du côté du pavillon Beaumarchais. Un marin, après avoir renoncé aux voyages, ne saurait se plaire au milieu du fracas d'une capitale ; ce qu'il aime, c'est un réduit tranquille, le calme de la retraite, l'ombre des arbres, le charme des fleurs. M. de Saint-Saulieux, ainsi établi sur les limites du tumulte parisien, dans un jardin délicieux, avec une femme jeune et belle, ressemblait à un homme heureux ; et à coup sûr il eût été ce qu'il avait l'air d'être, sans ce maudit souvenir de la perle oubliée qui le poursuivait toujours ; car dès que sa femme donnait à sa figure une expression de rêverie : — Elle songe à la perle! elle y songe! disait-il, et cette idée troublait son bonheur.

Un incident inattendu, quoique fort naturel, aurait pu faire regretter une détermination prise trop légèrement peut-être ; mais M. de Saint-Saulieux remercia le ciel de cet incident et ne regretta rien. Sa femme venait de lui annoncer une de ces nouvelles qui donnent la joie aux familles, la nouvelle d'une future et prochaine paternité.

Au terme prescrit, une jeune fille fut donnée à l'heureux mari; on célébra le baptême avec une certaine pompe et la marraine, qui se nommait par hasard Marguerite, transmit son nom à l'enfant.

D'après un calcul infaillible, la jeune fille était venue au monde tout juste neuf mois après l'arrivée de *l'Adamastor* des Indes. Ces sortes de dates, qui composent les chronologies domestiques, ne s'oublient jamais; on dirait qu'elles sont écrites sur tous les murs d'une maison, et aucune mémoire n'hésite lorsqu'il s'agit de les citer.

II

Ce chiffre, qui coupe le récit en deux, représente un espace de dix-huit ans écoulés, et dispense l'historien de beaucoup de détails inutiles au fond de l'histoire.

M. de Saint-Saulieux et sa femme, assis sur le perron de leur jardin, regardaient d'un œil humide de bonheur une jeune fille de dix-huit ans qui attendait le soir avec impatience, en se promenant sur une allée qui était une allée de fleurs.

C'était leur fille Marguerite, c'était leur unique enfant.

Le ciel qui connaît seul le secret des fécondités ou des stérilités nuptiales, n'avait donné que cet enfant à madame de Saint-Saulieux, mais la présence de celui-là ne faisait regretter l'absence d'aucun autre. Marguerite était belle et splendide à voir comme un rayon de soleil dans les épis dorés au mois de juin; sa taille avait cette élégance suave qui semble n'appartenir qu'aux jeunes femmes parisiennes; sa figure avait un de ces sourires qui annoncent une fête perpétuelle dans le cœur; ses épaules nues étaient d'une exquise ciselure de contour; ses cheveux d'or ondoyaient sans le secours de l'art, et ressemblaient à une couronne naturelle, descendue des cieux sur son front.

En la regardant, son père et sa mère disaient : Qu'elle est belle notre fille Marguerite ! et si quelqu'un eût entendu cette exclamation, il l'eût redite avec eux.

Le ministre de la marine donnait un bal ce jour-là même et il avait invité M. de Saint-Saulieux, sa femme et sa fille. L'heure tant désirée arriva enfin; on partit pour le bal.

C'était la première fois que Marguerite se trouvait à pareille fête; et, dans son impatience bien naturelle, elle avait forcé son père à quitter la maison un peu trop tôt. En entrant dans les salons du ministre, M. de Saint-Saulieux les trouva vides; à peine si on y voyait quelques commandants en retraite, venus exprès de fort bonne heure pour payer la dette d'une visite, et sortir avant tous les autres invités.

Aucune femme n'avait encore paru.

— Il est fort désagréable d'entrer le premier dans un bal! dit M. de Saint-Saulieux.

— Pourtant, — remarqua Marguerite en souriant, — il faut bien que quelqu'un entre le premier.

— Oui, ma fille, mais je ne voudrais pas que ce quelqu'un fût moi.

— Amusons-nous, en attendant, à regarder les tableaux de cette galerie, — dit Marguerite, en entraînant sa mère vers les tableaux.

Les trois Saint-Saulieux se donnèrent alors une contenance usitée en pareil cas, celle de passer en revue toutes les choses curieuses des salons où on est entré trop tôt, par un empressement qui peut être taxé de provincial.

— Ah! s'écria Marguerite, en désignant du doigt l'inscription d'un cadre. — Voici votre nom en lettres d'or... Voyez quel beau tableau!... Lisons l'inscription... *l'Adamastor, commandé par M. de Saint-Saulieux, détruit les embarcations des pirates malais, dans les eaux de Ceylan...* C'est votre vaisseau, mon père!

— Oui, ma fille, — dit Saint-Saulieux, en se rapprochant du tableau. — Oui, c'est bien mon vieux *Adamastor*... solide et léger... Il obéissait à la voile et au gouvernail, comme un enfant...

— Et il n'existe plus, mon père, votre *Adamastor?*

— Il est rasé comme un ponton, ma fille, dans l'arsenal de Brest; j'ai eu de ses nouvelles l'an dernier... Un si beau vaisseau!

— Mais, mon père, est-ce que les vaisseaux ne sont pas tous beaux?

— Oui, ma fille, mais celui que nous commandons est toujours plus beau que les autres... Ainsi, toi, bientôt à mes yeux, tu seras la plus belle fille de ce bal, parce que je suis ton père.

Marguerite baissa les yeux et rougit. Puis reprenant le ton questionneur de l'étourderie enfantine, elle dit :

— Mon père, vous m'avez souvent raconté bien des aventures de vos campagnes maritimes, d'où vient que vous ne m'avez jamais parlé de ces pirates malais que vous avez détruits à Ceylan?

— C'est que... c'est que, ma fille, — dit le père un peu embarrassé — vois-tu... ce n'est pas une aventure fort importante... des pirates!

— Mais, mon père, si cette aventure n'est pas importante, pourquoi le gouvernement, qui n'est pas très prodigue, a-t-il fait peindre un si beau tableau!... Ah! vous avez raison, mon père!... J'y suis maintenant... Voyez... Lisez dans ce coin, en petites lettres... *Donné au musée de la marine française par madame van Oberken.*

— Ah! — dit madame de Saint-Saulieux, avec une sorte de jalousie rétrospective; je n'ai jamais entendu parler de cette madame van Oberken qui a fait peindre l'*Adamastor*.

— Ma foi ! — dit le mari avec une naïveté suspecte, — à peine si je me souviens de cette petite aventure de mer !... Oui... à présent, je crois me rappeler...

Il passa la main droite sur son front et continua.

— Oui... il y avait des pirates malais qui désolaient la côte sud de Ceylan, où était une riche habitation hollandaise... et je crus, pour l'honneur de mon pavillon, devoir rendre ce service à l'humanité coloniale... Je détruisis ces pirates avec deux bordées ; ce fut l'affaire d'un instant.

— Et que dit madame van Oberken après cette prouesse ? demanda la femme, avec un ton d'ironie rétroactive.

— Madame van Oberken ? — dit le mari, en cherchant au plafond ce qu'il allait dire. Ma foi ! il paraît que cette destruction de pirates a été de son goût, puisqu'elle a voulu l'immortaliser dans ce tableau.

— Ah ! venez voir ici, venez ! — s'écria Marguerite qui venait de découvrir une autre inscription sous un autre tableau.

— Allons voir, dit madame de Saint-Saulieux, en conduisant son mari vers sa fille.

— J'aime mieux celui-là, poursuivit Marguerite, parce qu'il y a un bal superbe, sous de beaux palmiers, au bord de la mer... Lisons l'inscription...

FÊTE

DONNÉE

AU COMMANDANT DE SAINT-SAULIEUX

Par madame van Oberken

DANS SON HABITATION DE CEYLAN, APRÈS LA DESTRUCTION DES PIRATES MALAIS

Madame de Saint-Saulieux regarda son mari, qui regarda le tableau de l'air d'un homme qui ne regarde rien.

— Pourquoi, demanda Marguerite, ne m'avez-vous jamais parlé de cette fête, mon père?

— Il me semble pourtant que je t'en ai parlé... mais il y a fort longtemps... Tu étais si jeune que...

— Non, monsieur de Saint-Saulieux, non, — dit la femme de ce ton sec qui brise un entretien; — vous n'avez jamais parlé de cette fête dans notre maison, et je comprends très-bien aujourd'hui, puisque vous oubliez tout, que vous ayez oublié la perle de Ceylan.

A ce souvenir, exhumé après dix-neuf années, devant un tableau accusateur, M. de Saint-Saulieux frissonna de la tête aux pieds, comme si une brise polaire eût glissé sur sa poitrine, et prenant la main de sa fille, par un mouvement brusque, il dit :

— Marguerite, voilà le monde qui arrive à flots dans les salons; ne nous reléguons pas dans la galerie, comme des invalides du bal.

Madame de Saint-Saulieux regardait toujours la fête de l'habitation, et disait d'un ton aigre :

— Est-elle aussi belle que ce tableau l'a faite, madame van Oberken?

— Mon Dieu! mon Dieu! — dit le mari, avec un ton d'impatience brusque; — il y a vingt ans de cela, Madame! J'ai cinquante-six ans, et vous quarante-trois aujourd'hui. Faut-il nous quereller comme des enfants devant un tableau!

Marguerite ouvrit de grands yeux, et regarda son père et sa mère avec stupéfaction.

— Tu ne comprends rien à cela, ma fille, — lui dit la mère en l'entraînant vers les salons :

— Je vais tout t'expliquer, parce que...

Comme elle commençait l'histoire de la perle de Ceylan, qu'elle se disposait à raconter en forme de plaisanterie, pour respecter l'âge de sa fille, le ministre parut et aborda M. de Saint-Saulieux, en lui serrant affectueusement les mains.

— Mon cher commandant, lui dit-il, vous vous montrez peu dans le monde et vous avez raison. Pourquoi aller chez les autres, quand on est comme vous le plus heureux des maris et des pères... Vraiment, j'avais entendu parler de mademoiselle de Saint-Saulieux, comme d'une personne accomplie, mais on est resté au-dessous de la réalité.

— Elle fait aujourd'hui son entrée dans le monde, dit M. de Saint-Saulieux.

— J'en suis très-flatté pour ma maison, dit le ministre.

Et offrant son bras à la mère et à la fille, il les introduisit dans le salon, où le bal avait déjà commencé.

Les jolies femmes et les belles femmes abondaient à ce

bal; il y avait des quadrilles entiers où dansaient des beautés accomplies, et citées comme telles dans le monde ministériel et financier.

Marguerite dansa, comme une jeune fille danse pour la première fois, avec une flamme de bonheur épanouie dans ses yeux et sur son front.

A trois heures du matin, M. de Saint-Saulieux fit un signe conjugal et paternel, et à ce signe toujours compris par les femmes, au bal, la mère et la fille se levèrent, et suivirent M. de Saint-Saulieux au vestiaire.

Au moment où la famille allait sortir, une porte s'ouvrit et le ministre reparut pour donner quelques ordres.

— Ah! vous partez de fort bonne heure! dit-il au commandant de Saint-Saulieux; et vous êtes bien coupable, car vous m'enlevez mademoiselle Marguerite qu'on vient de surnommer la perle de mon bal. Il y a même un de nos poëtes qui a écrit dans un album des vers sur votre charmante fille, et lui confirme ce surnom de *Perle* qui lui a été décerné à l'unanimité par les femmes, ce qui est très-glorieux.

On échangea quelques phrases; ensuite le ministre rentra au bal, et la famille Saint-Saulieux monta en voiture et regagna sa maison.

Chemin faisant, Marguerite dit à sa mère :

— Lorsque le ministre nous a abordés dans la galerie, vous aviez commencé une histoire qui a été interrompue aux premiers mots. Je vous prie de la continuer maintenant; personne ne nous interrompra plus.

Alors la mère raconta la représentation de *Zémire et Azor*, et l'histoire de la perle de Ceylan.

— Comment! ma chère mère! — dit Marguerite après l'histoire; comment pouvez-vous accuser mon père d'un pareil oubli! Ah! je suis obligée de dire, malgré tout le respect que je vous dois, qu'il y a de l'injustice dans votre accusation.

— Ah! voyons cela? dit la mère en riant. Voyons, je suis bien aise d'entendre la défense de ton père, par la bouche de sa fille; une cause perdue depuis dix-neuf ans, et que tu veux gagner aujourd'hui!

— Elle est gagnée, ma mère, — dit Marguerite. Mon père vous a apporté une perle de Ceylan; c'est votre fille Marguerite; il a tenu sa parole; comptez les années et les mois, et vous verrez.

M. de Saint-Saulieux fit un cri de joie, et serra Marguerite dans ses bras; puis il embrassa aussi sa femme qui murmura quelques accents radoucis, où se faisait pressentir le pardon de la fête de madame Oberken.

— Elle a bien plus raison qu'elle ne pense, notre fille, — dit le père en regardant sa femme d'un air significatif, — n'est-ce pas?

La mère baissa les yeux pour regarder dans le passé, et y chercher tous les charmes des plus doux souvenirs.

— Dix-neuf ans! dit le mari.

— C'est hier, répondit madame de Saint-Saulieux.

Mahia.

Ceci commence par la formule des contes de fées.

Il y avait autrefois, dans la ville sainte de Bengador,

au bord du Gange, un jeune émir qui vivait dans une grande pureté de mœurs domestiques, chose rare en Asie. Cet émir n'avait point de sérail, ou, pour mieux dire, son sérail n'était composé que d'une seule femme dont la beauté eût éclipsé quarante beautés de Jellalabad.

Cette femme, plus belle qu'un sérail complet, se nommait Mahia, ce qui signifie *douce*, en vieux sanscrit.

Mahia était née à Ormus; elle avait des yeux superbes, qui s'ouvraient comme des amandes d'Arabie, quand elles éclatent au soleil dans leur maturité; son teint avait une fraîcheur dorée qui ravissait le regard; sa bouche était un écrin de corail, où s'alignaient de petites perles fines; mais son plus grand charme était dans ses cheveux, que les poëtes du pays comparaient au torrent du Gouroul qui tombe dans une ombre noire comme l'ébène en fusion. Ces poëtes exagéraient peut-être, selon l'usage des poëtes orientaux qui ne se contentent jamais d'une comparaison raisonnable, mais en restant dans les termes de la réalité bourgeoise, la chevelure de Mahia pouvait être comparée à celle de Bérénice qui a mérité l'honneur de figurer parmi les constellations.

Lorsque Mahia, le soir venu, faisait, loin des profanes, ses ablutions dans un frais bassin, formé par le Gange, sous le kiosque de l'émir, ses cheveux la couvraient comme un voile flottant, et lorsqu'elle sortait de l'eau, elle s'enveloppait de ce tissu naturel, comme de la tunique de la pudeur.

L'émir, qui était poëte aussi, en sa qualité d'émir, avait composé une foule de vers sur les cheveux de Mahia; il ne se lassait jamais de les prendre, par tresses, dans ses mains caressantes, et il leur donnait toute sorte de formes charmantes qui se prêtaient aux comparaisons de ses vers. Il avait surtout composé beaucoup de *pantouns*, qui sont les sonnets du pays.

Chaque peuple a ses sonnets, mais les Italiens en ont beaucoup plus que les autres nations; et les Indiens ont beaucoup plus de *pantouns* que les Italiens n'ont de sonnets.

Nous allons donner une idée de cette galanterie poétique de l'émir en traduisant au hasard, en vile prose, un de ses plus beaux *pantouns* :

« A Mahia,

» Le Jénicar va moissonner le riz dans la plaine du Triplicam, et il roule dans ses mains les gerbes ondoyantes;

» O Mahia! tu es une rivière d'amour, et ton émir est semblable au moissonneur, quand il assemble en gerbes tes beaux cheveux!

» Le batteur de riz agite avec ses mains les chalumeaux, et les fait ruisseler au vent du fleuve.

» Ainsi, ton émir, ô Mahia! aime à livrer ta chevelure vagabonde au souffle embaumé du fleuve saint! »

Nous ne faisons pas de pareils vers aux femmes, nous poëtes occidentaux, parce que les hommes nous railleraient. Les femmes comprennent tout et ne raillent pas les choses de l'amour; elles ont un sens de plus que nous, le sens poétique; nous avons un sens de plus qu'elles, le sens moqueur, ou en d'autres termes, le bon sens.

Quelquefois les marchands, venus de Perse ou d'Arménie, se présentaient à la porte du palais de l'émir, en proposant la vente d'une esclave de choix ; par curiosité indolente, l'émir regardait quelques instants cette marchandise vivante et la congédiait avec le marchand d'un signe de la main. Les cheveux de l'esclave descendaient à peine sur les épaules. C'était à sourire de pitié.

En sortant à travers la ville, les marchands disaient :

— L'émir doit avoir un beau sérail puisqu'il a refusé notre marchandise.

Et on leur répondait :

— L'émir n'a qu'une femme, la belle Mahia aux cheveux sans fin.

C'était le surnom de Mahia.

Un marchand arménien, nommé Koeb, ou Koreb, le nom importe peu, s'étant vu refuser deux fois par l'émir, résolut de tirer une vengeance terrible de ces dédains.

Il se lia d'une étroite amitié avec les domestiques de l'émir, et connut bientôt toutes les habitudes les plus secrètes de la maison. Un soir, un peu avant le coucher du soleil, Koeb, qui venait de subir un nouvel affront, après avoir présenté à l'émir la plus belle des esclaves, se déshabilla complétement et se plongea dans le Gange, comme un fakir qui veut se noyer pour monter au ciel par le chemin de l'eau. Koeb ne voulait pas se noyer : il nagea entre deux eaux jusqu'au petit golfe où s'avançait le kiosque de l'émir, et ne voyant personne au balcon, il se cacha dans un massif de tulipiers jaunes et de fleurs stagnantes de nénuphar.

Le vindicatif Arménien tenait à la main un crick à deux tranchants bien effilés. Celui qui l'aurait vu ainsi armé, ainsi posté, aurait dit : Cet homme médite un assassinat.

Voilà comment toutes les conjectures sont presque toujours des erreurs.

La belle Mahia ouvrit une petite porte d'acajou qui fermait une haie vive de rosiers de Bengale, et parut sur la rive des ablutions, n'ayant d'autre vêtement qu'un sari fort léger. Elle laissa tomber le sari et avança le pied droit pour essayer la température de l'eau du Gange, comme fait une Européenne aux bains de mer.

Au même instant, Mahia vit tomber sur sa bouche une main nerveuse, et luire devant ses yeux un poignard.

— Pas un cri, ou tu es morte? dit une voix à son oreille.

Mahia s'évanouit, absolument comme aurait fait une Européenne en pareille situation.

Quand elle reprit ses sens, elle poussa un cri de douleur..... Sa belle chevelure avait disparu ; elle était chauve ; il ne lui restait plus que sa beauté, trésor vulgaire qu'on trouve dans tous les sérails.

Le marchand arménien avait réussi au delà de tous ses souhaits, car il ne comptait pas sur un évanouissement qui le dispenserait d'user de violence.

Rien ne peut dépeindre le désespoir de l'émir, lorsqu'il revit Mahia chauve, comme un cèdre de Phénicie âgé de mille ans.

— Je vais venger cet affront ! s'écria-t-il ; je veux mettre Bengador à feu et à sang, pour punir le coupable. Mes armes ! mes soldats ! mes chevaux !

Mahia fut bien inspirée.

— Mon doux seigneur, dit-elle, cet affront ne me vient pas des hommes, mais des dieux ; ainsi renoncez à toute idée de vengeance. J'ai plongé ma tête dans les eaux saintes du fleuve, et avec un sentiment d'orgueil que les dieux ont voulu sans doute punir, ma chevelure est demeurée au pouvoir de ces êtres invisibles qui exécutent les ordres de Myhassor.

A ce nom de Myhassor, l'émir trembla comme un jeune palmier, au vent du midi.

Mahia donna même ensuite de nouvelles et bonnes raisons pour démontrer à l'émir qu'aucun homme ne l'avait souillée de sa main profane, et que cet affront était l'œuvre des dieux. En démontrant cela, Mahia ne courait pas le risque d'être répudiée ; c'était Myhassor qui avait coupé ses cheveux ; allez vous venger de Myhassor !

L'émir consola de son mieux la belle Mahia, et lui promit de l'aimer chauve, comme il l'aimait avec ses cheveux.

Hélas ! il fit cette promesse d'une voix si faible, que Mahia trembla pour l'avenir de cet amour.

Les femmes orientales ont toujours des ressources de coquetterie qui triomphent souvent.

Mahia, un jour, prit une ceinture de laine fine et légère comme une succession d'ailes de colibris, et ceignit ses tempes et son front de cette parure en la roulant avec une grâce exquise de contour. Elle se regarda au miroir d'une fontaine, et se sourit comme la première femme qui mit la première rose dans ses cheveux, pour plaire au premier homme dans l'idylle de l'Eden.

L'émir, en voyant Mahia coiffée de cette façon, poussa un cri de joie et la trouva beaucoup plus belle qu'avec des cheveux ; cette illusion d'ailleurs lui était chère, et il ne demandait pas mieux que de se tromper.

Mahia fut d'une coquetterie admirable ; elle changea

cinq fois en un jour, la forme, la couleur et la disposition de sa nouvelle coiffure. A chaque changement, elle venait sourire à l'émir, qui finit par déclarer que les cheveux étaient insupportables à voir, et que toutes les femmes de Bengador seraient obligées, par un décret, d'adopter la coiffure inventée par la belle Mahia.

Les femmes orientales ne demandent pas mieux que de subir des décrets qui leur imposent de nouvelles coiffures. Au bout de quelques jours, le beau sexe bengadorien, enfermé au harem ou libre de ses actions, se coiffa très-gracieusement selon la nouvelle mode appelée *Dashour* ou turban.

Toutes les modes ont des origines mystérieuses, comme celle du turban.

Mais l'histoire ne s'arrête pas là.

Un an après, on vint annoncer au sublime émir qu'un marchand d'esclaves proposait une jeune fille dont la beauté n'avait point d'égale sur les continents et les archipels.

L'émir sourit, et comme il s'ennuyait selon l'usage des rois, des sultans et des émirs, il fit le signe nonchalant qui veut dire : Faites entrer.

Le marchand était ou paraissait être un vieillard octogénaire et idiot ; un vieillard usé par le commerce des esclaves blanches, noires et bronzées ; en apercevant l'émir, il se prosterna et baisa la poussière de ses pieds.

L'émir le releva en souriant, et s'asseyant sur une pile de coussins, il demanda l'esclave Le marchand retroussa la portière et dit d'un ton de maître :

— Viens ici, Naourah (*Félicité des yeux*).

Naourah était un vrai chef-d'œuvre ; sa chair semblait

être tissue avec des rayons de soleil; elle ressemblait à une de ces nymphes océanides, dont parle le divin poëme du *Ramaïana*.

L'émir cessa de sourire, comme un homme qui s'apprête à aimer, chose toujours sérieuse ; il regarda Naourah, et *ses regards errèrent et moururent,* comme dit le grave Montesquieu, dans son poëme libertin du *Temple de Gnide.* Hélas ! il n'y a point d'hommes graves, pas même Montesquieu ! Aussi avons-nous des révolutions tous les cinq ans.

Ce n'était pas la beauté de la jeune esclave qui avait complétement ébloui notre émir ; ses mains délicates déployèrent une chevelure superbe, plus noire et plus abondante que celle que portait Mahia avant l'invention du turban.

— Les beaux cheveux ! s'écria l'émir ; je n'en ai jamais vu de plus beaux.

Heureusement Mahia ne pouvait entendre cette désolante et si impolie exclamation.

Le marchand inclina stupidement la tête, de l'air d'un homme qui n'attache pas une grande importance à la beauté des cheveux.

L'émir était en extase, et son imagination orientale avait épuisé toutes les images et les comparaisons qu'une belle chevelure peut inspirer. Le marché fut vite conclu, quoique le marchand eût demandé un prix infini. L'émir paya et ne regretta pas son or, du moins pour le moment.

La nouvelle esclave fut présentée à Mahia, qui lui fit un assez bon accueil, chose qui contrarie nos mœurs européennes, parce que la jalousie est une preuve de haute civilisation.

Mahia montra le palais et les jardins de l'émir à Naourah, qui regarda toutes ces beautés avec de naïfs transports de joie.

— Comment passe-t-on le temps ici? demanda la jeune esclave avec candeur.

— On joue du luth.

— Ah! j'aime le luth à la folie... Et ensuite?

— On brode à l'aiguille.

— Très-bien! voilà ce que je n'aime pas... Ensuite?

—On prend des leçons de danse d'une célèbre Aspara?

— Oh! j'aime la danse! je prendrai des leçons.... Après?

— On fait des parfums de fleurs de rosier.

— Je ferai des parfums... Est-ce là tout?

— On se baigne dans un charmant bassin, sous le kiosque du palais.

— Voilà ma passion! — Je nage comme un leu-tzée! s'écria l'esclave en battant des mains avec une joie enfantine. Je veux me baigner tout de suite, si c'est possible... Que fait notre maître et notre époux en ce moment?

— Il s'occupe des affaires de l'État.

— Qu'est-ce que cela veut dire?

— Cela veut dire qu'il dort, dans un hamac, bercé par un esclave. Cet exercice dure quatre heures; mais avant de s'y livrer, l'émir fait annoncer partout qu'il va s'occuper des affaires de l'État.

— Alors rien ne nous empêche d'aller nager dans le bassin du kiosque?

— Sans doute; je vais vous y conduire, suivez-moi.

Mahia montra donc le chemin du rivage à l'esclave, et

elle resta dans le kiosque, pour assister à un exercice de natation qui promettait d'être fort curieux.

L'esclave entra dans un massif de hauts tulipiers, comme ayant l'intention d'y suspendre les vêtements dont elle devait se débarrasser avant de se mettre à l'eau, et Mahia prit son luth pour chanter un *pantoun*.

Une heure s'écoula et aucun bruit ne se faisait entendre du côté du bassin.

Mahia était fort inquiète ; elle avait déjà chanté trois *pantouns* et ne voyait rien paraître à la surface des eaux.

Elle avait oublié de demander son nom à la jeune esclave, et ne sachant comment l'appeler, elle descendit du kiosque et la chercha partout. Elle ne la trouva pas.

A force de fouiller tous les recoins du taillis des arbustes riverains, elle vit flotter aux branches d'un jeune liquidambar une chevelure superbe qui, sans doute, ne paraissait pas appartenir au règne végétal. D'abord Mahia recula de peur devant cette espèce d'apparition ; puis elle fit quelques pas, et osa même toucher du bout des doigts ces longs cheveux qui avaient perdu leur tête natale. Enfin, après un long examen, elle reconnut, malgré une certaine variété dans la nuance, que ce trésor capillaire lui appartenait ; mais que l'art d'un coiffeur avait assujetti les racines de cette chevelure à un centre commun, en forme de calotte légère, ou, pour mieux dire, de réseau concave de la plus grande finesse.

Mahia voulut faire une épreuve à l'instant même ; elle ôta son turban et se coiffa de ses anciens cheveux, qui reprirent naturellement leur place, grâce à l'artifice du coiffeur inconnu, mais très-ingénieux.

La jeune femme se laissa emporter par le délire d'une

joie folle ; elle venait de rentrer dans toute sa beauté première, et quoique peu jalouse, elle s'estimait fort heureuse de n'avoir plus de rivale chevelue à craindre, et plus d'association inquiétante dans l'amour de l'émir.

Le soir venu, elle parut devant l'émir, laissant flotter sous son turban les longs cheveux noirs qui l'avaient fait tant aimer autrefois, et n'eut pas de peine à le persuader que la divinité du Gange qui lui avait ravi ses cheveux les lui avait rendus, et que la nouvelle esclave, dans un accès de désespoir, causé par ce prodige, s'était précipitée dans le fleuve saint, et ne reparaîtrait plus probablement au palais.

L'émir était crédule comme les amoureux orientaux et même occidentaux ; il bénit la divinité du Gange, et promit de se contenter de l'unité dans son sérail.

Le marchand Koëb, enchanté de sa spéculation, qui était aussi une vengeance, récompensa l'esclave en lui donnant sa liberté.

Ainsi presque toutes les frivolités de la toilette ont été inventées par un défaut.

Une femme qui avait des mains laides a inventé les gants; une autre, par d'autres raisons, a inventé les fichus; une autre, pour corriger le tort de l'absence, a inventé d'autres artifices; une sultane chauve a inventé les turbans; ce qui n'a jamais empêché, ce qui n'empêchera jamais de voir ces frivolités et ces inventions artificielles portées par des femmes auxquelles on peut dire comme à Zaïre, en turban :

L'art n'est pas fait pour toi, tu n'en as pas besoin.

Deux nuits assyriennes.

Les écrivains graves, qui passent leur vie octogénaire à expliquer ce que leurs prédécesseurs n'ont pas écrit, affirment que la couronne royale a été inventée par Bélus. Bélus qui vivait 1993 ans avant l'ère chrétienne, aurait donc été le premier roi dont la tête se serait coiffée d'un cercle d'or, à pointes, comme signe de souveraineté.

La première fois que Bélus parut en public avec sa couronne, il vit éclore beaucoup de sourires facétieux sur les visages des Babyloniens. Le public de l'Euphrate trouva généralement que le *bandeau sacré* décorait beaucoup mieux un front royal. Un *bandeau sacré*, ainsi que l'attestent les bas-reliefs antiques, était un ruban de pourpre noué derrière la tête, et comprimant les cheveux trop vagabonds des rois primitifs.

Bélus, en rentrant dans son palais, avec sa couronne, se mira dans le clair bassin d'une fontaine, miroir de l'époque, et se trouva très-bien, malgré les épigrammes de son peuple : il renonça donc définitivement au *bandeau sacré*, dont parle encore toutes nos tragédies.

Selon l'usage des fils de rois de cette époque, Ninus tua son père et, pour faire diversion à ce parricide, il fonda Ninive et épousa Sémiramis.

Selon l'usage des reines de cette époque, Sémiramis tua son mari Ninus, et monta sur le trône des Babyloniens.

Son royaume comprenait la Médie, la Bactriane, l'Asie Mineure, la Syrie, l'Egypte, et beaucoup de déserts. Babylone murmura beaucoup en voyant monter une femme sur le trône, car, disait-elle, le trône demande une grande majesté de maintien, et jamais une femme n'aura la majesté d'un roi.

Ces bruits arrivèrent aux oreilles de la grande Sémiramis.

Un jour elle convoqua l'élite de Babylone dans le grand temple de Bélus, édifice qui couvrait une lieue de terrain dans sa longueur. Mille musiciens, échelonnés sur les rives de l'Euphrate, jouaient des fanfares délicieuses, que Rossini a exhumées d'une fouille pour les mettre dans sa divine *Semiramide*.

La grande reine descendit de ses jardins suspendus, et vint passer devant son peuple, sous les colonnades infinies, qui remplaçaient les arbres absents, et donnaient une fraîcheur de marbre aux heures brûlantes du milieu du jour.

Sémiramis portait une robe de lin tissue à Tyr, et d'une souplesse merveilleuse; mais toutes les grandes dames babyloniennes avaient des robes de la même manufacture, et si la reine n'avait eu que cet ornement, elle n'aurait produit aucune sensation. Heureusement, Sémiramis, en fouillant dans les antiques reliquaires de famille, avait découvert la couronne que Bélus portait si gauchement, et elle la posa sur son front, pur et blanc comme un ovale de marbre de Paros. Prenez une tige de lis dans la plaine de Saron, et placez-la sur le casque de cuir d'un soldat numide; placez-la ensuite dans les boucles des cheveux noirs d'une vierge du Caucase, et vous verrez tour à tour éclater le rire et l'admiration devant la même tige de lis. Ce ne sera pas la faute de la fleur, mais la faute du choix.

Une couronne d'or à pointes est un ornement ridicule sur la tête d'un roi; cela est si vrai que les rois l'ont reconnu eux-mêmes et qu'ils ne la portent plus. On ne trouve plus de monarques couronnés de cette façon que dans les vieux tableaux et dans le brelan carré des rois de cartes.

En 1830, Louis-Philippe portait sur sa tête un chapeau gris de douze francs, et même assez mal brossé.

Sémiramis obtint un succès immense d'admiration enthousiaste avec la même couronne qui avait excité tant d'hilarité autour du vénérable front de Bélus.

Lorsque cette magnifique reine parut sous le premier péristyle du temple, les fanfares de Rossini furent étouffées par les acclamations populaires.

— Par le soleil! par Mithra! s'écriait-on en babylonien, qu'elle est belle! qu'elle est grande! qu'elle est reine! Que cette couronne d'or lui sied bien! comme cette parure la met au-dessus de toutes les femmes! comme les hommes sont petits et s'abaissent devant cette gracieuse majesté!

Alors un chœur, composé de toutes les voix, de tous les éloges, de tous les amours, s'éleva sous les colonnades de Bélus; ce fut comme l'expansion du délire voluptueux de tout un peuple. Il n'y manqua, sans doute, que ces notes langoureuses qui s'exhalent de l'orchestre de Rossini lorsque le cor accompagne l'hymne d'amour entonné au pied du trône de Sémiramis. La reine superbe traversa tout le péristyle, malgré sa longueur, et, à chaque pas, elle entendait éclater le même enthousiasme, elle rencontrait le même amour; Babylone brûlait pour une seule femme, et les brises de l'Euphrate, le parfum des fleurs, le murmure des fontaines, semblaient plus doux encore sous les vertes arcades des jardins suspendus.

Il y avait là des rois venus du golfe Persique, des confins de l'Éthiopie, des profondeurs de l'Afrique, et même des régions de l'Indus; ils étaient tous humbles comme des esclaves devant la reine magnifique, et ils lui offraient sur son passage, dans des corbeilles de géroflier, des trésors de myrrhe, d'aloës, de nard, de cinname et d'encens.

Trois princes, parents de Ninus, avaient choisi exprès cette fête pour assassiner Sémiramis, toujours selon l'usage de cette époque, où les souverains étaient assassinés dans une fête : eh bien! ce complot avorta. Les princes et leurs complices jetèrent leurs poignards dans l'Euphrate lorsqu'ils virent étinceler la couronne d'or sur le front de Sémiramis. Bien plus, on savait généralement dans Babylone que la reine avait assassiné son mari, et quoique cet accident de cour fût passé dans les mœurs, l'instinct moral des bons Babyloniens n'en était pas moins blessé; beaucoup même avaient manifesté hautement l'indignation causée par cet assassinat de tradition assyrienne.

Dès que Sémiramis parut, ces haines sourdes s'évanouirent, cette indignation se calma; on ne voulait plus croire à un si grand crime en voyant une si grande majesté.

La couronne projetait des ombres douces sur le front et le visage de la reine, et faisait ainsi disparaître les traces déposées par le crime et les remords.

Alors commença le règne le plus glorieux dont l'histoire ait gardé le souvenir, règne de près d'un demi-siècle, et tout consacré à la gloire de l'Orient. Jamais la civilisation ne s'est élevée si haut chez un peuple, ainsi que l'attestent encore aujourd'hui les plus beaux et les plus considérables monuments des arts. Sémiramis fit admirablement bien deux choses également glorieuses, surtout la seconde, la guerre et la paix.

Dans un empire composé de plusieurs empires, cette grande reine ne comptait plus qu'un seul ennemi ; *fra tanti regi et popoli, parmi tant de rois et tant de peuples*, comme dit le poëme italien de Sémiramis, un seul ennemi, c'est bien peu. Les rois et même les reines en ont toujours eu davantage. Cet ennemi isolé se nommait Osroës ; il était grand-prêtre de profession, croyait descendre du soleil en droite ligne, ce qui lui donnait beaucoup d'orgueil et justifiait ses projets ambitieux.

Sémiramis, toujours très-occupée à suspendre des jardins, à soigner la tour de Babel, à construire des colonnades, n'accordait pas une grande attention au pontife Osroës, et le négligeait d'une manière insultante. Osroës se vengea.

Il fit construire un coffre en bois de sycomore, et y renferma une fausse lettre, une fausse épée et un faux bandeau sacré ; puis il appela Ninias, fils de Ninus, et lui dit :

— Voilà l'héritage de ton père.

Ninias lut la lettre paternelle qui lui disait :

« Mon enfant, ceins à ton front mon bandeau sacré, prends mon épée et venge-moi de Sémiramis, c'est elle qui m'a donné la mort. »

Et comme Ninias hésitait, Osroës s'habilla en spectre de Ninus et apparut dans la nuit à ce fils irrésolu, en lui disant d'une voix sépulcrale :

— Va, mon enfant, poignarde ta criminelle mère Sémiramis.

Poussé à bout, Ninias obéit, et Ninias devint roi, et ceignit le bandeau sacré.

La décadence commença. Trente rois, ceints du bandeau sacré, régnèrent après Sémiramis, depuis Ninias jusqu'à Sardanapale, chaque successeur assassinant son prédécesseur pour se conformer aux traditions.

Dans cette période historique, la civilisation et les arts s'éteignirent, la tour de Babel s'écroula par assises, les temples furent démolis, et les jardins suspendus tombèrent dans l'Euphrate.

Sardanapale ayant été détrôné, en 759, par un grand-prêtre de Babylone, nommé Bélésis, se tua, et le vaste empire de Sémiramis fut démembré.

La couronne d'or que portait Sémiramis était faite à l'image du soleil : c'était une sphère rayonnante ; comme l'astre oriental, cette couronne avait fécondé les rives de l'Euphrate et versé la vie dans ces immenses régions ; lorsqu'elle s'éclipsa, deux fléaux se montrèrent, la barbarie et la mort.

C'est ce que nous verrions sur une plus large échelle si le soleil s'éteignait dans les cieux.

Lilia la Havanaise.

— Sage Kosrou, dit Zeb-Sing, voici encore une histoire qui vous réjouira. Je vous la dis telle que l'a écrite le voyageur français qui regarde avec moi le diamant de Beabib.

La Havane est peut-être, l'île la plus charmante de toutes les mers connues ; c'est une véritable corbeille de parfums oubliée sur l'onde par les nymphes océanides, et que Dieu a mise à l'ancre à perpétuité, comme un vaisseau qui renonce au métier de voyageur.

Il y a en un coin de la Havane, un vallon nommé *las Ginestas* ; c'est un endroit délicieux, ombragé par des magnolias et embaumé par des citronniers séculaires ; la mer se découvre à l'extrémité, comme un immense miroir de saphir lumineux, où passent des voiles blanches que la brise des Açores pousse au golfe Mexicain. La riche habitation de *las Ginestas* appartient à la famille Figueroa-d'Elbonza, qui a donné des gouverneurs à la Havane.

Le mariage de Lilia, jeune fille d'une beauté merveilleuse, avec le comte d'Elbonza, fit grande rumeur à la Havane ; il y eut vingt-deux jours de fêtes nuptiales, on dansa vingt-deux nuits. Les créoles sont comme les Indiens ; eux seuls savent vivre ; le plaisir les amuse, et ils ne savent pas mettre des bornes au plaisir ; un bal d'une nuit les met à peine en mouvement, mais quand ils ont commencé, ils ont horreur de la fin, et ils ne finissent pas.

Lilia et son jeune mari auraient fait envie aux premiers époux du paradis terrestre, même avant la fatale pomme. Les lunes de miel se succédaient pour eux, et promettaient de briller toujours sur leur horizon nuptial; rien de suave à l'oreille comme les paroles qui sortaient de la bouche du comte d'Elbouza, dans les heures ardentes du jour, lorsque la mer voisine envoyait ses brises du midi au vallon de *las Ginestas*, et que les larges éventails des magnolias versaient une fraîcheur parfumée sur les gazons de repos.

Un jour surtout, oh! ce jour devait rester mémorable à jamais dans le front de Lilia! La mer roulait des paillettes de soleil sur sa plaine de saphir; les aloës, les genets d'or, les jasmins espagnols, les roses chinoises de l'hibiscus, les lavanteras aux clochettes d'argent composaient un seul parfum de toutes leurs essences mêlées, et les magnolias faisaient pleuvoir leurs fleurs d'ivoire, comme la neige du tropique, dans le vallon bienheureux.

La belle et jeune Lilia respirait ces parfums avec une sensualité de créole, et elle se croyait, dans sa foi ingénue, transportée vivante au paradis.

Son jeune époux lui disait :

— O ma bien-aimée, j'ai entendu dire qu'un jour mon aeuïl partit d'Espagne pour conquérir le royaume de l'or: il débarqua au port San-Yago; il gagna la bataille d'Ottumba contre quatre-vingt mille Mexicains; il prit la ville à la tête de six cents Espagnols, et de mille auxiliaires de Alacala; jamais homme n'obtint donc une gloire plus grande, ne courba son front sous plus de lauriers... Eh bien!

adorée Lilia, si on m'offrait aujourd'hui la gloire de mon aïeul, je dirais : Que m'importe cette gloire vaine! Que m'importe la conquête d'un monde! Laissez-moi vivre aux pieds de Lilia, respirer ce qu'elle respire, aimer ce qu'elle aime, fouler le gazon qu'elle foule! Laissez-moi ignorer tout ce que le monde renferme, excepté la beauté de Lilia !

Ajoutez à la tendresse de ces paroles, l'ineffable accent de l'amour, et les notes de la mélodieuse langue de Castille, et vous comprendrez peut-être l'extase qui pénétrait le cœur de la jeune femme du comte d'Elbonza.

Lilia eut alors un caprice charmant, fils d'une imagination du midi.

— Ce jour, ce beau jour, dit-elle, va s'envoler comme le plus vulgaire des jours, et tous nos efforts ne sauraient le retenir au moment où il se penche déjà vers le gouffre du passé; mais je garderai de ce jour tout ce qui peut se garder; un souvenir même matériel et sensible, une date embaumée qui parlera toujours à mes sens; une émanation de cette heure divine que la brise emporte et que je veux recueillir pieusement.

Alors elle cueillit une tige de toutes les fleurs qui embaumaient le vallon de *las Ginestas*, et elle les porta soigneusement à l'habitation de son beau-père, où le savant et illustre chimiste espagnol Padoas travaillait en ce moment à l'œuvre des merveilleuses essences de la flore des Antilles.

Padoas ne vit, dans ce caprice de jeune femme, qu'une occasion de faire briller son talent de parfumeur émérite et breveté. Il composa donc, à l'aide de son puissant alambic, un parfum nommé *l'essence des vingt fleurs*, parfum qui a, depuis, joui de tant de vogue dans les gynécées de Séville et de Cadix.

Lilia divisa l'essence produite en vingt cassolettes portatives, dont dix-neuf furent hermétiquement fermées pour les besoins de l'avenir.

Le souvenir de ce beau jour était ainsi renfermé dans vingt reliquaires, mémorable date passée à l'état d'élixir.

En ce monde trop de bonheur est nuisible; il faut bien se garder de tomber dans cet excès fatal. Des êtres invisibles sont jaloux et se vengent.

Après ce triste et court préambule, il nous suffira de dire, pour l'intelligence de cette histoire, que, deux ans après son mariage, le jeune comte d'Elbonza fut atteint du fléau qui désole souvent les grandes Antilles, et mourut presque subitement dans l'habitation de *las Ginestas*.

Lilia ne versa pas, dans son désespoir, cette quantité de larmes qui amollissent les peines, coulent avec les douleurs et se tarissent le lendemain avec elles; Lilia garda une sombre attitude de simulacre tumulaire; son œil resta sec comme celui du marbre ciselé sur un sépulcre. On devina tout de suite que cette veuve ne se consolerait jamais.

Les jours et les mois amenèrent fort peu de changement dans les habitudes de Lilia. Ce ne fut même qu'après deux années que la jeune veuve détacha de sa parure le dernier signe de deuil, et qu'elle hasarda un sourire pour obliger sa famille qui le lui demandait.

Un jour, son beau-père lui dit :

— Ma chère fille Lilia, toutes les douleurs doivent avoir un terme; lorsque le désespoir ne tue pas, on doit remercier Dieu qui nous a donné la grâce de vivre, et où doit recommencer à vivre, selon les lois de la société.

— Il me semble, — dit Lilia en souriant, — que je suis tout à fait dans ces dispositions, et qu'en me résignant à vivre et sourire, je témoigne assez que je sais reconnaître les faveurs de la Providence.

— Ma fille, dit le beau-père, cela ne suffit pas ; la société impose aux familles nobles des devoirs et des obligations.....

— Quels devoirs et quelles obligations ?..... demanda Lilia du ton d'une femme qui sait ce qu'elle a l'air d'ignorer, et qui est toute prête à répondre.

— Mais, ma chère fille, ceci n'a pas besoin d'être expliqué.

— Au contraire, expliquez toujours.

— Eh bien ! que répondriez-vous si un parti riche et avantageux se présentait à vous ?

— Je répondrais que je suis veuve.

— Alors vous accepteriez, ma fille ?

— Non, mon cher père, je refuserais.

— Une veuve pourtant se remarie toujours quand elle est jeune, riche et consolée par deux ans de veuvage.

— Et moi, mon cher père, je suis une veuve qui ne se remarie pas.

— Vous ignorez sans doute le nom et le rang de celui qui vous demande en mariage.

— Mon père, je l'ignore effectivement, mais je refuserais le roi des Espagnes ou le gouverneur de la Havane ; ainsi vous voyez que le nom, le rang et la fortune ne me tentent pas.

— C'est mon neveu qui vous a connue, il y a trois

ans, et qui se dispose à quitter Madrid pour vous épouser.

— Eh bien, mon cher père, dites ou écrivez à votre neveu de rester à Madrid s'il s'y trouve bien, à moins qu'il n'aime faire des voyages inutiles à bord d'un vaisseau.

— Vous réfléchirez, ma fille, — dit le beau-père en souriant.

— Voilà ce qui vous trompe, cher père, je ne réfléchirai pas. C'est tout réfléchi.

— Et qui sait ! ma fille ; dans un an, dans deux ans, trois ans, les idées changent ; ne prenez point d'engagement avec l'avenir.

— Je suis sûre de moi ; j'attends l'avenir sans crainte ; je serai veuve après dix ans, comme aujourd'hui, croyez-le bien. J'ai de l'énergie dans mes résolutions, et je ne me corrigerai pas d'une vertu.

Le beau-père s'inclina comme un adversaire vaincu, mais en se retirant devant Lilia victorieuse, il emporta l'idée d'être plus heureux une autre fois.

A mesure que Lilia avançait dans son veuvage, les poursuivants augmentaient en nombre et en audace. Tous les jeunes gentilshommes de la Havane se mirent successivement sur les rangs ; le gouverneur même arriva le dernier, comme pour donner le dernier assaut à une citadelle imprenable. Le gouverneur fut traité comme le vulgaire des amoureux. Lilia n'écouta aucune proposition.

Cette force de résistance invincible, Lilia la puisait chaque jour dans un de ces récipients odorants qui lui rappelaient un jour d'éternel souvenir. Lorsque la mer étincelait sous les caresses du voluptueux démon de midi ; lorsque la neige des magnolias tombait sur l'herbe de *las Ginestas*, notre jeune veuve s'asseyait sur des coussins de verdure, et la puissance des parfums respirés lui rendait les extases et les chastes délices de sa lune de miel ; quel est donc cet étrange mystère recélé dans les exhalaisons des fleurs ?

Comment se fait-il que l'imagination puisse franchir les abîmes du passé sur les ailes d'un parfum, et qu'elle fasse revivre ce cadavre, et qu'elle nous entoure au même moment de tout ce qui était alors pour nous, joie, bonheur, amour, mélodie, comme si nous revivions dans ce passé ?

Lilia emportait ainsi avec elle, pour ainsi dire, tout un bonheur éteint qu'elle rallumait à sa volonté, en respirant l'élixir des fleurs de *las Ginestas*. Elle ne quittait jamais l'écrin portatif qui renfermait le plus doux des trésors invisibles. Lorsque son acharné beau-père, toujours vaincu, et toujours relevé, apportait un nouveau nom de mari prétendant, la jeune femme ouvrait sa cassolette, et prenait tout de suite en horreur le prétendant, sans le connaître ; car elle prêtait, en ce moment, l'oreille aux douces paroles de son mari qui lui parlait sous les arbres du vallon, dans l'enivrante atmosphère des fleurs. Quelle femme bien avisée, pensait Lilia, aurait consenti à sacrifier ces pures extases, chaque jour renouvelées, aux prétentions d'un amoureux inconnu, qui jamais peut-être ne se ferait aimer ?

Vraiment il y aurait de la folie à perdre cette continuelle résurrection d'un passé délicieux pour gagner un avenir tout voilé d'incertitudes conjugales, et d'inévitables dégoûts, si l'expérience ne trompe pas.

Les nombreux poursuivants éconduits n'étaient pas dangereux pour le repos de Lilia que sa famille protégeait contre les rancunes et les refus ; mais le gouverneur de la Havane n'était pas homme à subir sans vengeance un si cruel affront.

C'était un véritable hidalgo de vieille souche, âgé de quarante-six ans, trois fois veuf, toujours disposé à de nouvelles noces, et croyant honorer de ses faveurs les femmes qu'il épousait.

Ce gouverneur envoya son ultimatum aux parents de Lilia, et sa lettre se terminait ainsi :

« La jeune veuve d'Elbonza n'a aucune raison légitime de me refuser comme époux. Je descends des Pizarre ; je suis allié aux Saldanha ; je reçois un galion tous les ans ; j'ai douze portraits d'aïeux dans ma salle d'armes ; je suis d'âge vaillant ; je commande les forces de terre et de mer, et si je demandais l'infante en mariage, l'infante s'endormirait joyeuse dans l'Escurial. Cela dit, je prétends épouser le 24 juin, veille de Saint-Jean, la noble dame Lilia, veuve d'Elbonza.

La jeune femme lut le message, sourit, ouvrit son écrin de parfums, respira ses plus chers souvenirs, et fit cette réponse :

« Monseigneur,

» Le roi d'Aragon et de Castille, qui est le plus puissant roi du monde, puisque le soleil ne se couche jamais sur ses États, n'aurait jamais l'idée de forcer la plus humble des bergères à l'épouser par décret royal. Vous êtes, sans doute, un haut et puissant seigneur, mais le roi d'Aragon et de Castille est au-dessus de vous, et ce qu'il n'oserait faire, vous ne le ferez pas. Lisez notre *romancero*, et vous verrez tous les désastres qui ravagèrent l'Espagne, lorsqu'un jeune roi voulut faire violence à la Cava. Cette insulte amena la chute du dernier roi des Goths, et l'horrible bataille du Guadaleté ou Guadalquivir.

» Permettez-moi de rester dans ma sainte liberté de veuve, et priez Dieu qu'il vous garde des mauvais conseils.

» Lilia. »

Le gouverneur, naturellement porté à la colère comme tous les gouverneurs, déchira la lettre de Lilia, et se promena deux heures sous une allée de saules pleureurs, pour chercher une vengeance, seule consolation des hommes puissants, lorsqu'ils sont malheureux en amour.

Investi de pouvoirs absolus et extraordinaires, il rédigea un décret qui exilait à perpétuité de la Havane et autres possessions espagnoles, la veuve Lilia d'Elbonza et toute sa famille. On donnait vingt-quatre heures aux exilés.

Le beau-père se mit aux genoux de sa belle-fille, qui le releva gracieusement en lui disant :

— Je pars ; voulez-vous me suivre ? suivez-moi.

— Voilà, par saint Jacques d'Ottumba ! un singulier entêtement ! — s'écria le beau-père en secouant la poussière verte de ses genoux. Comment ? vous préférez l'exil à l'honneur d'être gouvernante de la Havane ! cela ne se conçoit pas !

— Je le conçois, moi ; cela suffit, — dit froidement Lilia.

— Mais, ma chère fille, vous poussez trop loin l'amour pour les morts ! Si mon bien-aimé fils lui-même revenait au monde, un seul instant, il vous conseillerait d'épouser le gouverneur ; et moi, qui suis le père de votre mari défunt, je crois le remplacer à cette heure, et en son nom, je vous ordonne de vous remarier.

— Ah ! l'ordre est plaisant, dit en riant Lilia ; le père de mon mari me conseille une infidélité !

— Une infidélité ! Par la baie de Tous-les-Saints, mon berceau, je n'ai jamais entendu une expression aussi comique ! Quoi ! parlez-vous sérieusement, ma chère fille ?

— Très-sérieusement, mon cher beau-père.

— Quoi ! en épousant le gouverneur de la Havane, trois ans après la mort de votre mari, vous commettez une infidélité !

— Oui, une infidélité posthume.

— Bien ! Lilia ! le mot est adorable ! Laissez-moi rire.

— Riez.

— J'en rirai vingt ans.

— Et je vous redirai le même mot vingt ans.

— Une infidélité posthume !

— Mon beau-père, j'ai sur le veuvage des idées qui ne sont pas les vôtres.

— Ni celles de tout le monde, ma fille.

— Est-ce ma faute si tout le monde se trompe ?

— Oui, tout le monde se trompe, excepté vous, Lilia.

— Cher beau-père, voulez-vous parler raison, un seul instant ?

— Oui, il y a d'ailleurs assez longtemps que nous parlons folie.

— Connaissez-vous les secrets de la tombe ?

— Vous appelez cela parler raison ?

— Oui, mon beau-père, répondez-moi.

— Eh bien ! non, je ne connais pas les secrets de la tombe, et vous ne les connaissez pas plus que moi, Lilia.

— Je le sais, cher beau-père, et voilà précisément ce qui me rend très-circonspecte dans les égards que je dois à mon mari mort. Sais-je si mon mari, dans une forme invisible, n'est pas toujours attaché sur mes pas ? Sais-je si les morts, ou si les âmes quittent réellement ce bas monde, après le dernier soupir ? Sais-je si ceux qui nous ont aimés ne continuent pas de nous aimer encore, pendant toute notre vie, et si leurs yeux, que nous croyons éteints, ne sont pas continuellement ouverts sur nos plus secrètes actions ?

— Eh bien ! après, Lilia ?

— Après, demandez-vous ? Comment, cher beau-père, vous ne devinez pas le reste ! voulez-vous me faire dire quelque sottise ?

— Quelle sottise, Lilia ! Eh bien ! j'admets que votre mari, quoique mort, vous aime toujours, et vous suive pas à pas...

— Vous admettez cela, et vous voulez que je donne à ce pauvre mort le tableau scandaleux... Oh ! mon cher beau-père, ne m'en faites pas dire davantage : j'en ai trop dit ; la rougeur me couvre le front.

— Lilia, vous êtes folle !

— Soit, mais je garde mes idées sur le veuvage, et je pars pour l'exil, avec mes souvenirs pour toute provision de voyage.

— C'est ton dernier mot, Lilia ?

— Oui.

En ce moment, des agents de la Sainte-Hermandad entrèrent dans l'habitation, pour conduire à la marine la famille d'Elbonza, violemment soupçonnée de haute trahison contre le gouverneur de la Havane, et le représentant du roi des Espagnes.

— C'est une atroce calomnie ! s'écria le beau-père ; le roi n'a pas de serviteurs plus dévoués que nous.

Les agents avaient ordre de ne rien écouter, ce qui prévient les embarras d'une explication.

Lilia prit ses écrins de diamants et ses reliquaires de parfums, et s'achemina vers le port où le vaisseau de l'exil était en partance, ancre levée, voiles au vent, pilote au gouvernail. L'horizon maritime, couvert de nuages cuivrés, n'annonçait pas une bonne nuit aux matelots. On était dans la saison des ouragans des Antilles ; ces tempêtes qui déracinent les forêts, lancent les vaisseaux dans les savanes, et bouleversent les profondeurs de l'Océan.

— Dans une heure, nous allons avoir un fameux ouragan, dit le capitaine au beau-père qui montait l'échelle du pont avec Lilia.

— Eh bien ! alors, pourquoi partez-vous ? dit le beau-père en s'arrêtant sur le dernier échelon.

— C'est l'ordre formel du gouverneur, dit le capitaine en s'inclinant.

— Que le diable emporte le gouverneur ! dit le beau-père.

Lilia tenait à deux mains l'écrin de ses souvenirs, et souriait à l'horizon, sans écouter le capitaine et son beau-père.

L'ouragan avançait ; le cuivre des nuages s'était changé en plomb ; une odeur de bitume courait dans l'air et gênait toutes les respirations ; il n'y avait point de vent, et les flammes se déroulaient horizontalement à la cime des mâts, et les cordages rendaient une harmonie de plaintes sourdes. La mer, pâle et morte, frissonnait par intervalles, comme si des cratères s'ouvraient au fond de ses abîmes, sans pouvoir soulever ses flots lourds comme des masses d'airain en fusion.

Le capitaine pâlissait à vue d'œil, et invoquait tous les saints du calendrier ; les matelots ne juraient plus ; le pilote faisait de fréquents signes de croix ; les passagers s'enfermaient dans leurs cabines pour ne pas voir l'ouragan, comme les autruches qui se couvrent la tête de leurs ailes pour ne pas voir le chasseur.

Lilia était toujours dans le paradis terrestre de ses souvenirs, et elle s'était assise sur un amas de toiles et de câbles roulés au pied du grand-mât.

Toute la famille d'Elbonza errait sur le pont comme une collection d'ombres élyséennes sur le rivage du Styx.

En ce moment un officier, attaché à la maison du gouverneur, monta l'échelle et demanda la veuve Lilia d'Elbonza. Le beau-père tressaillit de joie, et conduisit l'ambassadeur vers sa belle-fille, se doutant bien du message.

L'ouragan commençait ; des gouttes d'eau, larges

comme des piastres d'Espagne, tombaient en se gonflant sur la mer et annonçaient un déluge; des crevasses livides se dessinaient à l'horizon en versant des éclairs prodigieux, et des tonnerres sourds semblaient essayer leurs forces à la voûte du ciel comme un orchestre qui prélude avant l'explosion de ses instruments.

— Nous sommes perdus, murmurèrent en chœur les matelots, et le capitaine ne les rassura point.

— Madame, dit l'officier à Lilia, son Excellence le très-haut et très-puissant seigneur, gouverneur de la Havane, m'envoie vers vous, malgré ma profonde indignité, pour vous ramener à terre sur une bonne chaloupe et vous éviter les horreurs inévitables du plus terrible des ouragans.

— Oh! cet excellent gouverneur! — s'écria le beau-père au comble de la joie. — Allons, levez-vous, chère Lilia, et allons remercier ce digne gouverneur! Béni soit Dieu! nous sommes sauvés! Il était temps! Et le beau-père tendit la main à sa belle-fille qui ne tendit pas la sienne.

— Est-ce que Son Excellence, demanda Lilia, n'a rien ajouté de plus?

— Ah! il y a une chose que j'oubliais, Madame, dit l'officier, voici une feuille de papier au bas de laquelle votre belle main daignera apposer sa signature.

— C'est très-juste! dit le beau-père, nous allons signer.

— Un moment! dit Lilia, je ne signe rien, sans lire; veuillez bien me communiquer cette feuille?

— La voici, Madame.

Lilia prit la feuille, la parcourut rapidement, sourit avec dédain et la jeta dans la mer.

— Voilà comment je signe une pareille promesse, dit-elle. Portez cette réponse au gouverneur.

— Cette femme est possédée du démon ! s'écria le beau-père.

— Je regrette de n'avoir pas réussi, dit l'officier, et je me retire avec la pensée que j'ai pu vous sauver la vie, et que vous m'avez refusé votre salut.

En se tournant vers le capitaine, l'officier dit : Enlevez l'amarre et partez ; et il descendit dans le canot, en laissant le beau-père immobile de désespoir auprès de Lilia, toujours calme comme l'espérance, même sur le seuil d'un tombeau.

Le vaisseau dérapa et gagna la haute mer, pour éviter au moins le danger des côtes et des écueils voisins des atterrages. L'ouragan éclata bientôt avec une telle violence qu'on croyait assister à la chute du ciel, et que le vaisseau avait disparu dans une trombe d'eau. Les matelots se couchèrent à plat ventre sur le pont, et confièrent à la Providence des manœuvres d'ailleurs inutiles. Le capitaine descendit dans sa chambre pour étudier la carte; la famille d'Elbonza se rangea en espalier devant la dunette, et Lilia ne daignant pas faire à l'ouragan l'honneur de le regarder, se mit encore à revivre dans son passé.

La Providence, seul capitaine en ces sortes de cas, dirigea le vaisseau avec une bonté maternelle, et le soutint à la cime de toutes les vagues qui se levaient pour l'engloutir.

Quelquefois les tempêtes ont cela de bon, qu'elles font avancer un vaisseau avec une rapidité qu'une bonne brise ne donne pas. L'ouragan prit dans ses ailes la coquille de bois, et l'emporta, en lui faisant filer quinze lieues à l'heure, vers des parages lointains et peu connus des géographes. Le lendemain, aux premières lueurs de l'aube, la mer n'était plus soulevée que par une tempête ordinaire, celle que tout marin rencontre à chaque traversée, et qui le met toujours à deux doigts de sa perte, comme disent les graves historiens.

Le capitaine espagnol, qui devait son grade à la protection, se trouvait fort à l'aise au milieu d'un ouragan irrégulier qui déroutait les plus hautes connaissances nautiques.

Lorsqu'un ouragan conduit un navire, tout capitaine est excellent; mais on peut se diriger dans une tempête, et l'équipage fort inquiet voyait dans son chef une hésitation qui ne rassurait personne. La pâle clarté de l'aurore montra un voisinage de terre fort dangereux, qu'un mousse reconnut pour être la presqu'île d'Yucatan. Le capitaine remercia le mousse, et chercha ce nom sur la carte, et dans un dictionnaire de géographie; on y lisait ceci : — *Parage jusqu'à présent inhabité par les Européens. Yucatan abonde en bois de campêche, chênes équinoxiaux, cocotiers et anthropophages.*

La violence du courant et de la tempête entraînait le vaisseau vers ce parage, si mal noté dans le dictionnaire de géographie. Le capitaine ordonna des manœuvres et fit prendre des *ris*, d'après le conseil du mousse, mais malgré les *ris*, il restait encore aux mâts assez de toiles pour seconder l'action malfaisante du vent. La terre était là tout proche, si on peut appeler terre une formidable insurrection de rochers noirs, anguleux et isolés, qui semblaient attirer un pauvre vaisseau comme des blocs magnétiques, et le briser comme une cloche de cristal.

— *Tout le monde sur le pont!* cria le capitaine, à l'aide d'un porte-voix enroué.

L'équipage et les passagers n'avaient pas attendu cet ordre, ils encombraient le pont, et regardaient les roches ennemies, tout empanachées de l'écume des vagues de l'Océan.

Les matelots exécutaient toutes sortes de manœuvres pour rendre le naufrage le plus doux possible; il s'agissait surtout de doubler ce cap de granit, qui a brisé tant de vaisseaux depuis Christophe Colomb, et qui problablement en brisera bien davantage encore, à moins qu'une compagnie anglaise ne se forme pour ensevelir ces rochers à vingt brasses sous les eaux. Tel est le vœu des sages navigateurs !

Le beau-père d'Elbonza regardait sa belle-fille de l'air d'un homme qui a épuisé le répertoire de ses récriminations lamentables, et qui se contente d'accuser avec les yeux irrités une folle femme, première cause de tant de malheurs.

Lilia n'exprimait pas un seul regret sur sa figure; debout et appuyée à tribord, contre un bastingage, elle secouait en riant sa chevelure dévastée, toutes les fois que l'écume des vagues retombait en pluie sur son front charmant. Ce jeu paraissait même lui plaire beaucoup, et lorsque la vague se laissait trop attendre, elle faisait un geste d'impatience et semblait accuser l'Océan d'être inexact au rendez-vous donné.

Le beau-père ne put se contraindre plus longtemps, il vint se placer, à tâtons, devant sa belle-fille, et, avec l'accent de l'ironie la mieux acérée, il lui dit :

— Accepteriez-vous le trône de la Havane, en ce moment, si on vous l'offrait?

— En ce moment, — répondit Lilia, — je le refuserais deux fois.

Une vague énorme couvrit les deux interlocuteurs et ruissela comme un fleuve de neige sur le pont. Lilia, un instant ensevelie, reparut, belle comme Vénus Aphrodite, et ramenant sur son sein ses cheveux divisés en deux guirlandes d'ébène, tissues par le caprice de la mer.

Un naufrage était pourtant inévitable, même pour le capitaine le plus expérimenté. Le pilote manœuvrait d'instinct, et assez habilement pour doubler ce terrible cap des Roches, et faire échouer le vaisseau sur un banc de sable, dans un petit golfe voisin; la Providence lui permit de réussir; au moment où la proue du navire touchait le formidable écueil, un coup de gouvernail, donné dans une éclaircie de calme, fit effleurer la roche et précipita le vaisseau sur un banc de sable abrité, par les montagnes, contre le vent de la haute mer.

La secousse fut si violente que le navire s'entr'ouvrit sur sa quille; le capitaine cria :

— Les canots à la mer !

Aussitôt le comble de l'effroi donna du courage au beau-père d'Elbonza; il saisit sa belle-fille avec ses bras vigoureux, et l'entraîna par une brèche ouverte dans une chaloupe à flot; le reste de la famille d'Elbonza fut oublié dans ce sauvetage, et emporté, sans doute, vers d'autres régions. Un heureux coup de vent coupa l'amarre de la chaloupe, et emporta d'Elbonza et sa belle-fille vers un rivage où les arbres et le soleil riaient, comme s'il n'y avait pas eu la moindre tempête sur l'Océan.

L'égoïsme brille de tout son éclat dans les grandes calamités ; le beau-père et Lilia oublièrent tous leurs compagnons pour ne songer qu'à eux. En sûreté sous les beaux arbres du rivage, ils ne songèrent plus à regarder ce qui se passait sur la mer ; leurs yeux se tournèrent vers la forêt vierge et hospitalière qui les recevait, et, déjà très-occupés de leur avenir, ils ne prirent aucun intérêt des autres ; ce qui, du reste, en pareille circonstance, est très-naturel et fort humain, quoique inhumain au premier abord.

Les forêts vierges sont toujours suspectes à cause de leur virginité : on aime à les voir peintes sur une toile, mais leur réalité matérielle rassure peu le naufragé ou le voyageur. D'Elbonza hasarda quelques pas dans la forêt du rivage et donna des signes d'inquiétude ; Lilia, toujours inébranlable dans sa fermeté, prenait un plaisir infini à voir des vols d'aras multicolores et des perruches vertes s'élever par-dessus la cime des arbres, à mesure que des pas humains violaient les mystères de ce bois.

— Il n'est pas très-prudent, — dit à voix basse d'Elbonza, — de s'aventurer ainsi dans cette forêt ; il y a ou des hommes ou des animaux ; c'est-à-dire des ennemis, toujours. Mon Dieu, mon Dieu ! prenez pitié de nous ! après nous avoir sauvés de la mer, sauvez-nous de la terre.

L'homme est vraiment un être bien étrange ! il fait des sottises toute sa vie, et lorsqu'il se trouve dans un cas périlleux, il veut mettre le ciel dans l'obligation de le secourir. Étrange prétention, mais souvent couronnée de succès ! Il est vrai qu'en ce moment d'Elbonza était victime, malgré lui, d'un naufrage, et Lilia victime de son héroïsme, par sa volonté.

Lilia se fixa au bras de son beau-père, comme s'il se fût agi d'une promenade au Prado, et lui dit :

— Cet endroit est charmant, n'est-ce pas? il me rappelle ce beau vallon de Ginestas, voisin de la mer.

— Le moment est bien choisi, dit le beau-père, pour faire des comparaisons! Eh bien! ma chère fille, il me rappelle, à moi, l'île de Robinson Crusoë, et cela me fait frémir.

— Pourquoi frémissez-vous ainsi, cher beau-père; ne peut-on pas vivre ici comme ailleurs? le climat est superbe, l'air est délicieux à respirer sous ces arbres, il y a tout ce qu'on peut désirer pour vivre : les eaux douces et les fruits doux, que faut-il de plus?

— Il faut tout le reste, de plus! ma fille; et lorsqu'on a été habitué comme moi à vivre dans une habitation, au milieu du luxe, on ne peut plus vivre dans un bois, comme un orang-outang.

— Mon cher beau-père, dit Lilia, vous êtes un de ces hommes qui se plaignent toujours, et ne sont jamais contents de leur sort!

— Je vous trouve vraiment plaisante, Madame, de me faire des reproches! et vous prenez bien votre temps pour me censurer! vous, qui êtes la cause obstinée de tous mes malheurs!

— Eh! cher beau-père, vous vous obstinez aussi à redire toujours la même chose!

— Ma foi! c'est fort naturel, Madame; à chaque pas que je fais, je m'enfonce davantage dans un abîme, par votre faute, et vous voulez m'interdire la plainte! Là, voyons, soyez sincère, si on venait, à présent, vous offrir, avec un bon vaisseau neuf, et par une bonne brise, l'honneur d'épouser le gouverneur de la Havane, j'espère, il me semble, que vous accepteriez?

— Non, mon cher beau-père, je refuserais plus que jamais.

— Quoi! à la veille d'être dévorée par un tigre ou par un cannibale?

— Mais oui, cher beau-père; on est dévorée un instant, mais on est mariée toute sa vie à un gouverneur!

— Mais quelle rage avez-vous donc d'être veuve?

— Je suis fidèle à la mémoire de mon mari, votre fils; et si son ombre vous écoute, elle doit s'indigner de votre conduite indigne d'un Castillan.

Le beau-père, qui répondait toujours, s'arrêta brusquement, et prêta l'oreille à des bruits qui sortaient du bois.

— Entendez-vous quelque chose comme moi? demanda-t-il à voix basse.

— Oui, j'entends un murmure confus de voix. Ce sont des hommes.

— Si ce sont des hommes, dit le beau-père, nous sommes perdus; j'espère que ce sont des tigres.

— Eh! les tigres ne causent pas entre eux dans les bois; ils rugissent, et j'entends causer.

— Ma chère fille, ceux qui causent dans une forêt vierge sont plus dangereux que ceux qui rugissent.

— Ah! dit tranquillement la jeune fille, — ce sont des hommes, je viens de les apercevoir.

— Arrêtons-nous, — dit le beau-père d'une voix tremblante, — et cherchons un abri pour nous dérober à leurs regards... Mon Dieu! ma chère Lilia, quelle idée avez-vous eue en refusant d'épouser le gouverneur!

— Mais ce sera donc votre refrain éternel, cher beau-père?

— Oui... éternel tant que je vivrai... et je crois que ce ne sera pas long... J'ai aperçu d'horribles formes couvertes de plumes d'aras... Là bas... dans une éclaircie... l'écho, dans ces solitudes, amène les voix de très-loin... Ce sont des sauvages... c'est une tribu qui a vu, du haut de quelque éminence, notre naufrage, et qui vient, selon les mœurs atroces de ces pays, dépouiller et dévorer les naufragés.

— Oui, dit Lilia avec calme, j'ai lu les détails de ces mœurs dans le voyage de Couture.

— Lequel Couture fut dévoré.

— Non, mon beau-père, c'est lui qui dévora son nègre.

— Je sais que l'un des deux fut dévoré. — Au reste, le moment est mal choisi pour vérifier l'exactitude de la citation... Oh! que nous serions heureux à la Havane, au palais du gouverneur! j'espère maintenant ma chère fille, que vous êtes revenue de votre entêtement de fidélité conjugale, en présence de la tribu de cannibales qui marche vers nous?

— Non, mon cher beau-père.

— C'est trop fort! — Venez, Lilia... marchez doucement. — J'aperçois à notre gauche une grotte de lianes où nous pourrons nous mettre à couvert et laisser passer la tribu.

— C'est inutile, cher beau-père; il n'est plus temps; ces hommes nous ont vus; n'ayons pas l'air de les fuir, ce serait les insulter. Allons au-devant d'eux, comme on marche à des amis.

— Ma chère fille, — dit d'Elbonza en fléchissant sur ses pieds, — nous n'avons plus un quart d'heure à vivre. Avant midi nous serons mangés. Je les reconnais bien maintenant, ce sont des Peaux-Rouges... Cette folle! elle pourrait être à présent la femme du gouverneur de...

— Eh! mon cher beau-père, interrompit brusquement Lilia, j'aimerais mieux vous voir dévorer tout à l'heure, que de vous entendre redire encore une fois cette phrase.

— Ma chère fille Lilia, il n'y a que cette phrase qui m'apporte quelque soulagement dans mon malheur.

— Eh bien! pensez-la et ne la dites plus.

— Oui, ma fille, mais si devant ces Peaux-Rouges on vous proposait de vous marier tout de suite au gouv...

— Encore!

— Ce n'est pas la même phrase, Lilia, remarquez bien.

— Toujours la même, car elle m'ennuie comme l'autre... Eh bien! voulez-vous le savoir? même en ce moment, je refuserais.

— Devant ces Peaux-Rouges?

— La couleur n'y fait rien, oui. Êtes-vous content?

Un espace très-court les séparait en ce moment de la tribu sauvage, habitante de cette forêt. C'était une tribu alors très-célèbre, et aujourd'hui anéantie par les pionniers de la civilisation. Le roi se nommait Kiou-Tavaï; il portait une coiffure très-haute, hérissée de plumes d'aras; un carquois jouait sur son épaule gauche, et il balançait gracieusement un arc dans ses mains.

Derrière le roi marchaient les princes de la famille, tous moins hautement coiffés, puis les courtisans et les chefs de la célèbre tribu de Liquidambar, en tout vingt-cinq sauvages, horriblement tatoués sur leurs épidermes rougeâtres, et montrant des rangées de dents d'une blancheur éblouissante, comme toutes les races carnivores restées dans l'état naturel.

Le beau-père d'Elbonza joignit les mains, inclina sa tête sur l'épaule droite, et prit un air plein de bonté, pour le communiquer aux sauvages. Lilia regardait la tribu avec une curiosité tranquille, et ne regrettait nullement le trône de la Havane.

Les femmes seules sont capables de n'éprouver sincèrement aucun regret d'une forte résolution qu'elles ont prise, même quand cette résolution les conduit aux plus formidables extrémités. Les hommes, en pareil cas, affirment quelquefois qu'ils n'éprouvent aucun regret, mais ils ne sont pas sincères comme les femmes; ils mentent et font les fanfarons.

Kiou-Tavaï fit signe d'arrêter les deux étrangers, et, pour leur imposer, il prit un maintien superbe et s'appuya de la main droite sur son carquois.

La beauté de Lilia parut exciter une vive impression chez le roi de la tribu; il lui fit plusieurs signes très-clairs et dignes d'un chorégraphe, pour lui demander si les autres naufragés étaient restés sur le rivage. Lilia comprit cette langue à la première leçon, et répondit avec une lucidité merveilleuse. Le roi se tourna vers ses courtisans et leur témoigna toute la satisfaction qu'il éprouvait en voyant la beauté de Lilia, et son intelligente pantomime.

Le prince royal murmura aussitôt quelques paroles qui probablement signifiaient ceci :

— Puisqu'il n'y a pas d'autres naufragés sur le rivage, rentrons dans nos palais.

Le roi sourit avec une sorte de bonté sauvage, et, relevant son arc, comme un sceptre, il désigna du bout le centre de la forêt. D'Elbonza et sa belle-fille, placés au milieu des chefs de l'armée, se mirent en marche pour aller à leur mystérieux destin.

Par moments, le beau-père lançait à Lilia un regard oblique, qui signifiait très-clairement ceci :

— Eh bien ! ma fille, ne regrettez-vous point, etc...

Et Lilia, haussant gracieusement les épaules, avait l'air de répondre : Je ne regrette rien.

Alors d'Elbonza regardait le ciel en poussant un soupir ; ce qui signifiait : Voilà un inconcevable entêtement !

Le roi et les princes paraissaient, dans leur route, s'occuper fort peu des prisonniers ; ils échangeaient des phrases brèves, en désignant du doigt un site, un arbre, un ruisseau, une fleur. Le beau-père s'imaginait à chaque instant que le roi à jeun cherchait un endroit favorable à quelque affreux repas d'occasion.

Lilia, ravie de la beauté du site, avait ouvert un de ses écrins de souvenirs et respirait la vie avec délice, pour recueillir ses dernières extases, avant d'être livrée à la mort.

On chemina une heure à travers les broussailles fleuries, lianes flottantes, ruisseaux d'eau vive, et on arriva dans un carrefour sombre, où s'élevaient une centaine de huttes. C'était la capitale du royaume. Les naturels de la tribu sortirent pour voir les prisonniers, et ils témoignèrent une très-grande joie comme des convives affamés qui voient arriver les plats d'un festin.

Les femmes du roi et les princesses arrivèrent ensuite, et se mirent à examiner Lilia avec une attention minutieuse. Ensuite elles eurent l'air de se concerter pour établir une opinion sur la jeune Européenne. Le résultat ne fut pas favorable; toutes les femmes des Peaux-Rouges décidèrent à l'unanimité que Lilia était horriblement laide et que son arrivée ne pouvait exciter aucune jalousie dans le sérail du roi et des princes.

Cet avis n'était probablement pas celui du roi Kiou-Tavaï; il déposa sa coiffure, son arc et son carquois, et, s'avançant vers Lilia, il lui demanda si son compagnon était son mari. Lilia comprit tout de suite et elle répondit :

— Mon mari est mort.

Lilia crut devoir dire la vérité, même à un roi sauvage.

La réponse de Lilia parut faire beaucoup de plaisir au roi; il sourit, et dans une pantomime encore plus expressive, il dit à la jeune veuve qu'il voulait l'épouser.

Le beau-père, qui assistait à cet entretien mime, bondit involontairement, et son regard exprima la fameuse phrase interdite, et qui était plus que jamais de circonstance. Lilia ne s'attendait point à cette subite proposition matrimoniale, qui, du reste, est dans les mœurs des rois anthropophages et absolus; elle fit un léger mouvement nerveux, comme la gazelle qui vient de flairer, à l'abreuvoir, la trace d'un lion; mais, ce premier frisson passé, elle se garda bien de témoigner la moindre surprise, et le roi ayant refait sa pantomime, croyant ne pas avoir été compris, Lilia baissa modestement les yeux, comme une jeune fille qui écoute pour la première fois parler de mariage à la grille du couvent.

Le roi, plein de fatuité comme tous les hommes sauvages, interpréta en sa faveur le silence modeste de Lilia, et, se tournant vers ses gardes, il donna un ordre bref en désignant la principale hutte, qui était le palais royal.

Les femmes du roi avaient tout entendu, quoique placées à grande distance de l'entretien, et elles échangèrent entre elles des paroles qui, à coup sûr, ne composaient pas l'éloge du bon goût du roi.

Les gardes conduisirent Lilia au palais royal avec les honneurs dus à son rang. D'Elbonza fit au hasard quelques pas pour suivre sa belle-fille, mais d'autres gardes le conduisirent dans une hutte qui servait de prison, dans les guerres que la tribu du Liquidambar soutenait contre la tribu du Serpent.

Le harem du roi était dans une position charmante qui rappelle, dans des proportions très-subalternes, la pointe du sérail à Constantinople. Ce harem peut contenir cinq ou six femmes et autant de nattes; il est construit sur une pointe de rocher au bord d'une petite rivière qui prend sa source dans l'intérieur de la presqu'île, et descend à la mer dans le voisinage de *Thérésinas*, établissement espagnol de peu d'importance, fondé par les baleiniers.

La sultane favorite reçut Lilia dans la hutte du harem, et on peut même dire qu'elle la reçut fort mal; cela se conçoit. La sultane était une fort laide personne, d'un âge mûr, et qui secouait un peu trop d'anneaux de laiton à ses narines et à ses oreilles. Toutefois le monarque fermait les yeux sur ces défauts naturels et ne les ouvrait que sur les qualités absentes. La sultane avait d'ailleurs un talent cité dans les gynécées de la tribu ; aucune reine, aucune princesse, aucune grande dame ne confectionnait mieux qu'elle des bottines de chasse avec des aiguilles d'arêtes, du fil du cotonnier et des peaux de chamois.

La sultane exerçait une grande domination sur l'esprit de son royal époux ; elle avait même réussi à faire chasser du harem deux jeunes rivales qui avaient donné bien des tourments à sa jalousie ; lorsqu'elle vit arriver cette Européenne blanche, son sang bouillonna dans ses veines, et elle comprit tous les dangers de sa position : Lilia lui apparut dans toute sa beauté redoutable.

Ame de ce monde, esprit de tous les êtres, fièvre de la jalousie, tu agites toutes les zones, tu parles toutes les langues, tous les cris, tous les rugissements ; tu agites l'oiseau sur la feuille, le lion dans son antre, le sauvage dans sa hutte, le poisson stupide au fond des mers !

En voyant entrer Lilia, la sultane fit une pantomime qui signifiait :

— Que venez-vous faire ici ?

Lilia répondit que le roi avait daigné jeter sur elle un regard de bonté, mais qu'elle espérait bien que tout se bornerait là.

— Vous ne connaissez pas le roi,—dit la sultane de l'air d'une femme qui le connaissait.

— Je me soucie fort peu de le connaître, répondit Lilia.

La sultane regarda fixement la veuve espagnole pour

bien entrer dans le sens de sa pensée ; elle comprenait difficilement qu'une femme se souciât peu de l'amour d'un roi aussi puissant que Kiou-Tavaï.

— Vous êtes donc désolée d'être entrée ici ? demanda la sultane, toujours en pantomime expressive comme une langue.

— Je crois bien que j'en suis désolée ! répondit Lilia.

— Alors vous n'aimez pas le roi ? — demanda la sultane d'un air naïf.

— Non, — répondit Lilia, en riant aux éclats, malgré l'horreur de sa situation.

La sultane témoigna une extrême surprise, et croisa les bras sur les tatouages de sa poitrine.

— Comprenez-moi bien, dit Lilia, en prenant une main de la sultane pour la serrer avec énergie. — Je l'aime si peu, votre roi, que je suis décidée à me briser la tête contre un arbre, ou à me noyer dans cette rivière, si votre roi veut m'épouser malgré moi.

La sultane fit un sourire d'incrédulité.

— Voilà, pensa-t-elle, une femme blanche bien rusée ; mais je ne serai pas sa dupe. Est-il possible de supposer qu'une femme est décidée à se tuer, parce que Kiou-Tavaï, le plus puissant des rois connus, daigne l'admettre dans son harem.

— A quel moment du jour vient-il ici, le roi ? demanda l'Espagnole d'un air indifférent.

— Au coucher du soleil, — répondit la sultane, en montrant avec son doigt le soleil, en ce moment au zénith, et en étendant sa main vers l'horizon du couchant.

— Et que fait-il en ce moment, le roi ? demanda encore l'Espagnole.

— Il s'exerce à l'arc, il chasse, il dort, il reçoit les ambassadeurs des rois voisins, il adore les manitous, il joue aux trois sauts avec ses courtisans.

La sultane décrivait toutes ces choses avec la plus grande lucidité ; un sourire de Lilia témoignait toujours que chaque geste avait été compris.

Lilia poussa un soupir plein de tristesse, phrase partout comprise, et regarda mélancoliquement le soleil.

Quand leur jalousie s'endort, les femmes sont bonnes dans tous les pays. La sultane écouta ce soupir de Lilia, et vit son regard ; au fond de ces deux choses éclatait un désespoir trop évident. Toutes les pensées du cœur n'ont pas besoin de la traduction d'une langue ; elles se laissent lire sur le visage et dans les yeux.

La femme sauvage prit la main de Lilia, et murmura quelques syllabes que leur douceur et leur sexe rendaient intelligibles à l'oreille étrangère. Lilia répondit de la même façon ; cette fois la pantomime avait été supprimée, et pourtant les désinences harmonieuses de la langue indienne et de la langue castillane, ainsi croisées entre deux lèvres de femmes, remplacèrent l'entretien amicalement formulé. On se comprit des deux parts. Tristesse d'un côté, consolation de l'autre ; Rossini a écrit le même duo entre Arsace et Sémiramis, et que de femmes l'avaient chanté avant lui !

Le soleil, qui est sans pitié pour les douleurs du jour, et qui est toujours obligé de descendre sur l'horizon du couchant, pour laisser aux étoiles le soin d'éclairer les douleurs de la nuit, l'impassible soleil déclinait avec une rapidité sensible, et augmentait les angoisses de Lilia.

La femme sauvage, émue aux larmes, frappa son

16.

front comme pour annoncer l'explosion d'une bonne idée, et elle regarda joyeusement la rivière qui coulait devant la hutte du harem. Lilia prit les deux mains de la femme sauvage, tout son visage, contracté par une curiosité fébrile, demanda l'explication d'une pensée, qui déjà ressemblait à une idée de salut.

La femme sauvage mit un doigt sur la bouche de Lilia, et lui montrant une natte déroulée dans l'alcôve royale, elle lui fit signe de s'asseoir et de l'attendre quelques instants. Ensuite elle sortit, un rayon de joie au front. Lilia conçut un faible espoir.

Quand la pauvre sultane reparut, son visage apportait quelque chose de plus que l'espoir. Elle prit Lilia par la main et la conduisit derrière le harem, dans un massif de liquidambars, dont les racines s'étendaient sur la petite rivière, et retenaient quelques pirogues par des amarres de bambous.

Dans une de ces pirogues, il y avait un vieux nègre qui paraissait attendre pour obéir religieusement à un ordre souverain. La femme sauvage embrassa l'Espagnole, lui montra le ciel où se tournent tous les êtres, et, après l'avoir rassurée par les gestes les plus expressifs, elle lui dit de se confier sans crainte à ce nègre, et d'aller où il la conduirait.

Lilia bondit de joie, comme la gazelle qui a découvert une fontaine, et rendant sa vive caresse à la femme sauvage, elle prit dans les secrets de sa toilette deux boucles de diamants qui bouleversèrent de bonheur la pauvre sultane, et, sautant lestement sur la pirogue, elle brisa elle-même l'amarre, et le courant de la rivière emporta la voyageuse et le rameur, avec cette rapidité qu'ont inventée, dans l'Inde, les *courriers nageurs*, *Swimming-Corriers*.

La flèche du sauvage n'est pas plus agile que sa pirogue lancée à l'eau. Lilia était déjà bien loin de son péril au bout d'une heure ; elle s'épanouissait de joie, en songeant au miracle de sa délivrance, lorsqu'à son tour elle se frappa le front et poussa un cri de douleur. Hélas ! il y a des occasions où l'égoïsme est permis, et où la sûreté personnelle fait tout oublier, même un parent, un ami ! Lilia se souvenait un peu trop tard de son beau-père d'Elbonza, égoïstement délaissé dans la tribu des cannibales ! Que pouvait-elle faire ? remonter la rivière ? chose impossible ; ces sortes de rivières ne se remontent pas ; aborder dans quelque anse, et faire vingt milles à pied dans des forêts vierges pour délivrer son beau-père ? chose plus impossible encore. Il ne restait à Lilia d'autre ressource que celle de s'incliner devant la fatalité : elle s'inclina donc et recommanda son beau-père à la sollicitude du ciel.

Le soir, un peu avant le coucher du soleil, la pirogue s'arrêtait devant un quai de bois palissadé, au village indigent de Thérésinas, et même à la porte d'une mesquine *posada* baleinière, à l'enseigne du *Harpon d'Or*.

Lilia retint le rameur nègre à son service, et elle l'acheta librement à lui-même, comme esclave, au prix de cinq cents piastres, garanties par deux bagues de diamants.

On quitte facilement un port de mer, quand on a de l'argent ou des pierreries. Le lendemain même, un vaisseau était en partance pour la Havane. Lilia regarda ce départ comme un conseil de la Providence, et, toute dévouée à une idée nouvelle, inspirée par de sages réflexions, elle retint deux places à bord du baleinier, et charma sa traversée en respirant le bonheur dans l'écrin de ses souvenirs.

La pensée de Lilia était honorable et belle, digne d'une Espagnole, ou, pour mieux dire, d'une femme de tous les pays.

En rade de la Havane, et placée sous la protection d'un pavillon portugais, Lilia écrivit au gouverneur la lettre suivante :

« Excellence,

» Le voyage et le malheur m'ont ouvert les yeux.

» J'étais trop peu avancée dans mon veuvage pour accepter même le cœur et la main d'un seigneur puissant comme vous ; aujourd'hui je ne regrette pas ma première détermination, mais je la change, ou, en d'autres termes, je la modifie dans l'intérêt de notre bonheur mutuel.

» J'ai fait un vœu à Notre-Dame de la Havane, et vous êtes trop bon chrétien pour vouloir que je me délivre d'un vœu. J'ai juré de ne me remarier que dans sept ans et sept quarantaines, après la mort de mon mari. J'ai quatre ans de veuvage à subir encore, et, ce délai expiré, j'obéis aux ordres de la Providence qui veut que je contribue au bonheur des Havanais, en m'asseyant à votre droite dans le palais du gouvernement.

» Si ces propositions sont à votre convenance, veuillez bien m'en instruire, j'attends votre réponse à bord de l'*Étoile polaire*, en rade pour deux jours.

» LILIA. »

« P. S. J'avais oublié de dire à Votre Excellence que je mets une condition à notre mariage. Mon beau père, le seigneur d'Elbonza, est en captivité dans la tribu du Liquidambar, chez les Peaux-Rouges, vers les atterrages d'Yucatan ; j'espère que vous enverrez un vaisseau et quelques soldats pour délivrer un noble Espagnol qui n'a pas mérité son sort. Ma main est à ce prix. »

Quelques heures après Lilia reçut pour toute réponse le billet suivant :

« Madame,

» Depuis votre départ, je me suis marié. Il vous est permis de rentrer dans l'île.

» H. S., gouverneur de la Havane. »

Ce billet donna, en même temps, une grande joie et une violente douleur à l'âme de la jeune et trop fidèle veuve. Elle avait accompli, et elle voyait aussi s'échapper la seule occasion de sauver son beau-père de la dent des cannibales, s'il vivait encore.

A force de vouloir sauver son beau-père à tout prix, elle trouva un autre moyen qui ne brisait pas ses liens sacrés de veuve ; elle descendit à la chambre du capitaine et lui dit :

— Capitaine, combien avez-vous d'hommes d'équipage à votre bord ?

— Soixante, Madame.

— Espérez-vous harponner beaucoup de baleines, dans votre campagne ?

— Je crois que, cette année, la pêche ne sera pas

heureuse à cause de la concurrence. Je serais content si je ramenais trente tonneaux d'huile.

— Voulez-vous que je vous propose une campagne qui vous rapportera davantage ?

— Proposez, Madame.

— Je vous donne cet écrin de diamants, estimés par des usuriers six mille piastres cordonnées, si vous venez délivrer mon beau-père, qui est prisonnier chez les Peaux-Rouges.

Le capitaine regarda l'écrin, et lui sourit amoureusement.

— Savez-vous précisément, demanda-t-il, l'endroit où il faut débarquer ?

— Je vais vous le montrer sur la carte, — dit Lilia, et son joli doigt se posa tout de suite sur le point géographique.

— Ma foi ! c'est tout près d'ici, dit le capitaine, et si Monsieur votre beau-père n'a pas été mangé, je réponds de lui sur ma tête.

— Allons toujours, dit Lilia ; j'aurai fait mon devoir.

Aussitôt l'*Étoile polaire* dérapa et fit voile vers les parages désignés.

— Enfants ! dit le capitaine aux matelots, nous allons pêcher une baleine qui rendra trois onces d'or à chacun de vous.

L'équipage exécuta toutes sortes de fandangos sur le pont. Tous connaissaient leur capitaine comme un homme qui ne promettait jamais en vain.

Quelques jours après on débarqua, d'après les indications de la belle veuve, tout juste sur le rivage où l'embarcation de d'Elbonza avait échoué. La mer y était fort calme en ce moment. Lilia reconnut très-bien tous les accidents de terrain et de forêt sur lesquels il fallait conduire l'expédition; elle s'était placée au centre de la troupe, et recommandait bien de ne faire usage des armes qu'à la dernière extrémité, de peur qu'une maudite balle ne vînt atteindre sa bonne et sauvage libératrice dans la hutte du harem royal.

Quand l'équipage de l'*Étoile polaire* parvint au carrefour du bois où s'élevaient les huttes de la tribu, le roi, les princes, les courtisans, les gardes, les sentinelles dormaient sur le gazon, à l'ombre des liquidambars.

Le capitaine, armé de deux pistolets, réveilla familièrement le roi, qui sauta sur son arc en poussant le cri de guerre. Les marins poussèrent de grands éclats de rire, en voyant l'attitude belliqueuse prise par les sauvages réveillés en sursaut.

Le roi, sentant bien que toute résistance était inutile devant soixante armes à feu, laissa tomber son arc, inclina la tête, et s'offrit seul en holocauste pour le salut de son peuple. Il n'y a que des rois sauvages capables d'un pareil dévouement.

Le capitaine fit signe au roi de relever la tête, et lui tendit la main en lui présentant Lilia.

Les sauvages, entre autres qualités de leur race, ont une perception féline qui devine tout.

En voyant Lilia, le roi comprit sur-le-champ le but de cette expédition armée; il fit un geste amical qui signifiait:

— Attendez-moi un instant.

Et courant vers son palais, il en ramena le noble prisonnier espagnol dans un état de maigreur qui peut-être lui avait sauvé la vie.

L'infortuné d'Elbonza, qui probablement se résignait, chaque matin, à être servi, le soir, sur la table du roi, s'élança au col de sa belle-fille, et lui dit :

— Je te pardonne.

La scène fut touchante.

Le capitaine donna au roi un fusil à deux coups et une bonne provision de poudre et de balles. Tous les sauvages baisèrent les mains des matelots, et Lilia égrenant un collier de perles fines, le distribua aux princes et aux courtisans.

On devinerait, sans qu'il fût besoin de le dire, que d'Elbonza et sa belle-fille rentrèrent dans leurs possessions de la Havane, après cette expédition si heureusement accomplie; mais ce qu'on ne devinerait pas, c'est que Lilia garda son veuvage toute sa vie, et que, même dans l'âge le plus avancé, elle se rajeunissait chaque jour, en respirant les parfums d'un impérissable souvenir, et que sa vieillesse n'avait pas retranché un seul quartier de sa lune de miel.

— Les femmes, disait-elle souvent, doivent toujours avoir des diamants et des perles; c'est leur monnaie; avec ces bijoux, elles ne sont jamais achetées, et elles achètent tout.

Il est vrai, ajoute l'historien, qu'il faut avoir déjà beaucoup d'or pour acheter autant de perles et de diamants.

AUTRE NUIT D'ORIENT

A M. LE LIEUTENANT DE VAISSEAU C***, EN RADE DE BESIKA

I

Un jour, mon cher navigateur, vous vous en souvenez peut-être, nous étions assis, deux rêveurs et vous, devant la terrasse du château de Missiessy, en rade de Toulon. C'était en plein hiver; il faisait très-chaud; le calendrier avait tort, on respirait le souffle de juin en janvier. Poncy, le grand poëte ouvrier, illustré par George Sand, nous cita ces deux si jolis vers d'Autran :

> Cette température a quelque chose en elle
> Qui nous produit l'effet d'un gilet de flanelle.

Vous reveniez alors de beaux pays où ces gilets célestes abondent; vous aviez parcouru toutes les mers classiques avec une idée fixe; vous vouliez découvrir l'île si admirablement décrite par Virgile, *insula portum efficit,* et dans laquelle les vaisseaux d'Énée s'étaient réfugiés, après une horrible tempête suscitée par la déesse Junon. Nous vous écoutions avec un plaisir extrême; nous vous suivions, *ad oras Libyæ*, du promontoire de Mercure au promontoire d'Apollon, à la découverte de cette île, et nous partagions votre désespoir. Cette île, comme celle de Robinson, n'existe pas; Virgile l'a inventée, ou peut-être a-t-elle subi le sort d'une île qui s'éleva, il y a vingt ans, sur la mer Sicilienne, et disparut à l'approche du gouverneur anglais envoyé de Londres pour en prendre possession.

Vous devez avoir conservé ce goût passionné pour les fables et les histoires antiques, et surtout pour le divin Virgile, le seul poëte qui n'ait rien dit d'inutile, le seul païen qui ait la grâce évangélique, le seul enfant de l'Olympe qui ait mérité le ciel. J'espère donc que votre station à Besika vous aura été profitable, sinon pour la question grecque, du moins pour la question latine. Vous aurez, sans doute, été entraîné, *telluris amore*, à visiter votre voisinage poétique, pendant les longs ennuis du bord, et à soumettre à un cadastre positif *les champs où fut Troie, campos ubi Troja fuit*. Probablement, vous receviez, comme nous, à Besika, les notes diplomatiques, les protocoles et tous les *ultimatum*, depuis le premier jusqu'à l'avant-dernier; cela devait être peu récréatif, comme tous les jeux sans fin, et vous devez avoir cherché des distractions, dans Virgile *in conspectu Tenedos;* vous devez avoir souvent demandé des congés et une embarcation, quand l'étoile Ida amenait le jour, *Lucifer Idæ ducebatque diem*, et alors vous respiriez l'air libre de l'école buissonnière sur cette grande route troyenne où Énée conduisait son père et son fils :

> Sans prendre garde à sa femme,
> Qui se perdit en chemin.

Vous qui savez Virgile par cœur, vous n'auriez pas sans doute choisi *Besika*, comme parage de station; vous vous seriez méfié de Besika, car vous aviez une confiance aveugle dans ce divin poëte qui a tout prédit, même votre station de Besika. *Statio malefida carinis!* nous criait-il; on ne l'a pas écouté, et deux vaisseaux ont fait avaries, et Virgile pourrait bien avoir trois fois raison de plus, si la station se prolongeait dans la saison où le vent d'Afrique, fécond en tempêtes, *creberque procellis Africus*, fait échouer un vaisseau sur les écueils et l'entoure d'un amas de sable :

> *Illiditque vadis atque aggere cingit arenæ.*

Vous vous êtes donc résigné, comme subalterne, en regrettant que les amiraux anglais n'étudient pas les prédictions de Virgile à l'université d'Oxford. Pline, amiral de l'empereur Titus, en 79, disait à son neveu : « J'aime mieux faire stationner mes flottes au cap Misène que devant Ténédos, à cause du vers de Virgile, écrit sur ces atterrages : *Statio malefida carinis.* »

A part ce désagrément, jamais vous n'avez eu une plus belle occasion de satisfaire vos nobles fantaisies de chercheur; la question d'Orient a été inventée par la Bourse et pour vous. Que de trouvailles vous allez nous rapporter de l'Archipel, vous qui avez consacré six mois de navigation à chercher une île absente! Quant à moi, j'attends avec une impatience votre manuscrit, que, dans votre sagesse, vous ne livrerez jamais à l'impression, pour éviter les controverses des savants sédentaires et des archéologues paralytiques, ces fléaux des voyageurs. Rappelez-vous toujours ce pauvre et illustre Dumont-Durville; il avait mesuré la hauteur des vagues dans les régions polaires, et les marins d'Asnières et de Chatou lui soutinrent qu'il avait très-mal mesuré. Il me tarde de connaître votre opinion sur Agamemnon; ce roi m'a bien tourmenté dans ma vie, et j'espère que vous aurez recueilli sur son compte des renseignements qui me donneront quelque repos. Si en recevant cette lettre, vous n'étiez pas fixé sur plusieurs points de cette histoire, et si le Pruth n'est pas repassé, veuillez bien étudier pour mon compte, sur les lieux, la question d'Agamemnon; voici une *note* que je vous envoie; je veux voir si vous la ratifierez; ne l'envoyez pas à Constantinople surtout : l'équinoxe est là; je suis pressé.

D'abord, je vous le confesse humblement, je n'ai aucune estime pour Agamemnon; il a beau me dire : *Je suis le roi des rois, je suis le pasteur des peuples*, cela ne m'en impose point, et mon opinion ne varie pas. Quand je lis Homère, quand je me récite Virgile, j'oublie tout; je me laisse entraîner avec délice par le divin charme d'une poésie qui n'a plus trouvé son égale au monde, mais quand cette mélodie céleste a cessé, et que l'histoire reste dans sa nudité primesautière, comme un plat libretto d'opéra qu'un orchestre de Rossini n'accompagne plus, alors on peut juger sévèrement cette histoire et les personnages qui en sont les héros. On ne sera jamais trop sévère pour Agamemnon ; ses exploits antiques, divinisés par des langues d'or, ont été d'un bien fâcheux exemple ; que de destructeurs de villes se sont autorisés de cet antécédent fabuleux et n'ont pas eu, hélas! Homère, Virgile ou Rossini pour les accompagner! Que d'Agamemnon passés à l'état de *libretti* depuis le roi d'Argos!

Il y avait autrefois un monarque sage nommé Priam, le modèle des rois, époux irréprochable, homme pieux, père de cinquante enfants, tous établis, à l'exception d'un seul, qui exerçait en amateur le métier de berger, et distribuait des prix de beauté aux jeunes filles égarées dans les vallons de l'Ida. Les lois les plus justes régnaient dans la ville de Priam ; il y avait beaucoup de vieillards, et tous donnaient d'excellents conseils à la jeunesse, tous honoraient les dieux, tous enseignaient le respect pour les femmes. Les mœurs de l'âge d'or florissaient dans cette ville de Troie, à tel point que les princesses traversaient les places publiques, à pied, pour se rendre au fleuve voisin et laver elles-mêmes leurs robes et leurs tuniques, qu'elles exposaient au soleil, comme de simples blanchisseuses de Bougival. Priam, roi très-pacifique, n'avait point d'armée, et, grâce à ce détail d'économie politique, il avait amassé de grands trésors, accrus encore par un commerce d'huile, de laine et de cuirs, et par l'heureux entretien des terres. L'île de Ténédos elle-même, où vous ne voyez rien du tout aujourd'hui, donnait d'excellents revenus à Priam :

Divis apum, Priami dum regna manebant.

Enfin, la Renommée, seule gazette de cette époque primitive, donnait à Priam beaucoup plus de trésors qu'il n'en possédait, ce qui excitait la convoitise de tous les pirates de l'Archipel. On attendait un prétexte pour piller la banque d'Ilium.

Le berger Pâris, le créateur de cette race insipide des Don Juan, des Joconde, des Lovelace, qui courent les villes et les auberges, sans amour et sans plaisir, dans l'unique but d'accorder leurs faveurs aux femmes et de les flétrir après devant mille confidents ; le berger Pâris, seul mauvais sujet d'une vertueuse famille, sous prétexte qu'il était blond ; le berger Pâris, sans avoir à sa disposition tous les vaisssseaux que lui prête Horace, *per freta navibus*, enleva sur une tartane la belle-sœur d'Agamemnon, Hélène, femme très-légère de mœurs, et qui, même avant l'hymen, avait donné de grands déplaisirs à ses deux frères ovipares et à tous les Tindarides, ses alliés. Ménélas conduisit Hélène à l'autel, il vit sourire le dieu Hymen, couvert d'une chlamyde jaune, *croceo velatus amictu*, il ferma les yeux comme un sage de la Grèce et passa outre. Les regrets ne tardèrent pas à venir. Clitemnestre, reine prude, comme toute femme qui médite un crime conjugal, eut l'air de se scandaliser de la vie antérieure de sa belle-sœur Hélène; on éloigna Iphigénie de la cour, par précaution ; Agamemnon regarda de fort mauvais œil la femme de Ménélas ; tout le ménage d'Argos fut troublé. Pâris leur rendit donc à tous un signalé service en les débarrassant de la jeune Tindaride ; ce rapt mettait à leur aise Clitemnestre, Agamemnon, la petite Iphigénie et Achille, son fiancé.

La raison politique, négligée par les poëtes, prévalut

dans les conseils du cabinet d'Argos. On trouvait une superbe occasion de piller les trésors du riche Priam ; on ne la laissa pas échapper. Tous les pirates de l'Archipel offrirent à Agamemnon leurs tartanes et leurs porchers armés en guerre. Les rois de ces pirates arrivèrent de Zacynthe, de Leucade, de Taphos, de Céphalonie. Ulysse, le plus forban de tous, abandonna sa femme, son fils, ses étables, son chien, ses porcs, pour venger l'honneur de Ménélas en compromettant le sien, et tenta un long et périlleux voyage. Il partit d'Ithaque, descendit la mer Ionienne, passa le terrible détroit qui sépare Cythère du promontoire de l'île de Crète, remonta dans les parages orageux de Myrtos, entra dans le golfe Argolique et descendit devant Argos, où l'attendait Agamemnon. Là, nous dit la Fable, mille vaisseaux étaient à l'ancre, mille, c'est beaucoup !

Non anni domuere decem, nec mille carinæ.

Ils attendaient un vent propice qui ne soufflait pas. Un prêtre ingénieux, nommé Calchas, donna un excellent conseil pour appeler le mistral ; il ne s'agissait de rien moins que d'égorger Iphigénie ; chose toute simple et fort naturelle. Tous les rois pirates de Thasos, de Lemnos, d'Imbros, de Lesbos, de Mytilène, de Scyros, de Chio, d'Onedros, de Tenos, de Mycène, de Delos, de Paros, de Naxos, d'Olearos, d'Ios, de Thera, d'Astypalée, de Calymne, de Nisire, d'Anaple, de Carpathos, de tous les rochers insulaires qui émaillent la mer Icarienne, demandèrent en chœur grec la mort d'Iphigénie pour venger l'honneur de Ménélas ; tous ces voleurs des grands chemins aquatiques étaient jaloux de l'honneur de Ménélas ; ils en perdaient le sommeil. Agamemnon, comme il dit lui-même, était fier de commander à tant de rois et à tant de rochers ; il aimait aussi tendrement sa fille unique ; l'honneur de Ménélas l'emporta : il livra Iphigénie au bourreau en échange du nord-ouest. Le sacrifice paternel achevé, le vent souffla, et les mille tartanes voguèrent *à la rame* dans la direction de Besika. La joie inondait le cœur d'Agamemnon ; il avait perdu sa fille, il s'était brouillé avec sa femme, mais il allait enfin conquérir Hélène, sa belle-sœur, qu'il détestait cordialement.

Toutefois, pour sauver les apparences, Agamemnon envoya de Besika Ulysse, avec une note, à Priam, pour le sommer de rendre Hélène. Priam, roi faible, aurait aisément consenti à livrer la jeune Tindaride ; Pâris lui-même n'était pas éloigné de l'avis paternel, mais le vaillant Hector s'écria : « Tant que les pirates des Archipels seront sur les terres de Dardanus, nous n'accorderons rien ; on ne peut délibérer sous la pression des Atrides et des forbans leurs alliés. Que la principauté de Besika soit évacuée, et l'on avisera pour le mieux ! »

Priam inclina sa tête vénérable, en signe d'adhésion : Ulysse, *olli subridens,* lui dit : « Gardez Hélène, nous gardons la principauté de Besika ; nous le garderons dix ans, s'il faut. Demain, Ténédos, *dives opum,* sera ruinée ; elle payera les frais de l'expédition. »

Et l'ambassadeur sortit d'un pas précipité.

Maintenant, mon cher ami, vous connaissez les motifs qui m'ont brouillé avec Agamemnon, et, dans vos loisirs de Besika, vous réfléchirez sur mon opinion émise, et vous la jugerez en conscience, c'est convenu. Il me reste à provoquer d'autres renseignements sur la question orientale de ces temps fabuleux, et moins fabuleux que les nôtres, je crois.

Franchement, croyez-vous qu'on puisse cacher mille vaisseaux dans le port de Ténédos, *tantùm sinus*, dit Virgile ? mille vaisseaux si bien cachés, que les Troyens se sont imaginé qu'ils étaient partis pour Mycènes ?

Nos abiisse rati et vento petiisse Mycenas.

Si effectivement ces mille vaisseaux ont pu se dérober à l'exploration des barques troyennes, ils méritent le nom de tartanes que je leur ai donné, et l'armée grecque me paraît réduite à de bien minimes proportions : trois régiments au plus. Ils se seront battus dix ans comme on ne se bat plus ; ils se sont entretués avec une ardeur héroïque dans mille batailles ; et, à la fin de la dixième année, les cadres nous paraissent remplis comme le premier jour. S'il y a eu des promotions, ceux qui restent devraient tous être généraux de brigade au moins. Tâchez de vous informer un peu de cela, dans vos nombreux loisirs.

Avez-vous remarqué des bois de sapins dans le voisinage de Besika ? les Grecs ont construit un cheval grand comme une montagne, *instar montis*, avec du bois de sapin. Les commentateurs ont affirmé que le cheval était en bois de pin. Mais Virgile, qui adorait cet arbre et qui n'a jamais perdu une occasion de le planter admirablement sur un spondée, ne se serait pas servi du sapin dans cette grande circonstance. Je tiens à éclaircir ce point à cause des commentateurs : le plus célèbre de tous a visité les terres de Dardanus ; il n'y a vu que des sapins, comme à Marseille, et il a conclu en faveur des pins, dans la contruction du cheval, Le menuisier Epéus, *fabricator Epeus*, a dû trouver beaucoup de difficultés en travaillant le pin. C'est la seule objection raisonnable du commentateur. Il est vrai que Minerve guidait le rabot d'Epéus, *divinâ Palladis arte*. Si Minerve s'en est mêlée, on peut admettre le pin et surtout l'olivier. Dans vos nombreux loisirs, faites une promenade sur le mont Ida.

En descendant de l'Ida, veuillez bien remarquer l'endroit où les flottes étaient à l'ancre devant Ilium ; *classibus hic locus*. Y a-t-il beaucoup de sable sur le rivage? y a-t-il des tamaris? y-a-t-il des pourpiers de mer ? Cette question vous paraît frivole, n'est-ce pas ? frivole en apparence, elle se rattache à une découverte merveilleuse. Vous allez voir. Il faut bien employer la question d'Orient à quelque chose d'avantageux...

II

Vous qui avez tant de loisirs à Besika, veuillez bien corriger mes fautes de topographie. Hélas ! nous n'avons jamais, nous, pauvres soldats de la plume, le bonheur d'être envoyés, aux frais de l'Etat, sur de bons vaisseaux, dans les parages classiques pour étudier nos questions d'Orient ; nous sommes obligés de payer nos voyages, et encore beaucoup de paresseux pensionnés nous reprochent de travailler pour gagner de l'argent, comme si, aujourd'hui, depuis Alexandre Dumas jusqu'au plus novice des écrivains, l'argent gagné en littérature n'était pas employé à des voyages plus ou moins lointains. Chacun de nous veut qu'on puisse dire de lui :

...*Mores hominum multorum vidit, et urbes.*

Virgile, en écrivant ce vers, se l'appliquait à lui-même; dès qu'il lui tombait quelques sesterces du haut du Palatin, il allait s'embarquer à Brindes, pour revoir la Grèce et suivre le conseil de son ami Horace :

Exemplaria Græca
Nocturnâ versate manu, versate diurnâ ;

aussi, grâce à ces voyages fréquents au pays d'Homère, d'Euripide et de Théocrite, il a fait de sa langue latine une seconde langue grecque et conquis une gloire qui rayonna encore lorsque toutes les autres gloires ne pourront plus descendre le chemin de la postérité, pour cause d'encombrement.

Je me suis donc figuré, en voyageant économiquement dans la Troade, à travers les omnibus du faubourg Montmartre, que, devant Troie, le rivage était couvert de sable, comme au Prado marseillais. Me suis-je trompé? Corrigez mon erreur, et excusez-moi ; il m'a toujours manqué un vaisseau gratuit pour aller visiter ce rivage. La nature du sol n'a pas changé à coup sûr depuis Agamemnon : s'il était rocailleux, il est encore rocailleux ;

s'il était sablonneux, il est sablonneux. Veuillez bien me suivre dans mon raisonnement hérissé de parenthèses ; nous arriverons toujours au but. C'est une théorie que j'ai bâtie sur le sable : si vous m'envoyez un rocher, ma théorie s'écroule. Heureux marin, que de choses vous avez apprises, grâce au prince Menschikoff, le même ambassadeur qui m'a fait perdre à la Bourse, dans une baisse de 2 francs, tout juste la somme que je destinais à visiter les domaines d'Agamemnon et d'Hector. Je ne pardonnerai jamais cette baisse au prince Menschikoff, même après l'évacuation des principautés ; mon égoïsme m'interdit ce pardon, si la Russie ne m'indemnise pas. En ce moment, on nous annonce que tout est fini, et que les deux Bosphores vont s'embrasser devant la tour d'Héro et Léandre, Dieu soit béni ! mais les innombrables Européens que cette stupide question a ruinés prétendent que tout n'aurait pas dû commencer, et chantent en chœur latin ce prodigieux vers, dans lequel Horace a si bien jugé toutes les questions d'Orient :

Quidquid delirant reges plectuntur Achivi.

Donc, pour la seule faute et les emportements d'un ambassadeur,

Unius ob noxam et furias Ajacis Oilei,

je suis obligé de renoncer au voyage de Ténédos, de vous demander des renseignements, de vous ouvrir de nombreuses parenthèses, et de vous indiquer à tâtons et en aveugle un terrain où se trouve pour moi la véritable question d'Orient.

Parlons au sérieux et rentrons dans ma théorie de *classibus hic locus*; il en est temps, n'est-ce pas? Tâchez de me suivre, mon cher ami, sur un chemin qui peut être n'existe pas. Les Grecs avaient formé un retranchement à peu de distance de leurs vaisseaux; avez-vous relevé le gisement de cette palissade? Hector le renversa avec une poutre: c'était le jour où ce héros rentra dans Ilium couvert des dépouilles d'Achille, *exuvias indutus Achillis*. Or, je présume qu'entre cette palissade et les vaisseaux il y avait un large espace sablonneux, où les Grecs s'amusaient à des jeux innocents dans les entr'actes de leur drame de dix années. Tous les jeux à raies et à cases ont été inventés à coup sûr par les soldats, couchés sur le sable, auprès de la mer, qui fournit des cailloux, et pendant un siége ennuyeux.

Les soldats russes ont failli inventer quelque chose à l'avant-dernière question d'Orient, au siége de Varna, espèce de Troie ottomane, dont le dernier assaut fut fait avec une pluie de roubles, comme l'assaut de Danaë. Sans cette pluie, les Russes seraient encore aujourd'hui devant la bicoque de Varna et Danaë serait couronnée rosière par Jupiter, devant Ténédos. Les jeux de marelle, d'échecs et de dames furent donc inventés par trois ingénieurs soldats, qui ne pouvaient payer des frais de tarots — les tarots sont des cartes inventées quatre mille ans, au moins, avant Charles VI. L'histoire n'en fait pas d'autres — ces soldats assiégeant ne pouvaient aussi jouer à *pile ou face;* ils n'avaient pas le sou de poche comme aujourd'hui. L'osselet de mouton, avec la double chance de sa bosse et de son trou, pouvait remplacer avantageusement le *pile ou face;* mais il n'y a pas de rôtis de mouton dans les armées assiégeantes et, sans ces rôtis, le jeu est impossible. Restent le sable et les cailloux plats. Si les Russes campent, cet hiver, sur les bords du Danube, ils trouveront ces deux éléments aléatoires, et, en se cotisant deux cent mille ils pourront inventer quelque chose de bon, après la *marelle*, les *dames* et les *échecs*.

On trouvera toujours un soldat inventeur dans une armée, et s'il m'est démontré par vous, mon cher ami, que la nature du sol est sablonneuse entre le rivage et le retranchement percé par Hector, j'ose affirmer que c'est bien un soldat grec, nommé Palamède, qui a inventé le jeu des échecs au siége de Troie. Ici cette question d'Orient devient beaucoup plus sérieuse que l'autre, à cause des contradictions furieuses qu'elle va soulever, et qui peuvent amener un *casus belli* entre la Chine, l'Inde et moi. Un mandarin illettré de la ville Kaï-Fong a, dit-on, inventé les échecs à l'embouchure du fleuve Hoang-Ho, qui se jette dans la mer Jaune. Ce mandarin florissait sous le règne de l'empereur Fo-Hi, l'inventeur du mariage et de l'écriture, 2,953 ans avant Jésus-Christ. Rien que cela.

D'un autre côté, on affirme que Pythagore de Samos, voyageant vers le Gange, 525 ans avant l'ère chrétienne, a inventé le moulin de Pythagore, le carré de l'hypoténuse et les échecs, à Almora, sur les rives du fleuve Saint. On attribue enfin cette noble invention à un bonze de Bénarès, et à un porteur de palanquin qui faisait un service de cheval de Ringpur à Sikim, et, dans ses relais, s'arrêtait aux bords du Gange, et jouait avec du sable et des cailloux.

Personne n'admire plus que moi le génie de la Chine et de l'Inde, mais je refuse hardiment à ces deux pays l'invention des échecs, et je rends à Palamède ce qui appartient à Palamède. Une seule chose me plongeait dans l'indécision à une époque : sur la foi d'Euripide, je ne crois pas le moins du monde à l'histoire du siége de Troie ; vous savez qu'Euripide nie l'existence d'Hélène, et traite de *fantôme* la femme de Ménélas. Si Hélène n'a pas vécu, me disais-je, il n'y a pas eu de siége de Troie et pas de Palamède. Cela me rendait perplexe et je me disposais volontiers à transplanter cette grande question d'Orient chez les Chinois ou les Indiens. Toutefois, après de mûres réflexions, je revenais à Palamède. Euripide nie Hélène, parce qu'il ne peut admettre que deux peuples se soient battus pour une blonde. C'est fort peu galant de la part d'Euripide, et nier une guerre parce qu'on n'en admet pas le motif, c'est raisonner à faux. Ainsi, en 1853, les Euripide ne croiront pas à notre histoire présente ; il est impossible, diront-ils, qu'en 1853 on ait fait une émeute de cour, on ait dépensé soixante millions, on ait ruiné des milliers de familles, on ait dévasté le domaine du crédit public, dans l'unique but de protéger des Grecs schismatiques qui ne voulaient pas être protégés. Quant à Hélène, elle peut très-aisément être admise comme prétexte de guerre et question d'Orient. Euripide a tort. Si le fils du sultan eût enlevé une princesse russe et l'eût amenée à Constantinople, *per freta navibus*, on expliquerait très-bien le passage du Pruth, et le reste. Si le grand poëte Euripide a nié le siége de Troie, c'est à cause de la répulsion que lui inspiraient les femmes blondes ; cela tient à un vice d'organisation grecque, dans un pays où tous les cheveux sont noirs. Hippolyte, dans la tragédie originale, va beaucoup plus loin qu'Euripide : il n'aime ni Phèdre, ni Aricie, ni aucune femme brune ou blonde ; il aime la lune, et lui adresse des madrigaux grecs pleins de tendresse; il est jaloux d'Endymion, et ne dépenserait pas un périclès d'or pour acheter tous les gynécées d'Athènes et tous les modèles féminins de Pradier. Racine, dans sa *Phèdre* française, n'a pas osé suivre son modèle jusqu'à la lune; il a inventé Aricie, qui est pâle comme la lune, pour ne pas dire plus.

Nous ne sortirons pas des parenthèses, elles ressemblent à des principautés danubiennes; il faut conclure pourtant. L'équinoxe arrive dans vingt jours, et, si ma lettre continue à battre la campagne dans la mer Icarienne, elle court la chance de ne pas vous trouver en rade de Besika. Donc la négation d'Euripide ayant été niée, je vous prie d'assister en imagination aux scènes de repos qui se sont jouées sur le rivage troyen, et dont Homère et Virgile ne parlent pas. Les soldats grecs, *fracti bello fatisque repulsi* s'ennuient comme des hommes heureux, au bord de la mer. Achille s'est retiré dans sa tente *et chasse les mouches*, comme dit Homère endormi; vous devez avoir aussi beaucoup cultivé cette chasse, à Besika. Il faut bien faire quelque chose dans une tente ou à bord d'un vaisseau, en attendant un vingtième ultimatum.

Non loin d'Achille, Patrocle fait la sieste. Agamemnon regrette sa fille Iphigénie et pense à sa femme Clytemnestre et à son jeune cousin nommé Égyste, qui a payé un remplaçant pour esquiver la conscription. Ulysse est parti avec Diomède pour enlever les chevaux de Rhésus.

Nestor raconte ses éternelles aventures de Pylos à des amis complaisants. Ménélas regarde de loin les tours d'Ilium, avec l'espoir de découvrir la chevelure de sa femme, comme un astronome étudie le lever d'une comète. Ajax, fils d'Oïlée, et Ajax, fils de Télamon, causent politique, assis sur leurs boucliers : on s'ennuie partout. Le sirocco plombe l'horizon ; la cigale chante sur les pins ; les coques des mille vaisseaux gémissent ; les matelots et les rameurs dorment depuis sept ans, comme les dormeurs de la légende ; un *repos muet habite* ces lieux comme les monts Cimmériens, dont parle Ovide, *muta quies habitat*. Que faire?

Palamède était mollement étendu sur la rive, à l'ombre d'une lance, et jouait au jeu primitif de la *marelle* avec Epéus l'ébéniste ; ils promenaient leurs six cailloux verts et blancs de la pointe au centre des lignes tracées sur le sable, lorsque tout à coup Palamède s'ennuya de ce jeu stupide inventé par Adam au bord d'un fleuve de l'Eden, et comprit qu'il y avait quelque chose de mieux à faire en ce genre avec des raies et des cailloux. Epéus lui dit : Vous avez raison.

Epéus était Laconien, et parlait peu, *more Laconum*. Encouragé par l'ébéniste, Palamède, après des loisirs aussi nombreux que les vôtres de Besika, se mit un jour à tracer sur le sable (y a-t-il du sable?) soixante-quatre cases. Cela fait, l sourit à son œuvre informe, et, courant au rivage, il choisit dans les algues, *vilior algâ*, une certaine quantité de cailloux blancs comme les huîtres de Bordeaux. Les tours d'Ilium donnèrent l'idée des tours d'échecs ; le cheval de bois, déjà médité par Epéus, donna l'idée d'une autre pièce ; Ménélas donna l'idée du fou; Clytemnestre et Agamemnon, Priam et Hécube, donnèrent l'idée des deux rois et des deux reines. Les Grecs et les Troyens se personnifièrent dans les pions. Ces pièces une fois trouvées, Palamède donna à chacune une marche, un esprit, un caractère, une attribution; il y eut bien encore des tâtonnements et des essais pour régulariser les parties; mais le plus difficile était fait. La mêlée s'engagea, les combinaisons surgirent de toutes les cases; le reste fut accompli, comme toujours, par le plus intelligent des génies, le hasard. Enfin, les crocs-en-jambes des lutteurs suggérèrent l'idée du premier *gambit*. *Gambito*, *croc-en-jambes*, disent encore les Italiens.

Vous figurez-vous la joie des soldats grecs, lorsque Palamède leur révéla une invention qui ne coûtait aucun frais de cartes et de timbres aux joueurs? Tout le rivage troyen devint subitement une académie d'échecs. On ne voyait que soldats couchés deux à deux sur le sable et poussant des cailloux blancs et verts. Ce plaisir général devint un bonheur; l'ennui s'envola vers Ténédos, où vous l'avez trouvé encore; les matelots se réveillèrent, apprirent la marche et jouèrent sur leurs bancs. La fureur du jeu s'éleva des escouades jusqu'aux régions de l'état-major. Agamemnon et Ménélas oublièrent leurs femmes, avec des *gambits*; Achille apaisa sa colère et fit sa petite partie avec Patrocle; les deux Ajax se firent recevoir au club de Palamède. Nestor seul soutint que les jeux de l'ancien temps étaient supérieurs aux échecs; on le traita de radoteur.

Dans leur ville, les Troyens ne comprenaient pas l'inaction des Grecs. — Quel est donc ce mystère? disaient-ils, quarante siècles avant nos opéras. Le sage Priam crut, comme nous aujourd'hui, que la question d'Orient touchait à son terme, et envoya un parlementaire au roi des rois. Le parlementaire trouva le grand Agamemnon courbé sur le sable et méditant un mat contre un Priam en cailloux. — Attendez un moment, dit le roi des rois; le parlementaire s'assit et regarda. Un moment de joueur d'échecs dure trois heures. Agamemnon avait manqué le mat, et jouait toujours. L'envoyé de Priam se mit dans la galerie, suivit le jeu avec une intelligente attention, et en saisit la marche parfaitement. Cinq parties terminées, Agamemnon se leva, et dit au parlementaire. Rien n'est terminé; rentrez à Ilium; nous reprendrons les hostilités quand bon nous semblera; si vous voulez que ça finisse, rendez-nous ma belle-sœur, avec une indemnité de cinq cent mille Priams d'or.

Le parlementaire demanda la permission d'étudier encore quelques parties d'échecs, ce qu'on lui accorda. Rentré à Troie, il enseigna le jeu aux cinquante enfants de Priam et à Hélène. Les échecs firent fureur, à la ville comme au rivage. Assiégeants et assiégés ne juraient plus que par Palamède. On ne rêvait que *gambit*; on jouait avec une frénésie égale ici et là, ce qui explique nettement ce vers du poëte :

Iliacos intra muros et luditur extra.

Enfin, Hélène et Pâris jouaient nuit et jour aux échecs, ce qui était, pour une moitié du moins, à l'avantage de Ménélas : Palamède lui avait fait ce doux loisir.

Voilà maintenant la longueur éternelle du siége de Troie très-naturellement expliquée; des maris peuvent jouer dix ans aux échecs sans songer que leurs femmes vieillissent; mais une armée de tant de rois et de tant de pirates ne peut passer deux lustres devant une ville pour en arracher une femme de quarante ans et la rendre à son mari; à l'époque du rapt, Hélène avait l'âge des femmes mariées qui se laissent enlever, l'âge des femmes de Balzac : elle était donc quarantenaire quand Ilium fut pris. La vogue du jeu d'échecs explique tant de patience, de retard et de temps perdu. Vous comprenez mieux que personne cette théorie, à Besika; vous surtout, mon cher ami, qui jouez de seconde force aux échecs. Toute l'escadre, n'est-ce pas, anglaise ou française, joue encore au jeu de Palamède devant Ilium, et oublie la question d'Orient? Vous ne pouviez pas inventer ce jeu, mais vous avez eu assez de loisirs, à Besika, pour inventer quelques bons débuts de partie. L'amiral lord Dundas aura probablement suivi l'exemple de son illustre devancier, lord Cochrane, qui, dans une ennuyeuse station devant Bang-Kok, inventa son fameux gambit Cochrane, où le *fou du roi* noir donne échec et mat au onzième coup. Et vous, mon cher ami, n'avez-vous pas songé aussi, dans vos ennuis en question, à imiter le *post-captain* Evans qui a illustré son nom avec son *gambit*, une des gloires de l'échiquier universel; ce superbe *gambit* où le sacrifice du pion du cavalier de la reine, au quatrième coup, donne la victoire. Le capitaine Evans a fait cette découverte en cherchant le passage nord au détroit de Behring. Il ne trouva point le passage, il trouva le *gambit*, ce qui vaut peut-être mieux pour les gens qui craignent les glaçons et les ours blancs. En vérité, mon cher ami, nous ne regretterions rien, si un nouveau *gambit* sortait de la question d'Orient ; les mânes de Palamède, stationnées avec vous tous à Besika, vous auront sans doute donné de lumineuses inspirations. Nous en rendrons grâces aux dieux immortels.

Passons à d'autres renseignements.

III

En Angleterre, il n'est malheureusement plus permis à l'imagination de se faire ministérielle, comme au temps de Shéridan et de Fox. La sagesse, la logique, la force, la justice et le bon sens siégent gravement aujourd'hui sur les fauteuils du cabinet de Saint-James et en excluent la fantaisie. C'est peut-être une faute, dans ce pays trop sérieux, qui a donné naissance aux créations les plus originales, les plus folles, les plus charmantes du monde, aux *Joyeuses femmes de Windsor*; au *Songe d'une nuit du milieu de l'été*; à *Robinson Crusoë*, à *la Boucle de cheveux*, enfin au *Voyage de Gulliver*, ce chef-d'œuvre de philosophie qui a supprimé Kant et engendré *Micromégas*. Il y a quelques années, un noble pair, un homme de génie, lord Ellenborough, qui s'est couvert de gloire dans l'Inde, voulut faire de l'imagination et de la fantaisie, avec les fameuses portes de bois de sandal, et vous savez ce qui lui est arrivé. Les méthodistes de la Compagnie des Indes dénoncèrent l'illustre général comme païen, et le firent destituer. A Besika, lord Dundas avait une superbe occasion d'imiter lord Ellenborough, en commandant des fouilles pour rapporter les fameuses *Portes-Scées* à la galerie nationale de *Charing-Cross*; mais il a reculé devant l'anathème des méthodistes. L'acte aurait été cette fois beaucoup plus païen que celui de lord Ellenborough, car Homère est plus païen que Brama.

Ainsi, ces marins anglais, fils de Shakspeare, de Pope, de Shéridan, de Swift, de Daniel Foë et de tous les grands poëtes de l'imagination et de la folie sublime, ont passé tous les jours et toutes les nuits d'un *midsummer* à bord de leurs vaisseaux, dans les ennuis mortels d'une station immobile, sans avoir essayé de suivre leur illustre poëte Dryden sur la terre de Virgile; sans avoir traduit en action, et mieux encore que Dryden, un épisode du second livre; sans avoir simulé un combat homérique devant les ruines de Troie; sans avoir rebâti le tombeau d'Achille au cap Sigée, devant Besika! qu'ont-ils fait, ces marins pendant de si longs jours, stériles? Virgile a répondu : *Pontum adspectabant!* et ils avaient pourtant assez de loisirs pour faire ce qu'Andromaque a su accomplir toute seule sur les rives de l'Épire; ils pouvaient rebâtir une petite Troie, une imitation de Pergame : *Parvam Trojam... simulata Pergama;* ils auraient pu s'écrier, comme Énée, devant cette copie, devant ce château de cartes :

> *...Arentem Xanthi cognomine rivum*
> *Agnosco, Scœæque amplector limina portœ?*

Comment se fait-il que le noble sir Hector Greig, gouverneur de Malte, n'ait pas conseillé à ses nombreux amis de rebâtir en miniature la ville d'Hector, en attendant l'après-dernier ultimatum de Saint-Pétersbourg! la Société royale de Londres n'existe donc plus? Cette illustre compagnie, qui a payé l'œuvre prodigieuse de Raffles sur les monuments de Java; qui a subventionné le travail inouï de Solwyns; qui a remis en lumière les merveilles ensevelies dans les ténèbres souterraines d'Eléphanta; qui a payé les fouilles de Doumarleyna, et illuminé de tous les rayons de la gravure anglaise les cryptes d'Ellora, les temples de Teh-Tauly et du Dès-Avantar, cette noble académie anglaise ne fait donc plus rien? Elle passe à l'état d'Académie française! elle couronne des rosiers vertueux en septembre, voilà tout! Rien ne l'excuse pourtant; les savants anglais, qui savent tout, savent bien que douze mille Anglais passeraient leur quartier d'été devant l'original de la traduction de Dryden : pourquoi n'ont-ils pas pris leurs précautions en conséquence? pourquoi ont-ils laissé échapper la seule occasion d'employer à quelque chose d'utile l'éternelle question d'Orient, de faire enfin pour la Troade ce qu'ils ont fait pour les antiquités du monde indien?

Un latiniste anglais du plus haut mérite, un ingénieux commentateur d'Horace, le célèbre John Bond, a établi qu'un seul fleuve coulait devant Ilium, le Scamandre. Le révérend Philipps, de l'université d'Oxford, a engagé à ce sujet une vive polémique; il a soutenu qu'il y avait trois fleuves, le Xanthe, le Simoïs et le Scamandre. Un troisième savant est survenu et a prouvé qu'il n'y en avait que deux, le Scamandre et le Simoïs; un quatrième, William Gilbert, a nié ces trois affirmations dans la *Revue d'Edimbourg* et a juré sur l'honneur, comme touriste, qu'il n'y avait jamais eu une goutte d'eau douce dans le voisinage d'Ilium, et que le terrain était sec comme le sommet d'*Arthur's-Hill* au mois d'août. Voilà donc une question d'Orient très-perplexe et fort difficile à résoudre. Si on demande, en Angleterre, au premier savant venu où se trouve l'île antipode sur laquelle le capitaine Cook s'inclina pour ne pas heurter son front contre la grande arche de *London Bridge*, plaisanterie sublime! ce savant vous répondra tout de suite : l'île océanique, placée sous le pont de Londres, se rencontre au cinquantième degré de latitude et au cent soixante-seizième de longitude, et à quatre degrés de l'île de Bounty. Ainsi, nous sommes très-bien fixés sur les antipodes, mais on se dispute encore sur le Simoïs, à quelques *yards* de Besika, où stationnent douze mille Anglais et deux mille élèves de l'université d'Oxford !

Une note d'une édition de Dryden (1786) laisse supposer que la ville de Troie était bâtie sur une hauteur; cette assertion est fondée sur ce vers de Virgile :

Trojaque nunc staret, Priamique ARX ALTA *maneret.*

La note ajoute que toutes les villes fortes n'étaient jamais bâties en plaine dans les siècles héroïques. Si la note a raison, il est difficile d'admettre qu'Achille ait pu traîner trois fois, derrière son char, le cadavre d'Hector autour des murs d'Ilium ; les accidents de terrain auraient contrarié cette course au clocher, au point de la rendre impossible, surtout s'il y avait eu trois rivières brochant sur les collines et les vallons. Voilà un doute encore très-facile à expliquer, par égard pour la mémoire de Dryden. La Société royale de Londres doit avoir, je pense, à Besika, des représentants qui seront descendus à terre, dans les doux loisirs que le prince Menschikoff leur a faits, et auront étudié le terrain. Si la ville de Priam était bâtie sur une colline, comme Dryden le croit, la mémoire du noble Achille sera lavée d'une grave calomnie, vieille de quatre mille ans. Le même éclaircissement venu de Besika, entre deux ultimatum, rendra un égal service à une autre mémoire illustre, en détruisant une calomnie peut-être plus atroce. Hector, le brave Hector est accusé d'avoir pris la fuite devant Achille, comme un conscrit, et d'avoir, toujours en courant, suivi trois fois la circonférence des remparts d'Ilium, pour éviter le javelot du fils de Thétis. Lord Byron, travaillant pour son propre compte, fit un jour une expérience tout à fait anglaise : il traversa à la nage le détroit d'Abydos à Sestos pour voir si Léandre n'avait pas menti. — *En arrivant*, dit-il, *je trouvai la fièvre, et ne trouvai pas Hero.* Il est fâcheux que lord Byron n'ait pas continué ses expériences dans la Troade. Oh ! s'il eût été à Besika, comme douze mille de ses compatriotes, il aurait fait courir trois fois, à ses frais, le plus agile des matelots autour des ruines, des collines ou de l'emplacement d'Ilium. Il est vrai que, dans cette guerre homérique de dix ans, les dieux se mettaient toujours de la partie et jouaient un rôle dans les deux armées. Avec les prodiges on explique tout, et lord Byron aurait compris que les héros olympiens d'Homère ne pouvaient pas être soumis à une expérience physique, comme le simple mortel, le nageur d'Abydos.

Ainsi encore, à moins d'un prodige, si la ville de

Troie était sur une hauteur, on ne peut admettre le cheval d'Ulysse et d'Epéus. Un cheval de bois grand comme une montagne, *instar montis*, monté sur des roues, *pedibus rotarum subjiciunt lapsus* avec des cordes au cou, *stuppea vincula collo*, et qu'on traînerait par le cou au sommet du mont Valérien, nous paraîtrait un prodige assez étonnant. Même en plaine, ce tour de force serait assez merveilleux. Mais l'intervention des divinités comme machinistes n'est jamais admise dans des opérations semblables. Virgile ne parle pas des dieux à propos du roulage du cheval de bois; il dépeint ce transport comme une chose fort naturelle et que lord Byron peut mettre à l'essai. Prenez un cheval haut comme une montagne, un *hobby-horse*, grand comme Saint-Paul de Londres, par exemple; mettez un régiment dans ses *cavernes, cavernæ*; remplissez-le d'armes, *fœta armis*, et laissez-le debout sur ses quatre pieds gigantesques, puis essayez de fixer quatre roues sous ses sabots; liez une corde à son cou, et traînez-le de la plaine de Saint-Denis *jusqu'au milieu de la ville*: je crois que le tour ne réussira pas, comme l'imitation de Léandre au détroit d'Abydos. N'importe! ce conte bleu du cheval est bien amusant, et Virgile y a déployé tant d'esprit et de mélodies italiennes, que nous croyons tous aux quatre roues ajoutées après coup par les menuisiers troyens sous les pieds d'une montagne de bois quadrupède.

Je présume que vous avez vu au moins le Scamandre, ce fleuve vainqueur de Vulcain. Il prenait sa source au pied du mont Ida, et se jetait dans l'Hellespont, au cap Sigée. Si! Scamandre existe encore, s'il n'est pas mort hydrophobe, vous pouvez le voir de Besika très-aisément avec une lunette d'approche. Alexandre le Grand l'a vu et il a récité sur ses rives un chant d'Homère. Voilà un héros qui se connaissait en question d'Orient ! Ce divin Macédonien avait toutes les affaires du monde sur les bras, mais il trouvait chaque jour un loisir pour s'occuper de travaux poétiques. Il n'avait qu'un seul livre dans sa bibliothèque de voyage, un Homère, relié en lames d'or ! Se trouvant aussi un jour à Besika en station avec sa flotte et méditant sa course vers le Granique, il fit d'abord avec Parménion un pèlerinage pieux au cap Sigée; il pleura sur le tombeau d'Achille, et, tous ses devoirs de poëte remplis, il fonda une ville, Alexandrie de Troade, et continua sa marche vers la Propontide pour trancher avec son épée le nœud gordien de la seconde question d'Orient. Devant Besika, vous avez cette Alexandrie, et sans doute vous avez visité cette terre que le roi de Macédoine a fécondée en passant, et qui depuis a repris sa stérilité première :

Arebant herbæ et victum seges ægra negabat,

disait Virgile en la voyant; et il faudrait si peu de chose aujourd'hui pour la couvrir de riches récoltes, *a fructu frumenti, vini et olei*, comme disait David avant Virgile, son fils aîné. Voici l'hiver, et peut-être, après une si longue station, vous n'auriez rien pu faire ni pour l'utile ni pour l'agréable, sur les domaines d'Alexandre le Grand, d'Homère, d'Achille, de Virgile et d'Hector;

la vigie de l'amiral va signaler bientôt le départ ; vous allez crier avec le poëte, sur les mêmes lieux :

Vela damus, vastumque cavá trabe currimus æquor.

Vous allez revoir au retour ces charmantes filles de l'Archipel, qui vous avaient recommandé les intérêts de leur père, Naxos, Donyse, Olearon, Paros et les Cyclades flottantes :

Bacchatamque jugis Naxon viridemque Donysam,
Olearon, niveamque Paron, sparsasque per æquor
Cycladas...

La plume me tombe des doigts, je suis honteux de coudre de la prose gauloise à ces vers divins : on croirait entendre un orgue de Barbarie après le chant du cor de l'ouverture de *Sémiramis*.

FIN.

TABLE

	Pages.
A M. Georges Bell	1
Avant l'histoire	7
Histoire de ce qui n'est pas arrivé	13
La Tamise	79
Le diamant aux mille facettes	183
Autre nuit d'Orient	289

FIN DE LA TABLE.

www.ingramcontent.com/pod-product-compliance
Lightning Source LLC
Chambersburg PA
CBHW060646170426
43199CB00012B/1692